AFFAIRE PAPON
LA CONTRE-ENQUÊTE

OUVRAGES DU MÊME AUTEUR

La paix dans l'œil du cyclone, Éditions Mame, 1990 (avec J. de Zélicourt).

Perspectives économiques et stratégiques, Éditions Loysel, 1992 (avec J. de Zélicourt).

Pourquoi la crise et comment en sortir ? Éditions Mame, 1993 (avec J. de Zélicourt).

Guide mondial d'économie et de géopolitique, Cherche-Midi éditeur, 1995.

Atlas mondial de géopolitique, Copur, 1998.

Hubert de BEAUFORT

avec la participation de
de Michel Bergès

AFFAIRE PAPON
LA CONTRE-ENQUÊTE

Préface de Léon Boutbien
Postface de Jean-François Steiner

François-Xavier de Guibert
3, rue Jean-François-Gerbillon,
75006 Paris

ISBN : 2868 39.564-3

En hommage

À Moïse de Camondo (1860-1935),
pour le merveilleux musée légué à la France.

À Nissim de Camondo (1892-1917), fils de Moïse,
engagé volontaire dans l'aviation,
mort pour la France en 1917.

À Béatrice de Camondo (1894-1934), fille de Moïse,
à Léon Reinach son mari, à Fanny Reinach (1920-1943)
et Bertrand Reinach (1923-1943), ses enfants,
déportés et gazés à Auchwitz.

Au général Guy de Beaufort, mon père,
un des fondateurs de l'ORA (l'Organisation de Résistance dans l'Armée). Chef du cabinet militaire du général de Gaulle entre 1958 et 1961.

À Alain de Beaufort, compagnon de la Libération,
chef du service « action » du BCRA,
fusillé par la Gestapo en juillet 1944.

À Jacques de Beaufort,
fusillé par les Allemands dans son maquis breton.

À Bernard de Beaufort,
mort des suites de sa déportation.

À Henri Garnier et Jacques Bretagne, mes oncles,
morts pour la France.

À Pierre Lejeune,
cousin et collaborateur de Guy de Beaufort,
chef de la section française du SOE britannique,
qui a initié la remise en ordre de la Résistance à Bordeaux.

Aux millions de victimes juives gazées dans les camps d'extermination, avec une pensée particulière pour les enfants, innocents parmi les innocents.

À la France-libre du général de Gaulle,
mémoire de la Résistance.

« Il vient toujours un moment dans l'histoire, où celui qui ose dire que deux et deux font quatre est puni de mort. La question n'est pas de savoir quelle est la récompense ou la punition qui attend ce raisonnement. La question est de savoir si deux et deux, oui ou non, font quatre. »

Albert CAMUS.

* Léon Boutbien, héros de la Résistance.

Aucune personnalité n'était plus qualifiée pour préfacer cet ouvrage que Léon Boutbien.

– En 1936, il se porte volontaire auprès des républicains espagnols et combat à leurs côtés. Il préside, à cette époque, la Fédération internationale des étudiants socialistes.

– En 1940, il participe à la création d'un des premiers mouvements de résistance, celui du Musée de l'homme.

– Déporté à Struhof, il comprend brusquement ce que signifie l'horreur des « camps ».

Actuellement Président d'honneur des médaillés de la Résistance, Vice-Président de l'Union internationale de la Résistance et de la Déportation, Grand Croix de la Légion d'honneur, Léon Boutbien a témoigné au procès, il a suivi et encouagé les travaux de l'association Résistance-Vérité-Souvenir.

Une innocence évidente...

*Préface de Léon Boutbien **

« Une innocence évidente contre une haine entretenue, médiatisée, diabolisée, tel se présente le procès de Maurice Papon. Procès qu'il avait paradoxalement souhaité pour laver son honneur des misérables calomnies portées par un affabulateur.

En conscience, Maurice Papon est innocent des crimes dont il est accusé. Ce n'est pas seulement un mauvais procès, c'est un règlement de comptes politique monstrueux, soigneusement structuré, entretenu depuis 1980 contre l'ancien Préfet de Police, par des extrémistes accaparant pour leur dessein politique, la tragédie humaine du génocide.

Mais l'accusation concerne toute la Résistance française qui en est atteinte. Comment a-t-elle pu attendre si longtemps pour châtier un tel coupable, complice de toute les exactions et crimes de l'État français ? Certes, par une déclaration inopportune et électoralement située, le Président de la République a culpabilisé le peuple français et, plutôt que de rester fidèle au général de Gaulle, il a provoqué la discorde. Durant l'occupation, la République n'a jamais cessé d'exister, tant à Londres qu'en France occupée, sous l'armature occulte de la Préfectorale, son dévouement et le sacrifice des Résistants à leur poste.

Soumettre au jugement un telle situation, avec la prétention de lui accorder une valeur éducative par des hommes dont l'âge pardonne l'ignorance, est une imposture. Si la liberté et la vie d'un homme n'en dépendait, le jugement de Bordeaux serait risible.

La mort a fait son œuvre depuis, les acteurs et témoins de cette période ont disparu, sinon ce procès n'aurait jamais eu lieu. Pour ne citer que les commissaires de la République à Bordeaux, en

1944 : Gaston Cusin, Bourgès-Maunoury, Soustelle, tous ont conservé leur confiance à Maurice Papon et dit qu'il était un Résistant comme eux. Sa situation était d'autant plus difficile, plus critique, qu'il agissait au milieu d'un « nid de vipères », avec une marge de manœuvre d'action limitée, car la Gestapo était partout.

Après le témoignage au procès de MM. Amouroux et Michel Bergès, Hubert de Beaufort prolonge le sien par ce livre. Par sa documentation et sa précision, il rétablit une vérité qui vient à point pour éclairer l'opinion et la convaincre. C'est une bouée de sauvetage jetée à un homme dont, ni l'âge ni l'innocence ne supporteraient la confirmation d'un châtiment funeste. Sommes-nous encore un État de droit où la justice doit être sereine ? »

Léon BOUTBIEN.

AU LECTEUR

Lorsqu'en 1981 le Canard enchaîné *lance l'affaire Papon, la nouvelle parut presque de bonne guerre, car Valéry Giscard d'Estaing sollicitait le renouvellement de son mandat et François Mitterrand briguait une nouvelle fois la présidence de la République. Un ministre du Budget suspecté de complicité de crime contre l'humanité, c'était une aubaine pour l'opposition d'alors et une plate-forme pour la minorité activiste qui veut instituer la Shoah comme le seul élément majeur de la Seconde Guerre mondiale.*

De cette « trouvaille » électorale allait naître une affaire politique et judiciaire hors du commun aboutissant au verdict que l'on sait.

Spécialiste des problèmes géopolitiques, je me suis efforcé de dépasser les émotions, si légitimes soient-elles, pour aller au fond des choses : derrière les apparences, qui commandait en France occupée et en particulier à Bordeaux zone interdite ?

Que savait-on, que pouvait-on faire ?

Voilà les vraies questions auxquelles il apparaît, d'emblée, que ni les 15 ans d'instructions volontairement prolongées, ni le procès, qu'ils l'aient voulu ou non – mais le voulaient-ils vraiment – n'ont répondu. Et ce en dépit de la démonstration de la Défense qui aux dires des observateurs, a « réduit l'accusation en lambeaux ». Mais face à la pression médiatique pouvait-elle être entendue ?

Dans cette affaire, tout est dans le regard, *la mise en perspective honnête des éléments certains, de tous les éléments.*

Cet ouvrage a demandé un important travail de compilation et de nombreuses séances de travail avec Maurice Papon et Michel Bergès. Nous présentons aujourd'hui le résultat de nos travaux sous forme d'une contre-enquête que nous avons tenté de rendre claire et explicite. Rien n'est avancé qui ne soit appuyé sur des pièces originales incontestables.

Pour ne pas alourdir la présentation, nous avons renvoyé sous forme de courtes notes, des informations, souvent importantes, mais dont le développement auraient alourdi la compréhension globale du texte.

Une contre-enquête n'est ni une plaidoirie, ni un travail d'historien, elle recherche la vérité, elle ne la défend pas. Dans le cas de l'affaire Papon, cette recherche a été rendue très difficile, étant donné l'ancienneté des faits et la disparition de la plupart des pièces et des témoins importants.

Notre objectif vise à reconstituer le Bordeaux 1942-1944, à partir des dossiers disponibles, puis de recouper le résultat obtenu chaque fois que cela est possible. En un mot, il faut faire parler l'information, reconstituer le puzzle, morceau par morceau d'une réalité allemande trop souvent occultée par l'instruction et par le procès.

Donnons un exemple de la méthode employée. La lettre de remerciement du Grand Rabbin Cohen adressée après la guerre au préfet Sabatier est connue, mais il faut, d'une part analyser la signification de chaque phrase, d'autre part rechercher une autre information significative pour en déduire les relations Cohen-Sabatier. Pour nous, la lettre de Pierre Dupuy à la préfecture, datée du 18 juillet 1942, se révèle particulièrement parlante. Le petit Joël Jangerville est amené au Grand Rabbin (inconscient du drame), qui finira par laisser partir les enfants dont il a la garde, pour qu'ils rejoignent leurs parents déjà déportés et que l'on croit vivants.

Après une analyse critique de l'instruction, de l'accusation et des minutes du procès, nous présentons cinq nouveaux dossiers :

1) L'existence d'un « chiffre » à la préfecture, utilisé par le préfet Sabatier et son chef de cabinet pour ses liaisons secrètes avec Vichy et auquel Maurice Papon n'avait pas accès.

2) L'organisation allemande du génocide et ses conséquences à Paris et à Bordeaux, la déposition occultée du général Karl Oberg, chef suprême des SS et des polices en France.

L'organigramme allemand et les liaisons hiérarchiques Berlin-Paris-Bordeaux qui n'avaient jamais été étudiées et qui ont une importance capitale.

3) L'occupation allemande à Bordeaux, les dépositions de Dohse (chef de la Gestapo) et de Luther (chef du KDS), la déposition d'un policier résistant, Pierre Saufrignon.

4) Le témoignage de R. Landes, juif anglais, chef effectif de la Résistance (SOE) à Bordeaux.

5) Le soutien permanent apporté à Maurice Papon, après la guerre, par les dignitaires juifs et par René Mayer en particulier.

Nos conclusions ont été soumises à un grand Résistant Léon Boutbien, à un écrivain juif connu, Jean-François Steiner, au spécialiste de l'histoire de Bordeaux, Michel Bergès, à un expert des organisations militaires allemandes, le général Jacques de Zélicourt, à Jean-Marc Varaut, l'avocat de Maurice Papon.

Ce procès, le plus long de l'histoire de France, se voulut exemplaire, mais un an plus tard quelle est la réalité, quelle est la vérité ?

Hubert de Beaufort

SOMMAIRE

CHAPITRE I

UN PROCÈS HORS NORMES

1 – DÉPOSER AU PROCÈS PAPON : UN COMBAT INÉGAL POUR LES TÉMOINS DE LA DÉFENSE.

2 – UNE PROCÉDURE DE DIX-SEPT ANS CONJUGUANT LES ANNULATIONS, LES ÉVICTIONS, LES PRESSIONS POLITIQUES ET LES MODIFICATIONS DE JURISPRUDENCE.

3 – LA DERNIÈRE INSTRUCTION (1995), QUI IGNORE LES ALLEMANDS, LA GESTAPO, LES EXÉCUTIONS D'OTAGES.

4 – SURENCHÈRES DES PARTIES CIVILES, INTIMIDATION ET AUTRES « NOVATIONS JURIDIQUES ».

5 – UN ACCUSATEUR « HISTORIQUE », MICHEL SLITINSKY, CONFONDU.

6 – MICHEL BERGÈS, UN HISTORIEN QUI CHERCHE LA VÉRITÉ.

7 – UN RÉQUISITOIRE QUI IGNORE LA GUERRE.

8 – LE PROCÈS DE LA RÉSISTANCE ET DU GAULLISME.

9 – LA NAISSANCE D'UN NÉO-NÉGATIONNISME.

« La raison, certes, est faible quand on la compare à sa tâche qui ne finit jamais ; faible en effet quand on la compare aux folies et aux pressions de l'humanité, qui, nous devons le reconnaître, contrôlent presque entièrement nos destinées humaines, dans les grandes comme dans les petites choses. »

Albert EINSTEIN.

1 – Déposer au procès de Maurice Papon : un combat inégal pour les témoins de la défense

L'annonce du procès de Maurice Papon durant l'année 1997 et le lynchage médiatique dont il fut l'objet durant des mois m'ont d'abord surpris, puis troublé, puis indigné. J'ignorais le détail des faits, mais l'accusation ne « collait », ni avec mes souvenirs de lycéen à Vichy côtoyant la Résistance, ni avec mes souvenirs de famille, ni avec la rigueur du général de Gaulle dans le choix de ses collaborateurs, ni avec les consignes données à son entourage lorsqu'il revint au pouvoir en 1958.

« Tout ce qui est excessif est insignifiant », prévient un dicton et l'insistance des parties civiles pour présenter un sous-préfet comme haut fonctionnaire responsable de convois de déportation fut la goutte d'eau qui fit déborder le vase. Un entretien avec Maître Varaut, défenseur de Maurice Papon, finit de me convaincre de témoigner à Bordeaux, pour tenter de mettre en perspective les faits reprochés à Maurice Papon. (Voir annexe 1.)

Les premiers mois du procès ne font qu'accentuer mon malaise. L'acte d'accusation semble un sinistre remake des procès staliniens, il est soutenu à l'extérieur par une campagne de presse qui donne des sueurs froides. Jour après jour se constitue sous nos yeux un tissu d'argumentaires récusant le droit tel qu'il s'est construit en France et privilégiant un émotionnel historique qui exige une victime expiatoire. On associe des photos d'enfants à un haut fonctionnaire froid, insensible et carriériste. Sa raideur dans le boxe des accusés ne plaide pas en sa faveur. Pourquoi ne demande-t-il pas pardon ? Telle est pour l'essentiel, la forme de la dialectique quotidienne exercée sur un jury sommé médiatiquement de condamner sans preuves, avec son « intime conviction ».

Ayant l'habitude de préparer avec soin mes conférences et mes ouvrages de géopolitique, j'ai écrit ma déposition avant de l'apprendre par cœur. C'est en effet une des contraintes de la Cour d'Assises : on témoigne debout et oralement sans avoir le droit d'utiliser la moindre note, alors que l'accusation et les avocats des parties civiles disposent de leurs dossiers. Les témoins au procès Papon sont seuls face à quarante personnes dont les trois quarts sont des adversaires. Imagine-t-on l'émotion des Résistants âgés face à une assemblée qui profitera de la moindre faille de mémoire ? Des héros prestigieux vont être ridiculisés, pulvérisés et le gaullisme sortira en charpie de ce procès.

Les comptes-rendus de presse étant éloquents quant à l'ambiance étouffante qui régnait à Bordeaux, j'emmène dans le train plusieurs livres et notes qui ne me quittent pas depuis des semaines.

– L'ouvrage de Raoul Hilberg sur les déportations : *La destruction des juifs d'Europe.* Ce livre de 1 000 pages, bourré de références, fait mondialement autorité et il n'est contesté par personne. Je l'ai donc pratiquement appris pour être certain de ne pas être pris de court sur l'organisation allemande des déportations et la politique de Vichy entre 1942 et 1944.

– Les deux ouvrages de Duroselle sur la guerre, eux aussi incontestés. *La décadence* et *L'abîme.*

– Les *mémoires du général de Gaulle.*

– Les deux ouvrages de Boulanger sur Papon : *Un technocrate français dans la collaboration* et *Un intrus dans la république*, pour comprendre les argumentaires développés par l'un des initiateurs du procès.

– *L'ORA, la résistance de l'armée*, pour préciser, si besoin est, au tribunal les missions des membres de ma famille dans l'organisation.

– *Une jeunesse française* (*François Mitterrand*), de Pierre Péan pour expertiser le rôle de mes proches cités quinze fois dans l'ouvrage et les fonctions exercées par le futur président de la République dans le Mouvement de Prisonniers de Guerre et de Déportés (MPGD).

– Les notes de Pierre Lejeune, chef de la section du SOE [1] de Londres, cousin et collaborateur de mon père. Âgé de 92 ans, il est toujours vivant, je lui avais rendu visite mais son état de santé ne lui permet pas de témoigner.

1. Organisation britannique de renseignement.

– *Le dernier des Camondo*, par Pierre Assouline pour mieux comprendre le drame des déportations juives.

– *Vichynsky procureur de Staline*, de Vaskberg pour saisir l'ambiance d'un procès sous influence.

Deux des auteurs de ces ouvrages auraient dû servir de référence historique et déterminer le cadre du procès : Hilberg et Duroselle, car la communauté juive les reconnaît comme complets et objectifs. Malheureusement une telle approche ne pouvait être admise, ni par l'accusation, ni par les parties civiles, car elles voulaient définir de nouveaux concepts extrajudiciaires et extra-historiques entraînant automatiquement une condamnation.

Le cérémonial d'une Cour d'Assises se veut toujours impressionnant, mais l'arrivée au palais de justice de Bordeaux est d'abord surréaliste : cordons de policiers à l'entrée et accompagnement dans la salle des témoins par plusieurs CRS. Là, il faut attendre son tour et j'attendrai de 14 heures à 19 heures pour apprendre... que mon témoignage est reporté au lendemain. En attendant d'être appelé à la barre, les témoins font connaissance. Pour mon compte je peux m'entretenir avec Aimé Aubert qui milita au sein du réseau Alliance et parle au nom des grands disparus que sont Marie-Madeleine Fourcade, Maurice Bourgès-Maunoury, le père Riquet et Jacques Soustelle. Son témoignage sera à la fois pondéré, percutant et... décisif, si ce procès avait été un procès équitable. Pour Aubert, Papon devait rester à son poste, car la Résistance avait un besoin vital de fonctionnaires restant leurs postes, pour obtenir aide et renseignement.

Aimé Aubert n'hésite pas à conclure :

« Je me sens autorisé à saluer le résistant Maurice Papon. »

Tout est dit, tout est vrai dans cette brève déclaration, mais rien ne peut convaincre un jury et surtout une salle qui ne veut pas connaître la vérité et exige un coupable. Ce que fait mon deuxième voisin, Michel Chassaing, ancien secrétaire général du Parti communiste girondin qui, avant de témoigner, veut me convaincre que les forces populaires auraient pu libérer la France sans les Alliés. Mes tentatives, pour faire comprendre le poids décisif des Américains et des Russes dans la guerre, tombent à plat. Il exigera une heure plus tard que Papon soit condamné. Et une partie du public applaudira...

Lorsque je suis introduit, je tente rapidement de comprendre mon auditoire pour définir un mode de présentation de mon exposé. Pour ceux qui tentent de faire comprendre la réalité de l'époque et *a fortiori* pour ceux qui veulent défendre Maurice Papon, il faut s'inspirer de la série américaine : « Mission impossible ». Je saisis alors la justesse de la mise en garde d'Henri Amouroux sur le côté « chasse à courre » du procès. Je dirais même que l'hallali est sonné avant même que vous ayez prononcé la première phrase.

Comment est constituée la Cour ?

– devant vous, le président, ses assesseurs, le procureur général, l'avocat général, les jurés. Légèrement à droite, Maurice Papon, derrière sa vitre ;

– devant lui ses trois avocats ;

– à gauche, une partie des avocats des parties civiles et tout en haut (on ne sait pourquoi), Arno Klarsfeld ;

– derrière vous, les autres avocats des parties civiles et derrière ces avocats, un public partisan et trié sur le volet.

Ce public pratique plusieurs comportements :

– il écoute lorsqu'il lui semble que l'audition du témoin peut être défavorable à l'accusé ;

– il quitte la salle lorsque le témoignage peut laisser place au doute ;

– il proteste lorsque les témoignages sont favorables à Maurice Papon ;

– il applaudit lorsque les accusations atteignent un niveau de violence suffisant.

La disproportion des forces est palpable, écrasante. Vous êtes donc cerné de tous côtés, seul debout à la barre. La déposition se déroule en deux parties : d'abord l'exposé écouté en silence, puis les questions du président, de l'avocat général, du procureur général, des avocats. Non seulement tout droit à l'erreur est interdit, mais toute faille, toute omission sera impitoyablement repérée par l'un des trente examinateurs qui vous ont écouté.

Par souci d'objectivité, n'ayant jamais demandé à Maître Varaut et à Maurice Papon une information ou un conseil d'orientation, je ne peux compter que sur ma connaissance du dossier. Dès le départ j'ai commis une double erreur.

1) Je pensais d'abord que les dix-sept ans d'instruction avaient permis une analyse complète de l'affaire et une solide connaissance du contexte de la guerre et de l'occupation. C'était faux, car la dialectique du procès exigeait que la Cour soit focalisée

sur des pièces secondaires impliquant Papon en gommant l'essentiel : d'un côté la présence allemande avec sa violence, de l'autre l'action de la Résistance.

2) Je croyais ensuite qu'il existait une certaine parité entre l'accusation et la défense, ce qui n'est pas le cas. Vous ne parlez pas devant un président, une accusation, une défense, mais devant une vingtaine d'accusateurs, trois avocats et un accusé de 87 ans. Le combat est inégal et perdu d'avance pour celui qui tente de s'en tenir aux faits.

Éric Conan résume fort bien le caractère politique du procès et ses excès inexcusables :

« *Le procès Papon est bien le tombeau d'une geste résistante du gaullisme de guerre... Des trois acteurs principaux de cette époque ne semble demeurer aujourd'hui que le face-à-face entre bourreaux et victimes, au détriment des combattants, qui au mieux disparaissent de l'histoire, ou au pire en sortent souillés, comme après l'entretien de Serge Klarsfeld dans* le Figaro *évoquant ce nouveau chapitre à explorer, sur le fait que la Résistance a contribué à envoyer des juifs à la mort.* [1] »

Ma déposition proprement dite dure une heure et les questions des parties civiles une deuxième heure. Le président Castagnède m'apparaît prévenant et intéressé. Quant au cercle des avocats et à la salle, ils écoutent en silence. Avec le recul du temps, une évidence s'impose : la méconnaissance du dossier par la plupart des intervenants. Le président ne demande pas d'explications, l'avocat général et le procureur général restent muets, les avocats des parties civiles posent des questions collatérales à l'affaire, car elles semblent déconcertées par l'analyse exhaustive que je me suis efforcé de faire partager. Ma démonstration n'entre en aucune manière dans le champ de la dialectique d'Arno Klarsfeld qui lit des témoignages sur lesquels il demande mon avis. Ce comportement exaspère le président qui menace de lui retirer la parole et finit par lui demander de « cesser ses pitreries » [2].

Cet incident, non relevé par la presse, me semble pourtant significatif de l'ambiance du procès : il faut faire condamner

1. Éric Conan : *Le procès Papon – Un journal d'audience.*
2. On trouvera en annexe les comptes-rendus faits par Bertrand Poirot-Delpech (*Le Monde*) et par Éric Conan (*L'Express*).

Papon par un matraquage permanent qui doit écarter tout risque de voir apparaître une vérité non conforme à ce qui *doit* être.

Malheureusement, si j'ai péché, c'est d'abord par un excès de scrupule qui ne me permet pas de garantir, *a priori*, l'innocence de Maurice Papon. N'ayant pas pris connaissance du dossier et désirant conserver mon indépendance d'esprit, ma déposition ne pouvait qu'exprimer l'impossibilité indirecte d'une culpabilité de Maurice Papon, mais non apporter des preuves directes de son innocence. En particulier, il me semblait évident que les grands Résistants ayant assuré la carrière de Maurice Papon ne pouvaient s'être tous trompés :

– Charles de Gaulle avec sa mémoire hors du commun et sa connaissance du contexte bordelais depuis la trahison de Grandclément ;

– Michel Debré, petit-fils de Rabbin, et son perfectionnisme dans l'étude des dossiers ;

– Jacques Chaban-Delmas, député maire de Bordeaux, depuis quarante ans et qui connaissait tout de l'histoire de la ville ;

– François Mitterrand qui avait eu en charge le Mouvement des Prisonniers de Guerre et Déportés.

Naïvement je pensais que la description de l'historique ayant cerné les grands moments de la France occupée, dont celui de Bordeaux, joint à ces cautions prestigieuses, suffisait à innocenter Maurice Papon. Je me suis lourdement trompé, comme le démontrera la suite du procès et la condamnation de l'accusé à dix ans de réclusion.

Quelques jours avant le verdict, j'ai tenté de faire passer un message à l'opinion publique par l'intermédiaire d'un article dans *le Figaro* :

Le verdict fera renaître l'antisémitisme si Papon est condamné, et la frustration des initiateurs du procès s'il est acquitté.

Ma déposition rapportée dans les principaux journaux visait à exposer au jury certains faits pouvant expliquer le comportement de Maurice Papon : la situation de Bordeaux occupé, les analyses de l'UGIF, les directives du gouvernement d'Alger, l'action de la Résistance intérieure, la position du MPGD de François Mitter-

rand. Les contraintes de présentation devant la Cour d'Assises ont brouillé en partie deux points importants de mon exposé : le comportement ambigu des gouvernements alliés face à la mise en œuvre progressive du génocide et la parfaite connaissance du dossier Bordeaux par le général de Gaulle.

Le procès se trouve ainsi séparé de faits essentiels qui devraient éclairer le débat sur la responsabilité ou la non responsabilité de l'accusé :

1) La protestation de l'ambassade américaine à Vichy élevée auprès du Maréchal Pétain, fin juillet 1942, parce que l'on séparait les enfants de leurs parents. Une telle démarche impliquait malheureusement la méconnaissance de la finalité des déportations.

2) Les pressions des personnalités juives de l'entourage du général de Gaulle à Alger pour que les déportations juives ne fassent pas l'objet d'une information spécifique : en particulier le silence de René Mayer qui avait refusé de cautionner la création de l'UGIF, mais possédait, pour l'époque, une large information sur les débuts du génocide.

3) Le blocage par Eden et Churchill, à partir de mars 1943, des initiatives qui auraient permis de limiter l'ampleur de l'extermination.

4) L'absence de toute directive du gouvernement d'Alger visant à arrêter les convois de déportés [1].

5) Le suivi constant par le général de Gaulle du dossier de la Résistance à Bordeaux, après la trahison de Grandclément en septembre 1943.

Ce qui apparaît en outre paradoxal, après cinq mois d'audition, c'est que ce procès conteste indirectement les instructions de dossiers faites par la Résistance qui a blanchi à trois reprises Maurice Papon :

– une première fois à la Libération, par le commissaire de la République Cusin et le général de Gaulle, après avoir subi la procédure de l'épuration, du ministère de l'Intérieur ;

– une seconde fois en mai 1958, sur demande du général de Gaulle, par ses cabinets civil et militaire ;

– une troisième fois en 1981, par le jury d'honneur présidé par le socialiste Daniel Mayer.

---

1. Ceux qui concernent les Juifs comme les autres.

Il faut enfin regretter que le public de la salle d'audience de Bordeaux soit souvent dominé par une minorité activiste qui se désintéresse des analyses objectives et tente de troubler les dépositions favorables à l'accusé. La réécriture de l'histoire va si loin que l'on entendit affirmer que la Résistance populaire aurait pu libérer la France sans les Alliés ! L'ambiance de la Cour d'Assises reste de ce fait houleuse, avec un fond d'hostilité latente qui laisse une impression de profond malaise.

Quelle que soit son issue, ce procès se révélera un contre-exemple. Arrivé 50 ans trop tard, il s'est trompé à la fois de cible (Papon) et de terrain (Bordeaux) : on pratique l'amalgame en présentant d'émouvantes photos d'enfants déportés alors que l'état de guerre et la situation de Bordeaux occupé restent le plus souvent absents des débats.

Malgré la longueur du procès, il faut bien constater que la véritable question n'a pas été posée : au niveau des grands choix politiques des Alliés, devait-on privilégier les objectifs humanitaires par rapport aux objectifs stratégiques ? Il faut bien constater que la réponse fut toujours négative puisque les Américains voulaient certes abattre le troisième Reich, mais sans mettre en avant l'extermination programmée des juifs.

Ce n'est pas en transformant un sous-préfet en haut fonctionnaire qu'une telle extrapolation abusive fournira aux générations futures une leçon d'humanisme : Serge Klarsfeld qui travaille depuis vingt-cinq ans à faire connaître la Shoah perçoit la difficulté et veut la contourner en pratiquant un double langage. Papon n'est qu'un comparse certes mineur, mais qu'il faut condamner au nom d'un principe : il est resté présent à Bordeaux.

Le verdict fera renaître en effet l'antisémitisme si Papon est condamné et la frustration des initiateurs du procès s'il est acquitté. Ce procès n'aura alors rien démontré et ne pourra pas être cité en référence. C'est d'ailleurs une « mission impossible » que de vouloir juger sereinement un fonctionnaire subalterne non engagé, sans avoir soi-même subi physiquement l'époque : pays sous domination ennemie, état de guerre, occupation en zone interdite, propagande et désinformation, obsession du ravitaillement, terreur policière, etc.

La Shoah méritait mieux que cet interminable procès sans ligne directrice, qui, en désignant un bouc émissaire, aura fait naître le doute sur la Résistance, les Alliés, sur de Gaulle et Mitterrand pour une fois réunis, et peut-être même sur certaines personnalités de la diaspora qui privilégiaient la priorité stratégique définie par Eisenhower : la victoire d'abord.

*Cinquante-cinq ans après le drame du génocide, le procès se révèle soit trop court pour juger l'administration de Vichy, soit trop long pour juger un homme. En vérité Maurice Papon reste seul devant sa conscience à pouvoir dire si son comportement est resté digne, à la fois de la morale et des intérêts supérieurs du pays. (*Le Figaro *du lundi 30 mars 1998.)*

Mon initiative ne pouvait évidemment modifier le cours des choses, mais quelques jours plus tard, Maurice Papon et l'association « Résistance-Vérité-Souvenir » me demandaient de reprendre le dossier. Ils estimaient que les méthodes de travail utilisées pour mes études de géopolitique pouvaient faire apparaître des éléments que l'approche purement juridique n'avait pu mettre à jour et que la logique imposée à la défense par l'instruction et l'arrêt de renvoi avait occultés. Je me retrouvais donc avec les archives du procès, celles de Maurice Papon et celles de « Résistance-Vérité-Souvenir », face à un défi : comment réintroduire l'histoire dans un procès volontairement placé en apesanteur.

Dès le début, on est amené à faire quelques constats, pour le moins étonnants sur la genèse de ce procès qui éveilleraient l'attention de l'enquêteur le plus négligent !

– *Un universitaire,* Michel Bergès dont les éléments de recherches isolés sont instrumentalisés par des militants et qui, au cours du procès, se retrouve par honnêteté intellectuelle du côté de la défense.

– *Un président de la République,* François Mitterrand et son entourage, premiers initiateurs de l'affaire qui pourtant juge en ces termes les actions engagées contre Maurice Papon :

« *Cette longue procédure contre M. Papon, est attentatoire à la démocratie.* »

– *Un président de la République,* J. Chirac qui, en 1995 et en 1997, inverse la doctrine historique du gaullisme ce qui contredit la prise de position de François Mitterrand en 1988.

J. Chirac n'interviendra pas dans le même sens que son prédécesseur et il ouvrira la porte, par sa déclaration de 1995, à la mise en accusation de Maurice Papon.

– *Un avocat général,* J. Defos du Rau qui sera écarté parce qu'il va conclure à un non-lieu.

– *Un ministre de la Justice,* Jacques Toubon qui demande « *que l'on se débrouillât pour conclure à un renvoi en cour d'assises.* [1] »

– *Une cour de cassation,* qui institue une nouvelle jurisprudence rétroactive (la complicité matérielle de crime contre l'humanité), ceci afin de pouvoir juger Maurice Papon.

– *Un juge d'instruction,* Annie Léotin, magistrat ayant renvoyé Maurice Papon devant les assises qui est gravement mise en cause par Maurice Travers, grand résistant, dans sa déposition et « *proclame son engagement militant en embrassant ostensiblement les avocats de la partie civile après leur plaidoirie.* [2] »

– *Un initiateur et animateur du procès,* Slitinsky, qui se révèle un affabulateur et qui a été confondu à l'audience au cours de son témoignage.

– *Des parties civiles qui,* récusant le droit, exigent une condamnation.

Dans le courant de l'été, l'étude des rapports d'instruction, les archives du procès, des visites au Centre Jean-Moulin de Bordeaux, des entretiens avec Michel Bergès, permettent de mettre à jour une réalité profondément différente de ce qui a été évoqué au procès bien au-delà de ce qu'on pouvait imaginer..

Aujourd'hui, après neuf mois d'enquêtes approfondies, je suis arrivé avec l'ensemble des partenaires de cette contre-enquête à beaucoup mieux connaître et comprendre la véritable histoire de Bordeaux occupé, la place de la préfecture durant cette période 1942-1944, les véritables fonctions de Maurice Papon. Non seulement les accusations formulées à l'encontre de l'ancien secrétaire général se révèlent infondées, mais Michel Bergès démontre avec minutie le fonctionnement du fichier des juifs de la préfecture.

L'histoire se révélera sévère pour ce procès politique qui torture le droit sous couvert d'imprescriptibilité, manipule ou gomme les faits sous prétexte de culte de la mémoire : en vérité la préfecture de Bordeaux a été constamment prise en tenailles

1. Éric Conan, *op. cit.*
2. *Op. cit.*

entre une Gestapo tentaculaire et des miliciens français impitoyables.

Au-delà de l'exigence légitime d'un jugement objectif sur les drames de l'occupation, il y a l'honneur d'un homme condamné pour crimes contre l'humanité. Une erreur judiciaire ne peut que ternir le devoir de mémoire dû à la Shoah si la préfecture de Bordeaux a constamment tenté avec le grand Rabbin Joseph Cohen de sauver ce qui pouvait l'être.

2 – Une procédure de dix-sept ans, conjuguant les annulations, les évictions et les pressions politiques, avec les modifications de jurisprudence

Lorsque s'ouvrit le procès de Maurice Papon en octobre 1997, l'opinion publique était convaincue que si ces procédures nécessaires à la mise en jugement avaient duré dix-sept ans, c'était à cause des actions de retardement de l'accusé.

La conclusion tirée par les médias devenait alors évidente : Papon use de manœuvres dilatoires, grâce à ses anciennes fonctions, pour retarder une échéance qui dévoilerait ses responsabilités et ses crimes.

Pourtant, la vérité est exactement inverse : dès 1981, Maurice Papon, déconcerté par les première plaintes et sûr de sa bonne foi, réclame une instruction rapide. En 1988, au bout de sept ans déjà, l'association Résistance-Vérité-Souvenir sollicite une audience de François Mitterand pour demander une issue judiciaire rapide, ce que promet le président...

Malheureusement, chaque fois que l'instruction semble close, soit les parties civiles soit le pouvoir politique suscitent des incidents de procédure qui annulent ou relancent les instructions. Tout se passe comme s'il existait un consensus tacite entre les parties civiles et le pouvoir politique pour éviter à tout prix un non-lieu ou un acquittement.

Tous les moyens furent employés pour obtenir une instruction et un procès garantissant une condamnation : annulation de procédures, mutation des magistrats insuffisamment « engagés », modification de jurisprudence, campagnes médiatiques, pressions de lobbies, déstabilisation du président des Assises, etc.

La justice sort pulvérisée de ce procès, mais Serge Klarsfeld en fournit la raison :

« Nous voulons intervenir avant, pour empêcher les événements de devenir ce que normalement ils devraient être et pour imposer notre volonté. »

En 1987, la procédure engagée contre Maurice Papon est annulée pour la raison suivante : le préfet Sabatier a été auditionné comme témoin. Sa déposition n'a pas été suivie d'inculpation alors qu'il était, à l'époque des faits, le supérieur hiérarchique de Maurice Papon et qu'il revendiquait l'entière responsabilité des faits reprochés à son subordonné.

Cette annulation touchait par contrecoup, le rapport des experts, déposé le 11 janvier 1985, qui donnait la liste nominative des personnes que Maurice Papon avait pu personnellement soustraire de la déportation.

Monsieur Delarue, l'un de ces experts, a rapporté à l'occasion d'un procès gagné par Maurice Papon contre *le Nouvel Observateur*, qu'un substitut au parquet de Bordeaux lui avait assuré que l'annulation de la procédure avait pour objectif de priver l'inculpé d'un moyen de défense, à savoir les conclusions du rapport.

Que se passe-t-il ensuite ?

En 1990, le magistrat instructeur, Monsieur Braud, est muté alors qu'il va déposer des conclusions de non-lieu.

Entre 1982 et 1990, Maître Boulanger retient les plaintes de certaines parties civiles le plus longtemps possible afin de relancer l'instruction si elle menaçait d'aboutir à un non-lieu.

En 1995, Monsieur Travers fait état des pressions exercées par Madame Léotin, magistrat instructeur, dans le but de lui faire modifier son témoignage.

Fin 1995, l'avocat général, Defos du Rau est évincé, sur demande de la chancellerie, parce qu'il va développer oralement des conclusions de non-lieu.

En 1997, la Cour de cassation définit une extension du crime contre l'humanité, sous la forme d'un nouveau concept : la complicité matérielle.

J.-P. Delmas Saint-Hilaire, professeur émérite à l'Université Montesquieu-Bordeaux IV, commente en ces termes l'arrêt de la

Chambre criminelle de la Cour de Cassation, concernant Maurice Papon et daté du 23 janvier 1997.

« ... En définitive, que l'on se place du point de vue du statut de Nuremberg ou de celui du droit commun de la complicité punissable, la solution consacrée par la Chambre (d'Accusation) ne nous semble pas fondée juridiquement... »

« L'autorité qu'il importe de voir s'attacher à de telles décisions, dont la gravité est unique ne peut se contenter d'être fondée sur le seul prétexte de satisfaire aux exigences de l'histoire et à celles de la mémoire. Cette autorité ne peut se dispenser du respect du droit, assise obligée d'une société démocratique... Toute dérogation... est au sens étymologique du terme, une "injuria", une injure faite au droit. »

« Pourquoi faut-il, qu'à ces injures d'hier, s'en ajoutent encore d'autres, aujourd'hui ? Pour quelles raisons, l'affaire actuellement pendante, et à l'occasion de laquelle la Chambre criminelle a rendu l'arrêt commenté, a-t-elle donné lieu à de nouvelles dérogations sur le terrain, cette fois de la participation criminelle ?... »

Durant le procès, on assiste à une manœuvre des Klarsfeld, pour déstabiliser le président, outragé de façon grave et inédite, afin de rendre impossible un acquittement. Pendant ce temps, hors de la salle d'audience, une autre forme de pression est mise en œuvre sous forme de cérémonies devant le palais de justice avec des bougies et des photos d'enfants déportés que l'on veut associer à Maurice Papon.

3 – La dernière instruction qui ignore la guerre, les Allemands, la Gestapo, les exécutions d'otages

Le procès de Maurice Papon aura donc demandé dix-sept ans de procédure ! Délai certes aberrant, mais les innombrables anomalies juridiques du procès n'entrent pas dans le cadre prioritaire de nos analyses. Les juristes qui se penchent sur le dossier mettront en lumière les multiples entorses au droit qui ponctuent presque chaque étape de l'affaire. Par contre on peut, sans se tromper, prévoir le jugement que portera l'histoire sur le déroulement comme sur le contenu de cette interminable traque judiciaire.

Nous l'avons vu, chaque fois que l'instruction risquait d'aboutir à un non-lieu, soit le pouvoir politique, soit les parties civiles sont intervenues pour casser la procédure en cours, la faire rebondir et écarter les magistrats qui refusaient de vouloir traîner Papon en Cour d'Assises. C'est donc bien sur l'instruction, son contenu, son orientation, ses méthodes que s'est joué l'essentiel comme le fait remarquer Michel Bergès dans son intervention [1], car même si le droit a été « sollicité », c'est d'abord sur le plan d'une reconstitution historique invraisemblable que Maurice Papon a été au bout de quinze années laborieuses construit comme coupable.

La dernière instruction, initialement en charge de Monsieur Braud dessaisi comme nous l'avons vu, fut finalement confiée à Annie Léotin, conseiller à la Chambre d'Accusation de la Cour d'Appel de Bordeaux, qui interrogea Maurice Papon à dix reprises : une de forme et neuf de fond durant l'année 1995 (29 et 30 mars ; 17, 18 et 19 mai ; 5, 6, 10 et 11 juillet).

Quel fut le contenu de ces interrogatoires ? Les quatre premiers ont étudié les convois de déportation, mais en désordre, sans placer ces opérations dans une perspective historique quelconque, sans même respecter l'ordre logique ou chronologique :

1er – 29 mars 1995 : analyse des convois du 25 novembre et du 30 décembre 1943.

2e – 30 mars : analyse des convois des 2 février et 7 juin 1943 puis celui du 12 janvier 1944.

3e – 17 mai : analyse des convois du 13 mai 1944 puis des convois du 18 juillet, 26 août et 21 septembre 1942.

4e – 18 mai : analyse du convoi du 26 octobre 1942 et de l'affaire Slitinsky.

5e – 19 mai : Madame Léotin développe un long argumentaire visant à démontrer que Maurice Papon connaissait le sort qui était réservé aux juifs déportés (pages 1-2-3-4-6-8-9-10-13-14-16-17-18).

---

1. Voir p. 000.

6e – 5 juillet : étude de l'organisation de la préfecture et des conditions de la libération d'Alice Slitinsky.

7e – 6 juillet : étude de différents comptes-rendus administratifs et de factures signées par Maurice Papon.

8e – 10 juillet : curriculum de Maurice Papon et ses réponses aux différents points de l'interrogatoire.

9e – 11 juillet : suite et fin des réponses de Maurice Papon qui tentera de rectifier la dialectique partisane du magistrat instructeur. Celui-ci n'a instruit qu'à charge en ne retenant que des pièces secondaires et en écartant toute analyse du contexte des années 1942-1944.

Dire que la consultation attentive des interrogatoires surprend serait un doux euphémisme : cette instruction s'est construite hors du temps et de l'espace sans aucune référence au contexte de l'époque, comme si la préfecture s'était érigée en administration autonome, ayant droit de vie et de mort sur ses administrés !

Dans ce long interrogatoire, le mot « guerre » ne figure pas une fois, le mot « Gestapo » non plus, il n'y a jamais eu de débarquement, l'invasion de la zone libre en novembre 1942 n'est pas mentionnée, le gouvernement d'Alger n'existe pas, de Gaulle n'est pas cité.

La déportation de 1 600 Juifs constitue un drame, mais elle est inséparable et ne peut faire oublier les 1 300 déportés politiques et surtout les 806 otages et résistants exécutés [1] qui faisaient peser une chape de terreur sur la population bordelaise et sur la préfecture. Ils ont disparu, ils sont gommés. Au cours de l'interrogatoire du 19 mai, on trouve une phrase significative d'Annie Léotin concernant les 50 otages fusillés en 1941 : *« l'événement se situe semble-t-il le 21 octobre 1941. »* Pour l'instruction, ces cinquante otages fusillés ne constituent pas un drame, mais un événement !

À force de vouloir n'utiliser que des pièces secondaires et ignorer le régime d'occupation allemande en zone interdite, pour construire une accusation, Madame Léotin s'est engagée dans une dérive qui stupéfiera les historiens : elle veut prouver que la préfecture connaissait le sort promis aux juifs déportés, que la préfecture a facilité les convois ou ne s'y est pas opposé. Pour

1. Voir chapitre V (préfecture) et chapitre III et IV (Polices allemandes et Gestapo).

faciliter la démonstration, le sort, bien réel hélas, réservé aux fusillés de Souges [1] est passé sous silence.

Il ne s'agit pas là d'opposer, dans une polémique qui serait odieuse, des victimes à d'autres victimes, mais de comprendre l'enchaînement des faits. Ainsi, le 21 septembre 1942, Oberg fait donner l'ordre au KDS de Bordeaux de fusiller 70 otages. Existe-t-il un lien entre la sanction qui frappe Bordeaux et le train de déportation de juifs annulé en juillet, à la grande fureur d'Eichmann ? Ou un lien avec un autre ordre allemand qui ordonne le transfert de 71 juifs de Mérignac vers Drancy. L'instruction ignore le drame vécu par la préfecture qui tente par tous les moyens d'éviter l'exécution imminente de 70 personnes, elle ne s'y intéresse pas.

L'accusation soupçonne même Maurice Papon d'avoir reçu, lors de son passage à Paris durant cette terrible semaine, un appel téléphonique du directeur de cabinet du préfet, Chapel, qui aurait passé sous silence le drame immédiat que vit la population de Bordeaux, Sabatier le préfet, Luther le chef de la Gestapo et du KDS, le général Knoerzer chef de la Kommandantur [1].

Pourtant, elle aurait pu s'interroger sur le climat de peur et la violence de la contrainte immédiate qui semble même avoir frappé certains responsables allemands à ce moment-là. Comme nous verrons, en analysant les dépositions respectives de Oberg et de Luther et leurs différences au cours de leur procès, on aurait vu quels Allemands commandaient vraiment à Bordeaux, avec quelles méthodes et dans quels buts.

Mais nulle part ne figure dans les dossiers de l'instruction, l'organigramme du RSHA, celui de l'état-major d'Oberg, celui du KDS et de la Gestapo de Bordeaux avec ses effectifs, ses hommes et ses missions... alors que l'organisation, les fonctions et la structure de la préfecture sont minutieusement étudiées. On touche du doigt un des problèmes majeurs de ce procès : les limites temporelles de l'imprescriptibilité. Un demi-siècle après les faits, la plupart des acteurs de cette époque sont décédés depuis longtemps : Dehan (chef du SEC) et Poinsot (chef de la PJ), collaborateurs appointés par la Gestapo, ont été fusillés

1. Voir pages 17-18 de l'interrogatoire de Maurice Papon le 17 mai 1995 par Madame Léotin et notre chapitre V sur la Gestapo à Bordeaux.

après la Libération ; Oberg, Luther, Dohse, les responsables allemands sont morts ; Soustelle, Bourgès, Sabatier, Cusin, etc. sont morts eux aussi.

Une certitude, ni le général de Gaulle (nous avons l'avis de son fils), ni François Mitterrand (nous avons sa déclaration de 1988) n'auraient admis ce procès. Mais faute de témoins et de responsables, il devenait possible pour l'instruction de monter une accusation « ex-nihilo », faisant abstraction de la réalité. Dans la tradition inquisitoriale de la justice française, l'instruction doit être faite à charge et à décharge, c'est-à-dire que le responsable de l'instruction est un « juge » qui doit observer avec honnêteté, impartialité et objectivité la vérité et on se mettre au service d'une « cause » ou d'un parti.

Concernant l'instruction, on ne peut ignorer l'engagement provocateur et public d'Annie Léotin qui ne cherche pas à masquer ses convictions, si l'on s'en tient à la scène décrite par Éric Conan dans son ouvrage : « *Un journal d'audience* », déjà cité.

« Annie Léotin, juge d'instruction chargé du dossier et qui fut aussi l'un des trois magistrats de la chambre d'accusation de Bordeaux ayant envoyé Maurice Papon devant les Assises, ne dissimule nullement son engagement : présente dans la salle d'audience, elle embrasse ostensiblement certains avocats bordelais de sa connaissance à la fin de leurs plaidoiries, comme elle vient de le faire avec Me Favreau. »

Comme dans toute institution, le relâchement des formes extérieures (neutralité et distance des magistrats) n'est-elle pas le signe clinique d'une profonde dégradation de fond ? En l'occurrence, ici, cette incroyable attitude doit être rapprochée de la mise en cause du magistrat instructeur par le grand résistant Monsieur Travers, protestant contre l'insistance qu'elle avait mise à lui faire modifier son témoignage dans un sens défavorable à l'accusé.

L'arrêt de renvoi aux assises consécutif à cette instruction ne restera d'ailleurs pas aux six mois de procès. Malgré la difficulté des débats sur laquelle nous reviendrons aussi, la défense mettra en pièce cette construction en trompe-l'œil à tel point que la presse présente au procès sera bien obligée de s'en faire l'écho, par exemple la couverture de *L'Express* qui titre : « *Vers un acquittement* ».

4 – Surenchère des parties civiles, intimidation et autres « novations » juridiques

Au-delà de leurs désaccords et de leurs querelles conscientes du risque de basculement du procès, les parties civiles vont se trouver contraintes d'accentuer les pressions externes sur la cour d'une part, ce sera la tâche essentielle de Serge et Arno Klarsfeld, les pressions internes martelant à temps et à contretemps des concepts totalement étrangers au droit à l'équité aux faits. Ce sera la tâche des autres avocats. Le procès devient une sorte de « liturgie de la mémoire » à laquelle il fournit une victime. Comme l'écrit Henry Rousso :

« Le devoir de mémoire devient une sorte d'idéologie, de morale de substitution avec ses tabous et sa langue de bois. De ce point de vue, le procès Papon aurait eu au moins le mérite de nous ouvrir les yeux sur les limites du devoir de mémoire dans son acception actuelle. Le devoir de mémoire ne peut pas s'opposer longtemps au devoir de vérité. De fait l'hypermnésie, le trop-plein du passé, est aussi inquiétante que l'amnésie... La question se pose, en tout cas, de savoir si la surenchère militante est la seule manière d'assurer le passé. »

Cette surenchère militante, ce terrorisme médiatique, Maurice Papon l'a vécu et en a subi les conséquences. Serge Klarsfeld, « ce fou de la mémoire », selon Finkielkraut n'a jamais caché qu'il n'y avait pas de place pour le droit dans ce procès : à ses yeux le juge doit être un juge militant. Pour en convaincre la Cour, les Klarsfeld ont joué de toute la panoplie des artifices possibles : cérémonies commémoratives sur les marches du palais avec photos d'enfants et cierges allumés, salle militante huant les témoins de la défense, manœuvre tentant de déstabiliser le président Castagnède, mise en cause de la résistance gaulliste. Les menaces sont proférées explicitement et publiquement :

Déclaration de Serge Klarsfeld (le 11 février 1998, sur Radio Shalom)

« Le président Castagnède et un de ses assesseurs sont des agents de l'acquittement. Les magistrats qui sont nommés pour un procès ne sont pas nommés par le Saint-Esprit, ils sont nom-

més par un homme qui a ses sentiments, son point de vue sur l'histoire. Tout homme qui est engagé dans la société a un point de vue sur Vichy. On sait que c'est un procès qui a un sens pour la mémoire historique.

Et bien ces magistrats ont été nommés aussi par des hommes qui peuvent avoir un point de vue favorable à l'enterrement de cette histoire de Vichy, un point de vue opposé à celui de Jacques Chirac. On l'a vu parmi de nombreux témoins, à fond contre Chirac.

Nous nous battons pour les repousser, les ligoter ou les mettre sous surveillance, c'est ce que nous avons fait avec le Président et effectivement, aujourd'hui nous voyons que la défense de Papon se plaint du comportement du Président qui a pris la direction que nous voulions lui imprimer.

Jean-Marc Varaut se plaint du Président qui est aujourd'hui obligé de prendre une direction différente de celle qu'il avait imprimée au procès.

Nous ne voulons pas que le procès se passe dans le "meilleur esprit", puis, après, une indignation générale contre le verdict.

Nous voulons intervenir avant, pour empêcher les événements de devenir ce que normalement ils devraient être et pour imposer notre volonté.

Et quand on parle de "l'État de Droit", je regrette, mais lors du procès de Cologne, on a déclenché le premier jour une bataille rangée de deux cents personnes contre les policiers, de façon à montrer que les maîtres du terrain c'était nous, c'est-à-dire, que si le procès n'était pas exemplaire et bien le procès n'aurait pas lieu.

Ce que le Président a bien compris ; le procès (de Cologne) a été exemplaire. Ils ont bien compris ce que signifiait cette épreuve de force. »

Sans commentaire.

Comment peut-on encore parler d'État de droit lorsqu'un individu peut impunément menacer la justice ?

Les parties civiles et l'accusation voulaient convaincre l'opinion de la culpabilité de Maurice Papon en affirmant inlassablement qu'il avait signé quelque 1 600 déportations. L'accusé a souvent demandé que l'on produise une seule signature de sa part pour une seule déportation : ce fut en vain. De nouveaux concepts ont alors été forgés par les avocats.

– Maître Boulanger reconnaît l'absence de preuves, à l'origine d'un « doute ravageur ». Aussi demande-t-il que les faits soient vus dans leur « globalité ».

– Maître Weltzer énonce cette phrase étonnante : « Ce n'est pas parce qu'on ne trouve pas les ordres que vous ne devez pas être condamné. »

– Maître Jacobowitz estime qu'on ne peut pas sortir la preuve du chapeau car la démonstration résulte d'une « construction » avec un postulat : « Il savait. »

– Maître Tubiana voit dans Papon un symbole de hiérarchie donc de responsable : « Sa place protocolaire illustre sa responsabilité. »

– Maître Favreau accentue le concept en affirmant : « Il avait le pouvoir de sauver, il avait donc le pouvoir de sévir. »

– Maître Lévy joue sur un autre registre : « Il importe peu qu'il n'ait pas signé les ordres d'arrestation, car sa responsabilité est dans le fichier et les listes. »

Rappelons qu'au contraire, les listes ayant été trafiquées par la préfecture et le grand Rabbin, nombre de juifs ont échappé à la déportation...

– Maître Zaoui récuse lui aussi la notion de preuve : « On doit prendre le dossier globalement. La chaîne administrative forme un tout. »

Que devient dans ces conditions l'adage du droit romain : « Nulle peine sans loi ? » Faute de droit reconnu et de jurisprudence admise, les définitions créées pour la circonstance ont fleuri comme des champignons après une pluie d'automne : « Crime de bureau », « crime de papier », « crime carriériste », « crime collectif », « crime d'indifférence », « crime d'inhumanité »...

Reconnaissons que la Cour d'Assises, où les verdicts sont rendus par un jury qui peut se réfugier sous le parapluie de l'intime conviction, sans avoir à fournir les motifs de sa sentence, peut se prêter aux jeux des influences. Malheureusement l'histoire reconnaîtra dans le procès de Bordeaux, non pas un exemple pour les générations futures mais une grand-messe néo-stalinienne où les exemples de dérives abondent.

– Le remplacement des wagons de marchandises par des wagons de voyageurs, fait à la demande formelle du grand

Rabbin, dans un objectif humanitaire, est reproché à Maurice Papon.

– La substitution des gendarmes français à la Feldgendarmerie, pour accompagner les convois est faite, là encore à la demande du grand Rabbin, se voit, elle aussi, reprochée à l'accusé.

– Les factures de transport par autobus ou taxis, dont la plupart payées par l'UGIF, sont présentées comme des preuves de la complicité de la préfecture.

Pourquoi cette dérive du droit et cet acharnement à construire une contre-vérité historique ? Maître Zaoui donne peut-être la clef de l'énigme :

« Il faut admettre que la France a participé à la persécution des juifs. La France a failli à sa mission en abandonnant les juifs. »

Cette nouvelle vision de l'histoire impliquait la condamnation d'un symbole : ce fut un modeste sous-préfet élevé à la dignité de haut fonctionnaire pour l'occasion, un des rares survivants de sa génération. Ni de Gaulle, ni Mitterrand, ni Soustelle, ni Bourgès-Maunoury, ni René Mayer, ni Michel Debré, ni le grand Rabbin Cohen... ni les Allemands, ne sont plus là pour rétablir la vérité. L'accusation et les parties civiles ont les mains libres pour construire un procès sur mesure.

5 – Un accusateur « historique », Michel Slitinsky, confondu

Slitinsky est une figure : depuis des années il milite contre Maurice Papon, symbole à ses yeux, de la participation de Vichy au génocide, et acteur responsable des convois de déportation. Slitinsky est à l'origine des premières plaintes. À Bordeaux il mène une véritable croisade : à entendre sa déposition on se trouve replongé dans le communisme stalinien des années 1950 et la dérive fut telle que Maître Lévy, un des avocats des parties civiles, demandera que le célèbre témoin veuille bien faire court, mais en vain.

Il n'est pas utile de reprendre les affabulations contenues dans les multiples ouvrages de Michel Slitinsky, confondu par les questions précises de Maître Francis Vuillemin, sa déposition fut un désastre pour les parties civiles et se termina par la présenta-

p1

11 novembre 42

D 343

(2 pages)

Traduction certifiée conforme de l'allemand en français .

Questions juives .

Le Préfet de Région,

Préfet de la Gironde

à

Monsieur le Commandant de la Direction

de la Police de Sécurité allemande à Bordeaux .

Le Bouscat .

Objet : Mise en liberté d'Alice Slitinski, 3, Rue de la Chartreu.

à Bordeaux , Française .

Lors des arrestations de Juifs étrangers , qui ont été effectuées selon vos instructions, dans la nuit du 19 au 20 octobre 1942, la personne citée en référence, - de race juive et de nationalité française , - a été arrêtée en même temps que son père, Juif de nationalité russe . La mère de l'intéressée n'a pas été arrêtée , pour raisonsde santé (paralysie) .

Au cours de l'examen de la situation , qui a eu lieu le jeudi 22 octobre 1942 au Camp de Mérignac, Monsieur le Lieutenant Doberschütz a accepté que Slitinski Alice, - eu égard à sa nationalité française et à l'état de santé de sa mère, qui a besoin de soins constants, -soit mise en liberté prochainement .

./.

Je vous serais très obligé de bien vouloir me confirmer votre accord en ce qui concerne cette mise en liberté .

Pour le Préfet :

Le Secrétaire général :

signé:Papon.

I7.3I0/Ma .

Nous, Jean-René C H A M B O N , expert judiciaire et traducteur -interprète à la Cour d'Appel de Bordeaux , certifions la traduction française ci-dessus conforme au texte allemand ci-joint .

Fait à Bordeaux , le 29 mai 1988.

Libération d'Alice Slitinsky

– une lettre adressée au chef du KDS de Bordeaux (police allemande), pour demander la libération de la jeune Alice ;

– la note adressée au directeur du camp de Mérignac, pour que cette libération devienne effective.

On remarquera dans ces documents :

– que les arrestations avaient été effectuées sur injonction allemande ;

– que les internements à Mérignac ont eu lieu, eux aussi, sur décision allemande ;

– que Maurice Papon n'accorde aucune confiance au directeur du camp, puisqu'il lui demande un compte-rendu.

SE

D2683/9

- 7 DÉC. 1942

Questions Juives

LE PREFET REGIONAL, PREFET
de la GIRONDE

à Monsieur le DIRECTEUR du CAMP de
MERIGNAC

J'ai l'honneur de vous faire connaître que par lettre en date du 2 Décembre 1942, le Chef du Service de Détachement de la Police de Sûreté à Bordeaux a accordé la libération de:

Mme LEON née EITEL Marguerite
Mme WOLF Henriette
Melle SLITINSKY Alice

internées au camp de Mérignac depuis le 20 Octobre 1942, sur ordre des Autorités Occupantes.

Je vous serais obligé de vouloir bien faire procéder à la libération des susnommées et m'en rendre compte.

Pour le PREFET:
Le Secrétaire Général
Signé: Papon -

COPIE CERTIFIÉE CONFORME
À L'ORIGINAL
Bordeaux,
Le Greffier

M.G.

104

tion d'un faux document fabriqué à partir de deux documents authentiques, publié en 1997 par le « témoin ». Il est vrai que tous les coups sont permis puisque, comme le dira celui-ci pour se défendre : « *Je ne suis pas l'accusé !* [1] »

Il est intéressant par contre de se pencher sur le cas de sa sœur Alice, arrêtée le 19 octobre 1942 et relâchée le 5 décembre : sa libération est due aux Allemands d'après Slitinsky, et aux interventions de la préfecture selon Maurice Papon. Pendant des années, Slitinsky présenta dans les médias, l'affaire de sa sœur comme le symbole des mensonges de Papon. Le procès tournera à la confusion de Slitinsky lorsque sera présentée une pièce démontrant, au contraire, l'action efficace de l'accusé pour faire libérer la jeune Alice.

Nous relatons cette affaire, car elle est très significative de ce procès : non seulement les pièces retrouvées ont permis de confondre l'accusateur numéro un, mais elles démontrent que chaque fois que l'on peut approfondir un dossier, la conclusion tourne en faveur de Maurice Papon. Malheureusement nous n'avons pas le dixième des documents qui permettraient d'instruire la véritable histoire de la préfecture de Bordeaux... et aucune source allemande.

Michel Bergès, conscient de l'inconsistance du dossier Papon, estime inacceptable que l'on tire des conclusions hâtives à partir de quelques documents connus qui ne montrent que l'aspect visible des rapports de la préfecture, l'officiel, « le montrable » aux SS. Comme il a raison ! Malheureusement jamais, ni l'instruction, ni l'accusation, ni les parties civiles n'ont tenté de mettre les quelques documents présentés dans le cadre historique de l'occupation de Bordeaux.

Cette méconnaissance du contexte de la guerre est souvent à la limite de la caricature. Par exemple, lorsque Papon et ses avocats démontrent l'efficacité des interventions ayant permis la libération d'Alice Slitinsky, le procureur général a cette phrase incroyable : *« La libération aurait pu être plus rapide avec un coup de téléphone ? »*

Pour Henri Desclaux, Papon pouvait téléphoner à la Gestapo, en octobre 1942, comme à un collègue de bureau... en 1998 !

---

1. Cité par Éric Conan.

Cette courte remarque du procureur restera malheureusement dans les annales de l'histoire judiciaire comme stupéfiante. Voici pourquoi.

Alice Slitinsky est bien libérée le 19 octobre 1942 mais un mois plus tôt, le 19 septembre, soixante-dix otages bordelais étaient probablement fusillés parce que le RSHA avait dû supprimer un train de déportés. Ni les « coups de téléphone » de Sabatier à Vichy, ni même ceux de Luther, le commandant les services du KDS allemand, à Paris, n'y changeront rien.

Imaginer que l'on puisse téléphoner à la Gestapo pour demander une libération dénote une totale méconnaissance des réalités de l'occupation, mais les jurés l'ont-ils compris ? À l'évidence non puisque l'enlèvement d'Alice Slitinsky restera à charge de l'accusé dans le jugement !

Dans ce climat sanglant de l'automne 1942, Papon trouve le temps de se pencher sur le cas d'Alice Slitinsky et de la faire libérer. Le grappillage, c'était cela, une Résistance au quotidien...

Avec le recul du temps, on comprend aussi pourquoi le préfet Sabatier sera protégé et honoré après la guerre : il a obéi aux ordres de Londres en restant à son poste et sa femme, rongée par l'angoisse en mourra. Cusin le commissaire de la République qui arrive en 1944 sait que Sabatier est resté sur ordre, le général Koenig qui prend Sabatier avec lui en Allemagne le sait aussi, René Mayer qui le fait nommer conseiller d'État connaît tout de la Shoah, enfin Pompidou, qui décorera personnellement Sabatier, veut honorer un préfet courageux. Telle est la véritable histoire de la préfecture de Bordeaux et les affabulations d'un Michel Slitinsky ne peuvent la modifier.

Michel Slitinsky décrit lui-même ainsi sa résistance en Auvergne : *« Désigné aux côtés des responsables régionaux, à l'organisation de la Région 6, participant aux combats de juin au Mont Mouchet, la Truyère et la Margeride. Organisateur des maquis d'Auvergne, membre de l'État-major des maquis d'Auvergne MUR. Adjoint au colonel Pasteur, État-Major 6.*

J'étais un des collaborateurs, dans la clandestinité, du Commissaire de la République Ingrand. »

Sur ce point, les déclarations des responsables régionaux sont les suivantes : – Salomon, président de l'UD/CVR : *« Je n'ai jamais connu ce Monsieur. »*

– Maxime Auguy, Président Honoraire de l'UD/CVR : « *Il est probable qu'il ait été pour beaucoup pour l'organisation de son petit maquis d'Église-Neuve, placé sous l'autorité de Lucien Rebord, mais il ne peut prétendre au titre d'organisateur des maquis d'Auvergne... Il ne figure nulle part dans les listes des chefs responsables.* »

– Colonel Menut : « *Je n'ai jamais entendu parler de Michel Slitinsky.* »

– Boutines, Vice-président de l'UD/CVR : « *De mars à novembre 1943, de nombreux jeunes, pour la plupart réfractaires au STO furent dirigés sur les maquis en formation dans la région de Sauxillanges. Michel Slitinsky était du nombre.*

En mars 1944, pour faire face aux vagues d'arrestations et à l'action des troupes allemandes, les petits maquis se sont repliés sur le Cantal. Michel Slitinsky était parmi eux. Il rejoint le maquis Revanche qui n'a pas laissé un grand souvenir dans la région.

Il semble qu'il y ait rempli les fonctions de cuisinier.

Je puis affirmer que Slitinsky n'a jamais appartenu à l'État-Major des MUR et maquis d'Auvergne, pas plus d'ailleurs qu'à celui de la Région 6. »

6 – Michel Bergès, un historien qui cherche la vérité

Michel Bergès est universitaire, professeur à l'Institut d'études politiques de Bordeaux, c'est à partir de ses premiers travaux dans les archives qu'a débuté l'affaire Papon. Mais depuis ses recherches ont progressé et il reconnaît lui-même pourquoi il a été amené par honnêteté intellectuelle à changer : « *On ne voyait alors que les documents signés Papon. Aveuglés, embués, on cherchait l'ancien ministre. Aujourd'hui, quand je regarde tout le système, je vois d'abord les SS...* [1] »

et non la préfecture.

Michel Bergès sera donc cité à Bordeaux par Maître Varaut.

Il juge très sévèrement l'acte de renvoi au cours de l'audience car l'absence de pièces essentielles empêche de comprendre la

1. Éric Conan, *op. cit.*

vérité : les archives personnelles de Sabatier, celles de la Gestapo, celles du SEC, etc... sont restées absentes de l'instruction et du procès.

Pratiquement aucune archive allemande ne figure dans l'instruction et bien entendu aucun responsable. Le procès a fabriqué un Bordeaux mythique, artificiel où la préfecture joue un rôle dominant, ce qui est faux.

Il estime que le grand Rabbin Cohen agissait de concert avec la préfecture pour truquer les fichiers, obtenir des radiations et limiter, autant que possible, l'impact des déportations.

D'une façon plus générale, Bergès démonte l'acte d'accusation en soulignant ses lacunes et ses erreurs historiques et conteste ses postulats de départ :

– Maurice Papon n'est pas Pierre Garat ;
– Maurice Papon n'a pas de pouvoir de police ;
– Maurice Papon ne connaissait pas Auchswitz ;
– Maurice Papon n'est pas le maître d'œuvre qui a organisé onze convois et cinq rafles comme certains médias ont tenté de le faire croire.

Dans ses différents articles et ouvrages, il précise son jugement sur la personnalité et l'action du grand Rabbin Joseph Cohen, sur l'aide apportée par l'Église et la préfecture à la communauté juive. Il cerne bien la personnalité de Joseph Cohen qui ne veut pas se heurter ouvertement à la volonté des Allemands : *« Avec les Allemands, on ne pouvait aller à l'épreuve de force qu'une fois. »* Pour le Grand Rabbin, il faut donc contourner la politique allemande avec prudence sans jamais provoquer. Cohen s'appuiera sur Monseigneur Feltin qu'il rencontre fréquemment et qui lui assure le soutien de la communauté catholique, mais Feltin ne cache pas l'étroitesse de sa marge de manœuvre car l'Archevêché est surveillé par la Gestapo :

« Le 16 août 1940, quatorze membres de la Gestapo pénètrèrent dans l'Archevêché et firent un perquisition minutieuse... Cinq d'entre eux s'installèrent dans le bureau de Mgr Feltin et emportèrent un grand nombre de papiers. Un mois après la Gestapo renouvelle sa perquisition et Mgr Feltin dut subir sept interrogatoires successifs. »

Le 8 avril 1943 le journal, *Le pilori*, stigmatisait l'Archevêque judéo-gaulliste de Bordeaux décidément très suspecté. Quant aux protestants, ils se montrèrent aussi très solidaires du grand Rabbin mais furent souvent déconcertés par son légalisme lorsqu'il refusait les fausses cartes d'identité qui lui étaient proposées.

Cependant, la manœuvre de contournement du grand Rabbin, menée conjointement avec l'équipe du préfet Sabatier se révélera efficace : Joseph Cohen atteste en effet que les personnes sur lesquelles on lui demande des renseignements ne figurent pas sur les registres de la Synagogue. La bonne question eut été : Untel est-il juif ? La ficelle semble énorme, mais entérinée par l'administration préfectorale, elle marchera jusqu'en 1943, lorsque, alerté, le SEC écrira à Papon :

« Le fait de ne pas figurer sur les listes de la Synagogue établit seulement que l'intéressé ne cotise pas et non qu'il ne suit pas les rites de la religion juive.

En d'autres termes cela reviendrait à dire qu'un catholique ne serait pas catholique parce qu'il ne figurerait pas sur les listes du denier du culte. »

Nous avons là un exemple de complicité matérielle, discrète mais efficace... du sabotage effectué par la préfecture, et une explication de l'échec allemand pour remplir les trains.

Michel Bergès a accepté de participer à cet ouvrage et de s'exprimer sur les aspects de l'affaire Papon, qu'il a pu étudier durant de longues années à Bordeaux.

7 – Un réquisitoire qui ignore la guerre

Pour trouver le cadre juridique permettant, cinquante ans après les faits, d'intenter un procès, on ne peut retenir que les délits imprescriptibles : les crimes contre l'humanité définis par le tribunal de Nüremberg. Comme les faits reprochés à Maurice Papon risquaient de ne pas rentrer dans les critères de 1945, la Cour de Cassation a étendu les définitions d'origine à la complicité matérielle, notion suffisamment floue pour qu'elle autorise une large interprétation.

Nous ne nous attacherons pas à l'étude de l'acte d'accusation ayant conduit Papon en Cour d'Assises, car il ne cherche même pas à sauver les apparences de l'objectivité. Ne citons qu'un exemple : les déportations du 21 septembre 1942. L'accusation en rend Papon responsable alors qu'il n'est pas à Bordeaux et s'occupe de la succession de son père...

Étudions par contre le réquisitoire du procureur. Il s'étend d'abord longuement sur le fait que les procès intentés entre 1945 et 1955 ignoraient les dossiers ayant servi à l'instruction du procès Papon : c'est totalement faux. C'est faux, non seulement à l'époque, toutes les pièces étaient connues, mais les témoins des événements tragiques de l'occupation étaient encore vivants et pouvaient librement s'exprimer. Le président du tribunal militaire de Bordeaux, Guyomet-Dupérat de 1945 à 1952, s'exprime fort clairement sur le sujet :

« Après la Libération, il n'y a eu aucune plainte contre lui (Maurice Papon), devant le tribunal militaire, saisi alors de l'arrestation et de la déportation des familles juives de Bordeaux. »

« Jamais il n'est venu à l'idée de personne, pas même les familles des victimes, d'incriminer l'attitude M. Papon au moment des faits. »

Cette déposition essentielle d'un magistrat, qui a durant six années jugé toutes les affaires nées de l'occupation et fait condamné à mort Dehan, le responsable du redoutable SEC, ne fut pas considérée comme valable. Peut-on imaginer un seul instant que les Français collaborateurs, Dehan et Poinsot, fusillés à la Libération, les Allemands Luther et Dohse, chefs du KDS et de la Gestapo condamnés en 1953, n'auraient pas mis en cause la préfecture et Papon au cours de leur procès, si ces derniers avaient eu une part de responsabilité dans les déportations ?

Comme l'affirme Guyonnet-Duperat, c'est impossible.

Quel est le fait nouveau qui a transformé l'histoire, cinquante ans après les faits, en vue de construire une accusation ex-nihilo ? Cette découverte porte désormais un nom : le néo-négationnisme.

Deuxième erreur majeur de l'accusation : les archives de la préfecture ne représentent que la partie visible de l'iceberg de l'information. La véritable information se trouvait soit dans les archives allemandes (absentes du procès), soit dans l'information orale, forme obligée de communication, pour des raisons évidentes de sécurité. C'est la raison pour laquelle, la justice de l'époque ne s'est pas penchée sur des archives de préfecture ne reflétant pas la réalité du vécu. Michel Bergès qui a initié le procès aboutit d'ailleurs aux mêmes conclusions : « Partout je vois les SS. »

Sur la base de documents sans véritable signification et en l'absence de témoins, il devient facile de créer une accusation ex-nihilo. Si le préfet Sabatier, l'intendant de police Duchon, les commissaires de la République Cusin et Soustelle, les ministres

En marge de "l'affaire Papon"

Le témoignage d'un ancien président du tribunal militaire de Bordeaux

DU lendemain de la Libération jusqu'en 1952 j'ai eu, pendant six années, le redoutable honneur de présider le tribunal militaire de Bordeaux. J'ai donc eu à connaître de toutes les affaires nées de l'occupation. C'est ainsi que j'ai eu à juger le responsable de la rafle et de la déportation des familles juives de la région bordelaise.

Un juge d'instruction militaire et un commissaire du gouvernement avaient étudié avec soin tous les aspects de ce dossier monstrueux. Il en était ressorti à l'évidence qu'à Bordeaux, un nommé Dehan, qui était alors chef de rayon dans un grand magasin de la rue Sainte-Catherine, ardent partisan de la collaboration avec les Allemands, s'était mis au service de la Gestapo, notamment pour détecter et faire arrêter les juifs, même les plus jeunes, encore nourrissons. Il avait fait preuve d'un zèle extraordinaire.

En 1944, il s'était replié avec les colonnes allemandes. Au cours d'une halte à Poitiers, il avait, avec d'autres miliciens, torturé et assassiné, au château du Porto, plusieurs personnes, au motif qu'elles manifestaient des sentiments en faveur de la Résistance.

Arrêté par la suite, il comparut devant le tribunal militaire de Bordeaux, que je présidais. Il fut condamné à mort et exécuté.

CE que je peux affirmer, c'est qu'à l'époque où le dossier était entre les mains de la justice militaire – où il était étudié avec un soin particulier – jamais il n'est venu à l'idée de personne, pas même des familles des victimes, d'incriminer l'attitude de M. Papon, secrétaire général de la préfecture au moment des faits.

Je ne connais pas l'actuel dossier instruit par un juge d'instruction contre M. Papon. Il m'est donc difficile d'en parler. Peut-être a-t-il donné quelque signature administrative ? En tout cas, ce que je sais, c'est qu'après la Libération il n'y a eu aucune plainte contre lui devant le tribunal militaire, saisi alors de l'arrestation et de la déportation des familles juives de Bordeaux.

P. GUYONNET-DUPERAT

conseiller honoraire
à la Cour d'appel de Paris,
ancien président du tribunal
militaire de Bordeaux.

Bourgès-Maunoury, René Mayer et Jules Moch, le grand Rabbin Cohen, les présidents Mitterrand et de Gaulle, avaient été consultés, jamais Maurice Papon n'aurait été poursuivi et encore moins condamné.

L'accusation traite ensuite de l'organisation de la préfecture et de celle de la police (ignorant la police allemande). Nous analyserons ces deux sujets dans les chapitres suivants.

Voyons par contre comment est interprété par le procureur l'article 6 de la charte de Nüremberg.

Selon lui, Papon connaissait la finalité des déportations et a prêté son concours matériel à la préparation des arrestations. Comme nous le verrons à l'occasion de l'interview de Michel Bergès, la complicité matérielle de Maurice Papon a consisté à faire rayer du fichier juif quelque quatre cents personnes, et cela en collaboration avec le grand Rabbin Cohen. Quant à la connaissance de la solution finale, ni les résistants ni les juifs n'imaginaient ce qui se passait dans les camps.

Concernant l'absence de contraintes sur la préfecture et Maurice Papon, l'accusation s'exprime en ces termes :

« Aucun tribunal ne peut juger un homme qui a été forcé, un pistolet sur la tempe, d'ordonner l'arrestation ou la déportation de juifs. On ne peut demander, en effet, à aucun accusé d'avoir été un héros. Mais attention : il faut que la contrainte ait été irrésistible... Il y a une deuxième condition : c'est à celui qui invoque la contrainte d'en apporter la preuve. »

On comprend en lisant cette phrase que ni l'instruction ni l'accusation n'ait voulu étudier le contexte de Bordeaux occupé. Certes Sabatier et Papon furent convoqués à la Gestapo et mis en garde ; Sabatier subit même un long interrogatoire après le départ de son neveu Bignon et crut être arrêté. Ce ne furent à chaque fois que des avertissements sans frais.

En effet, la politique allemande était plus subtile : le pistolet de la Gestapo n'était pas braqué sur la tempe des responsables de la préfecture, mais sur celle des Bordelais et les Bordelais le savaient. L'exécution des otages (dont nous analyserons dans quelles conditions elles sont intervenues), démontre que le pistolet décrit par l'accusation n'était pas seulement braqué : il tirait chaque semaine et a tué huit cent six fois en trois ans.

Sabatier vivait dans l'angoisse quotidienne de la visite du colonel Duchon qui assurait les liaisons avec la Gestapo et annonçait au préfet le nombre de cercueils qu'il fallait préparer. Sans parler des déportations politiques régulières présidées par le chef de la Gestapo en personne, paradant dans un uniforme flamboyant, sa paire de gants gris à la main avec lesquels il souffletait ceux qui contestaient une dernière fois l'ordre allemand.

Cette réalité ne faisait pas partie du procès.

8 – Le procès de la Résistance et du gaullisme

Il est vrai qu'un juge d'instruction n'aurait pu seul mener Maurice Papon en Cour d'Assises : il fallait construire le cadre permettant le procès. Plusieurs acteurs ont participé à sa mise en place : l'actuel président de la République, Jacques Chirac, la nouvelle jurisprudence, le ministre de la Justice, certains activistes de la communauté juive avec Serge Klarsfeld. Nous savons en effet que François Mitterrand, durant ses deux septennats, s'est toujours opposé à ce procès : « *attentatoire à la démocratie* ».

Jacques Chirac, qu'il l'ait voulu ou non, a donné le coup d'envoi du procès en 1995, lorsqu'il a déclaré, au cours d'un rassemblement à l'ancien Vel-d'hiv, que l'État et la France étaient responsables du génocide juif. À cette occasion il rompt avec le Gaullisme ce que n'admet d'ailleurs pas Pierre Messmer, ancien ministre du général de Gaulle qui s'exprime en ces termes à Bordeaux :

« Je m'inscris absolument en faux contre les déclarations prononcées depuis 1995 par les plus hautes autorités françaises et qui imputent à la France, donc à tous les Français, la responsabilité des crimes de Vichy. Juridiquement cette thèse est contestable, mais surtout inacceptable pour l'immense majorité des Français qui n'ont été ni coupables ni responsables. Ces déclarations sont intolérables pour les hommes et les femmes qui étaient entrés dans la France libre ou dans la Résistance. Cela l'est d'autant plus que nous avons trouvé des fonctionnaires et des militaires de Vichy qui nous barraient la route quand nous voulions continuer le combat contre l'Allemagne et l'Italie mussolinienne. Comme ce fut le cas à Dakar, à Libreville, et en Syrie dans une campagne qui a été très sanglante.

Alors que la mort m'a épargné pendant la guerre, et alors qu'aujourd'hui la mort s'approche de moi, sans rien oublier, car nous ne devons rien oublier, le temps me semble venu, cinquante-six ans après les événements, où les Français pourraient cesser de se haïr et commencer à pardonner.

Mais je voudrais aussi dire, quel que soit le respect que nous devons à toutes les victimes de la guerre, et particulièrement aux victimes innocentes, ces femmes, ces enfants, ces vieillards, que je respecte plus encore celles qui sont mortes debout les armes à la main, car c'est à eux que nous devons notre libération. » (Hurlements sur les bancs du public et censure dans les médias.)

Pierre Messmer confirmera ses propos sur Europe 1 :

« en estimant inacceptable que l'on impute à la majorité des Français le crime d'une élite qui s'est effondrée et que si la mode est à la repentance, on devrait aussi se repentir à notre égard, nous les Résistants. »

Tout se passe comme si l'on voulait mettre fin aux principes gaullistes et donner des gages à l'activisme juif comme l'a montré la suite de l'affaire : sur le plan des principes d'abord, sur la marche du procès Papon ensuite.

1 – En janvier 1997 la Cour de Cassation modifie sa jurisprudence en élargissant le concept de crime contre l'humanité à la complicité matérielle, ce qui facilite une condamnation éventuelle de Maurice Papon.

2 – Reste le problème des hommes : l'avocat général Defos du Rau se proposait de conclure au non-lieu, une conclusion inadmissible pour la nouvelle équipe antigaulliste.

« *Jacques Toubon (garde des Sceaux et fidèle de Chirac) demanda pour que l'on se débrouillât pour conclure au renvoi en Cour d'Assises, ce qui fut fait dans le réquisitoire définitif, signé Henri Desclaux. L'avocat général (Defos du Rau), désavoué en raison de son penchant pour le droit dans une affaire requérant un peu plus de recul, fut illico remplacé en vue de la préparation du procès.* [1] »

La suite est connue : Papon, bouc émissaire symbole, sera condamné à dix ans de réclusion. Klarsfeld aura veillé jusqu'au bout à ce que le cérémonial se déroule scrupuleusement selon ses volontés et une banderole se réfère à Jacques Chirac... comme à un contrat tacite.

1. Éric Conan, *op. cit.*

Beau travail politique et justice tardive pour certains, exemple pour les générations suivantes diront les autres. Malheureusement l'histoire se laisse moins facilement manipuler que l'appareil judiciaire. Un autre scénario se profile de façon incontournable : celui d'une préfecture résistant avec ses moyens dérisoires à la pression allemande et un Maurice Papon se battant en silence pour limiter le drame des déportations.

9 – La naissance d'un néo-négationnisme

Nier l'existence des chambres à gaz et le génocide juif constitue un délit : chacun doit en effet s'incliner devant le drame de la Shoah et ce n'est que morale et justice. Mais aujourd'hui le balancier s'est emballé dans l'autre sens, car les « fous de la mémoire » en viennent, eux aussi, à réécrire l'histoire : la guerre s'efface devant la Shoah, les victimes passent avant les combattants, les déportés juifs deviennent les premières victimes, les Résistants sont coupables de ne pas avoir rendu prioritaire le combat contre les convois vers Drancy.

Ce néo-négationnisme transparaît clairement dans l'instruction, dans l'acte d'accusation, dans les plaidoiries des parties civiles, dans les réquisitoires. Pour étayer l'accusation, il a fallu gommer l'histoire et construire un Bordeaux sous l'occupation totalement mythique, uniquement axé sur les mille six cents déportations juives.

L'acte d'accusation stupéfiera les historiens : c'est une réécriture de l'histoire poussée jusqu'à la caricature. Nous l'avons relu à plusieurs reprises car cela semblait impossible : la guerre est absente, l'invasion de la zone libre, en novembre 1942, n'est pas citée et surtout... pas un mot sur les huit cent six exécutions effectuées entre 1941 et 1944 qui faisaient régner la peur, l'incertitude et l'angoisse tant sur la ville que sur la préfecture... chargée de commander les cercueils.

La cécité atteint un sommet lorsqu'est rapporté par l'acte d'accusation, le convoi de septembre 1942. Ce jour-là, soixante-dix otages sont fusillés à Souges malgré les interventions de Sabatier, de la Kommandantur et même du chef du KDS, Luther.

Rien. Pas un mot. Le même *rien* sur l'analyse des rafles de janvier 1944, après la fuite du grand Rabbin, alors que Souges fusille cinquante Bordelais et qu'aucune exécution n'a eu lieu en décembre 1943 et qu'il n'y en aura aucune en février 1944. Cela aurait peut-être mérité, ne serait-ce qu'une allusion ?

Après de telles observations, se dire choqué que l'accusation mette sur le même plan la quasi-totalité des grands Résistants ayant témoigné en faveur de Maurice Papon, avec les quelques individualités ayant témoigné contre, semble secondaire.

Déconcertante enfin, l'affirmation selon laquelle :

« Maurice Papon ne saurait invoquer l'état de contrainte dans lequel il se serait trouvé... il ne ressort pas de l'instruction que les pressions ainsi faites ont été d'une telle intensité qu'elles aient pu constituer une contrainte ayant aboli le libre arbitre de Maurice Papon. »

Combien d'otages supplémentaires auraient dû être fusillés pour que l'accusation estime aboli le libre arbitre de Maurice Papon ?

Pourquoi pousser plus loin la démonstration ? Le procès a vu naître une nouvelle histoire qui construit une guerre 1939-1945 sans rapport avec la réalité. Malheureusement cette Deuxième Guerre mondiale mythique a fourni les bases conceptuelles permettant de faire condamner un innocent.

L'instruction et le procès auraient pu avoir un sens s'ils avaient été construit sur un schéma prenant en compte la réalité de la guerre et les structures de décision de l'époque :

1 – La France sous l'occupation entre juin 1940 et novembre 1942.

2 – La situation de Bordeaux, zone interdite, durant cette période.

3 – La création de l'UGIF en décembre 1941, son rôle après et avant novembre 1942.

4 – L'organisation du RSHA, la mise en œuvre de la « solution finale » en Europe à partir de février 1942.

5 – La connaissance des Alliés sur la finalité des déportations.

6 – Les résistances aux déportations. La politique des Alliés.

7 – La politique américaine à Vichy jusqu'en novembre 1942. Leurs prises de position sur les déportations juives.

8 – La France sous l'occupation après novembre 1942. Implantation et mission des polices allemandes ainsi que des SS, sous la direction du général Oberg.

9 – La structure et l'organisation des polices allemandes à Bordeaux. Le KDS et la Gestapo.

10 – La structure et les fonctions de la Kommandantur.

11 – Structure, organisation et missions de la préfecture. Le service du chiffre.

12 – La place et les fonctions de Maurice Papon.

13 – Relations de la préfecture avec Vichy, avec la Kommandantur, avec le KDS et la Gestapo.

14 – Les exécutions à Bordeaux et leurs répercutions : huit cent six dont deux cent vingt otages fusillés.

15 – Les déportations politiques (1 300).

16 – Les relations de la préfecture avec le grand Rabbin Cohen, la gestion du fichier des juifs.

17 – Les grandes rafles de juillet 1942 en Europe : les trente-six trains prévus par Eichmann.

18 – Les déportations juives à Bordeaux. Le train annulé de juillet 1942 : la réaction d'Eichmann, celle de la Gestapo.

19 – Les rafles et les convois : dans quelle condition et dans quel contexte ont-elles eu lieu ?

20 – Le cas particulier des enfants : le sentiment des familles et du Rabbin.

21 – La politique de la préfecture, celle de Maurice Papon.

22 – Existe-t-il une relation entre le train annulé à Bordeaux, les déportations du 21 septembre 1942, et l'exécution des soixante-dix otages le même jour ?

23 – Que disent les archives allemandes sur les drames vécus par Bordeaux entre 1942 et 1944 ?

24 – Quels sont les responsables allemands qui auraient pu ou pourraient témoigner sur cette période ?

25 – Quelle est l'histoire de la Résistance à Bordeaux ? Quelles consignes a-t-elle donnée ?

26 – Quelles furent les fonctions tenues par Maurice Papon dans la Résistance ? A-t-il répondu aux attentes des responsables d'Alger ?

Tel est le type de schéma que l'instruction et le procès aurait dû prendre en compte. Ce ne fut pas le cas : sur les vingt-six thèmes qui se rapportent à l'affaire Papon, cinq seulement ont été étudiés ou retenus et qui touchent la préfecture et les convois. Vingt et une questions essentielles n'ont pratiquement pas été abordées, alors que le procès a duré six mois ! On comprend le malaise diffus qui imprègne l'opinion publique et la perplexité croissante des commentateurs.

Citons un exemple significatif du refus de l'information objective. Durant ces terribles années 1942-1944, nous verrons qu'un homme a tenu un rôle clef à Bordeaux : il savait tout, il pouvait tout. Cet homme s'appelle Friedrich Dohse, chef de la Gestapo. En 1985, Michel Bergès va l'interviewer durant cinq jours... et il mourra en 1995. Jamais l'accusation ne songera à l'entendre et encore moins à l'inculper pour crime contre l'humanité. Pourquoi ?

Même question concernant le colonel Knochen, l'adjoint à Paris du général Oberg, plus jeune que Maurice Papon.

CHAPITRE II

LES POLICES ALLEMANDES EN FRANCE

1 – CE QU'ÉTAIT LE RSHA (Office central de la Sécurité du Reich), LA SOLUTION FINALE ET L'ORGANISATION DES CONVOIS DE DÉPORTATION.

2 – LES PRINCIPAUX RESPONSABLES ALLEMANDS DE LA SOLUTION FINALE.

3 – LA DÉPOSITION OCCULTÉE DU GÉNÉRAL OBERG, CHEF SUPRÊME DES SS ET DE LA POLICE EN FRANCE.

« Je ne suis pas là pour négocier, les Français doivent obéir... »

Général Oberg.

1 – Ce qu'était le RSHA, la solution finale et l'organisation des convois de déportation

Nous devons d'abord expliquer les mécanismes politiques, militaires et techniques qui décidaient et organisaient les déportations : cela n'a jamais été fait durant l'instruction et fort peu durant le procès. Les convois n'ont pas été initiés par les autorités de Vichy et le reconnaître n'implique pas d'absoudre le gouvernement Pétain, mais seulement constater que les préfectures, même résistantes, disposaient d'une marge de manœuvre fort réduite. À Bordeaux, Sabatier et Papon ne pouvaient compter que sur leur imagination administrative pour limiter le drame des décisions allemandes dont ils ignoraient la portée.

Les procédures de décision présentées par l'accusation et les parties civiles, imaginant une préfecture installée dans le confort de ses bureaux, libre de ses mouvements et signant des notes de service ignorées des Allemands, ne correspondent en rien à la réalité. Le Bordeaux mythique ainsi construit impliquait l'occultation des structures allemandes. Est-ce la raison pour laquelle la longue déposition (en allemand) [1] du général Oberg, chef suprême des SS et de la police en France, déposition qui se révèle une pièce importante pour comprendre l'organigramme des responsabilités dans les déportations, ne fut pas retenue par l'instruction ?

L'organisation du RSHA (Office central de la Sécurité du Reich)

Le RSHA est supervisé par le Reichsführer Heinrich Himmler, chef de toutes les polices allemandes depuis 1936. À ce titre il

1. Voir dans le cahier d'illustrations l'original de ce texte.

coiffe à la fois l'Office central de la Sécurité du Reich (RSHA) et l'Ordnungspolizei (services locaux de police qui comptent environ 250 000 hommes).

La direction du RSHA sera successivement assurée par Reinhard Heydrich [1] entre 1939 et 1942, puis par le docteur Kaltenbrunner [1] entre 1943 et 1945. Le RSHA regroupait la Gestapo (la police secrète d'État), la KRIPO (la police criminelle) et le SD (le service de renseignement et de sécurité). Le RSHA était structuré en sept divisions (Amt) et quarante-deux départements.

Ire division. Personnel.
IIe division. Organisation et droit (dix départements).
IIIe division. SD Intérieur, Service de sécurité (quatre départements). Effectifs : quelques milliers d'hommes. Le SD est le réseau de renseignement du parti nazi.
IVe division. La Gestapo (quinze départements) dirigée par Heinrich Müller [1].
Effectifs : 45 000 hommes.

Le département IV B 4 fait partie de la division IV (Gestapo) et s'intitule « évacuation et Juifs ». Il est dirigé par Adolf Eichmann [1] qui a seulement le grade de lieutenant-colonel. Le IV B 4 est donc un des quinze départements de la Gestapo. La « solution finale » se masque ainsi dans une structure discrète, confiée à des seconds couteaux auxquels on refuse une hiérarchie élevée. Dannecker, l'envoyé du RSHA à Paris pour les questions juives, ne porte que le grade de capitaine.

Les transports de déportés se trouvaient sous la responsabilité de Novak, puis de Hartman et Martin, qui s'assuraient le concours de la Reichsbahn (500 000 fonctionnaires et 900 000 employés).

V^e^ division. La Kripo : Police criminelle (quatre départements). Effectifs : 15 000 hommes.
V^e^ division. Étranger (six départements).
V^e^ division. Idéologie.

Le même organigramme, avec les mêmes fonctions, se retrouve à tous les échelons du RSHA. Dans les pays occupés, cet échelon

1. Voir 2e partie de ce chapitre.

prend le nom de BdS (Befehlshaber der Sicherheitspolizei un des Sicherdienstes) et de KDS dans les grandes villes. Les structures régionales et locales (BdS et KDS) regroupent donc à chaque fois, le SD (Renseignement), la Gestapo (police secrète) et la Kripo (police criminelle). Constatons que les questions juives font partie intégrante de la Gestapo, responsabilité que Dohse, le chef de la Gestapo de Bordeaux tentera de récuser après la guerre. (Voir chapitre IV.)

En France, le BdS dirigé depuis Paris, comporte seize sections et ses effectifs s'élèvent à 55 000 personnes dont 44 000 Français. Il est supervisé par le général Oberg [1], chef suprême de la police et des SS depuis mars 1942, avec comme adjoint le docteur Knochen [1].

La section IV (Gestapo), est dirigée par le Sturmbannführer Boemelburg (9), qui supervise directement la Gestapo de Bordeaux.

L'ambassade d'Allemagne, dirigée par Abetz [1], avait reçu un envoyé du RSHA, spécialisé dans les questions juives, Theodor Dannecker [1] qui fit établir un fichier répertoriant les juifs, par ordre alphabétique, par rue et par nationalité. Dannecker figure clairement dans l'organigramme du BdS, en tant que responsable de la section IV J, sous l'autorité de Boemelburg. Knochen, qui n'apprécie pas les frasques de Dannecker dans les boîtes de nuit parisiennes (il en possède une), le fait muter en juin 1942 : il sera remplacé par Heinz Röthke [1], l'adjoint de Dannecker, tout aussi sectaire.

Dannecker puis Röthke réuniront chaque mardi à Paris, les responsables régionaux chargés des questions juives. Il est donc bien clair que les déportations des juifs sont initiées, gérées et contrôlées par Paris, mais le service IV J, chargé des questions juives est toujours noyé dans la structure de la Gestapo : à Berlin comme à Paris et à Bordeaux. La Gestapo est elle-même fondue dans celle du RSHA, du BdS et du KDS (voir organigramme). La division IV ne compte pas moins de 12 sections et la section IV J (les juifs) se situe entre la section K, l'église et la section FM, (les Francs-Maçons). Même au niveau de l'organigramme, la solution finale reste camouflée, presque invisible.

Encore plus invisible, se révèle le Sturmbannführer Boemelburg, Directeur criminel, chef de la Gestapo en France, supérieur direct

---

1. Voir 2e partie de ce chapitre.

de Dannecker de Röthke et de Dohse, chef de la Gestapo à Bordeaux. Dohse, jugé après la guerre, cite trente-cinq fois Boemelburg dans ses dépositions, mais Boemelburg n'est pas nommé une seule fois durant le procès de Maurice Papon. Ce Boemelburg qui a fait trembler les Français pendant trois ans n'existe pas et n'a jamais existé ni durant l'instruction ni durant le procès.

Nous trouvons peut-être une explication, mais certainement pas une excuse à cette omission, dans le fait que l'accusation comme les parties civiles ont estimé que la préfecture était un acteur des déportations. Cette erreur grossière a été facilitée par le fait que les véritables structures chargées de la solution finale, masquées durant la guerre, ont disparu à la Libération avec l'essentiel des archives allemandes, brûlées pour la plupart. Ne subsistent aujourd'hui que les comptes-rendus de la préfecture et quelques dossiers allemands. Il faut faire une véritable enquête pour reconstituer les véritables filières de décisions et les procédures de déportations : elles n'ont rien à voir avec les schémas développés durant le procès.

La position du tribunal de Nüremberg, mise si souvent en avant pour juger Maurice Papon précise les responsabilités de la Gestapo dans les déportations et le génocide en ces termes :

« La Gestapo et le SD ont été utilisés pour des fins définies par le statut, comme des organisations criminelles. Parmi celles-ci, figurent la persécution et l'exécution des juifs. Le tribunal y englobe tous les fonctionnaires du RSHA, de même que tous les fonctionnaires locaux de la Gestapo. »

Nous verrons en effet que, pour la Gestapo, la préfecture de Bordeaux n'était pas un acteur, mais un otage utilisé comme tel : les structures parlent lorsqu'on se donne le mal de les reconstituer, et les faits s'expliquent d'eux-mêmes.

Organigramme du BdS
(SD, Gestapo, Kripo), pour la France (source Hilberg)

Chef suprême des SS et des polices : Oberg
Chef du BdS : Knochen
Adjoint : Lischka
Section III (SD) : Biederbeck
Section IV (Gestapo) : Boemelburg

IV J : Dannecker, puis Röthke
Section VI (Kripo, police criminelle) : Hagen
Représentant à Vichy : Geissler.

Remarque essentielle : il n'existe pas de rupture dans la ligne hiérarchique du processus de décision concernant les déportations de juifs, même si l'organigramme masque parfois cette hiérarchie. Examinons les circuits de commandement allant de Berlin à Bordeaux :

RSHA à Berlin : Heydrich puis Kaltenbrunner
Division IV (Gestapo à Berlin) : Müller
Section IV (Gestapo à Paris) : Boemelburg
IV B 4 (juifs) Berlin : Eichmann
IV J (juifs) Paris : Dannecker
Section IV (Gestapo à Bordeaux) : Dohse
IV J (juifs) Bordeaux : Doberschütz.

Puisque ces organigrammes sont restés absents du procès, il est clair qu'à l'époque de la guerre, ils étaient totalement méconnus des préfectures qui ne pouvaient réagir qu'à l'aveugle, en ignorant les conséquences de leurs actions ou décisions.

Ce Karl Boemelburg, chef mystérieux et tout puissant de la Gestapo en France, qui est le professeur, le mentor et « l'amant » de Friedrich Dohse (chef de la Gestapo bordelaise), a disparu sans laisser de trace... Boemelburg, lieutenant colonel SS, ancien du parti, parlant parfaitement français, très intelligent selon Dohse (qui en parle avec nostalgie), ce haut responsable a terrorisé les Français et la Résistance durant trois ans. Où sont ses instructions et celles de Knochen chef du BdS ? Une certitude : la ligne hiérarchique très courte, entre Berlin et Bordeaux démontre que ordres et comptes-rendus fonctionnaient pratiquement en temps réel, comme le démontre la fureur d'Eichmann lorsqu'un train de déportation sera annulé en juillet 1942. Mais cette information ne provient pas des archives allemandes de Bordeaux, mais de celles de Berlin et de Tel-Aviv !

La vérité sur les déportations ne peut donc pas être trouvée dans les documents d'une préfecture qui ne pouvait rien décider, mais dans les archives allemandes. Une évidence farouchement niée tant par l'accusation que par les parties civiles.

2 – Les principaux responsables allemands de la solution finale

Reinhard Heydrich. Supérieurement intelligent, violoniste virtuose, escrimeur remarquable, c'était un des rares dirigeants nazis qui impressionnait Hitler. Il était considéré comme un des dauphins possibles. Adjoint théorique d'Himmler, il domine intellectuellement son supérieur. À vingt-neuf ans, il est oberführer (général de brigade) et à sa mort, à trente-huit ans, il est général d'armée. Son adjoint, Walter Schellenberg, le décrit ainsi : « Cet homme constituait le pivot caché autour duquel tournait le régime nazi. » Chef du RSHA à partir de 1939 (il a alors 35 ans), il devient en outre protecteur du Reich pour la Bohême-Moravie en 1941. Il est assassiné le 6 juin 1942 par des Résistants venus de Londres et sera remplacé par Ernst Kaltenbrunner, condamné à mort et pendu en 1946.

En mai 1942, Heydrich viendra à Paris présenter le général Oberg (nouveau chef suprême des SS et des polices allemandes en France), à une délégation française dirigée par Bousquet. Heydrich intronise simultanément son protégé Knochen en tant que chef du SD et adjoint d'Oberg. À partir de cette date, essentielle pour comprendre ce qui se passera à Bordeaux, l'Abwehr est dépossédé de l'essentiel de ses pouvoirs de police confiés à la Gestapo qui décide seule de la désignation des otages et des exécutions.

Heinrich Müller. Chef suprême de la Gestapo à Berlin, porté disparu en 1945. Supérieur direct de Boemelburg dont il est proche, chef de la section IV à Paris (Gestapo). Eichmann le décrit ainsi : « C'était un sphinx. Müller, criminologiste de formation, se comportait en bureaucrate, notant tout par écrit et tenant de fréquentes conférences avec un grand nombre de subordonnés. Il se réservait ainsi le pouvoir. Chaque fois qu'Eichmann prenait des dispositions pour des déportations, seul Müller pouvait saisir son crayon orange et inscrire en haut « 5 000 juifs. » *« Malgré leur différence de rang et de position, les deux hommes entretenaient des rapports étroits. Aux échecs, Müller avait souvent Eichmann comme adversaire et Müller gagnait toujours. »*

Ces citations ne prêtent à aucune équivoque : Müller initie les déportations et contrôle Eichmann de façon étroite. C'est Müller qui fera nommer un de ses fidèles, Karl Boemelburg, comme chef de la Gestapo à Paris et enverra Dannecker comme adjoint à Boemelburg, en tant que responsable des questions juives.

Adolf Eichmann. Un des subordonnés d'Heinrich Müller. Dirige le département IV B 4 du RSHA, chargé des questions juives avec le grade de Obersturmbannführer (lieutenant colonel). Il est non pas l'ordonnateur, mais l'exécuteur de la solution finale. Réfugié en Argentine, il est appréhendé par les Israéliens, jugé, condamné à mort et pendu en 1962.

Karl Oberg (général). En mai 1942, il est intronisé comme chef suprême des SS et des polices en France par Heydrich dont il a été le chef d'état-major : il est alors âgé de 45 ans. C'est le supérieur de Knochen et de Boemelburg. Condamné à mort en 1954, libéré en 1962. Mort en Allemagne de l'Ouest.

Helmut Knochen. Personnalité assez peu connue, il fut pourtant par ses fonctions tant policières que politiques, un des responsables les plus importants de l'occupation allemande durant les années 1940-1944. Il était originaire de Magdebourg où son père, directeur d'école et ancien de verdun, l'a formé à la rigueur prussienne alors que les penchants du jeune homme le poussent à la poésie : son écrivain préféré est en effet le dramaturge anglais George Colman qu'il choisit pour sa thèse de philosophie présentée à Göttingen en 1935. Avec son titre de docteur, il s'engage dans le journalisme et entre à la DNB, agence de presse du IIIe Reich. Chargé de la rubrique sportive, il suit les Jeux olympiques de 1936 et fait connaissance du docteur Six qui dirige le service de presse de Reinhard Heidrich. Ce dernier recherchant de jeunes universitaires brillants, Knochen se trouve chargé de l'analyse des journaux hollandais, belges et français. En 1937, il est envoyé à Paris pour effectuer un reportage sur l'exposition universelle et, à son retour à Berlin, commence sa carrière dans le renseignement du RHSA.

En octobre 1939, Knochen reçoit sa première mission : intoxiquer l'Intelligence Service (IS) en créant un mouvement antinazi fictif. Les agents anglais se laissent convaincre, grâce à un faux général anti-hitlérien, de se rendre à la frontière hollandaise où ils sont kidnappés par un commando mis à la disposition de

Knochen. Il est présenté comme un héros et sera décoré par Hitler à la grande chancellerie du Reich, à Berlin.

Pour Heydrich, Knochen a démontré ses capacités : en juin 1940, il prend la tête d'un Sonderkommando d'une vingtaine d'universitaires chargés de l'espionnage politique en France. En juillet, ils sont déjà 40... L'équipe des jeunes SS est accompagnée d'un policier chevronné, Karl Boemelburg, issu d'une autre branche du RHSA (la Gestapo), envoyé par Müller, le tout puissant chef de la Gestapo à Berlin : l'attelage parisien d'Heydrich sera donc à deux têtes avec un organisme de renseignement et un organisme d'exécution. En août 1940, leurs fonctions seront officialisées ; mais les services de l'Abwehr de l'amiral Canaris comptent 600 personnes et ceux d'Heydrich seulement 60. À la même époque, Müller envoit à Boemelburg un collaborateur d'Eichmann, Dannecker, pour « prendre en charge » la question juive.

Très vite, les Sonderkommando de Boemelburg et de Knochen vont s'implanter dans toutes les villes de la France occupée, mais Heydrich juge Knochen trop jeune pour tenir tête aux responsables de la Wehrmacht : le Brigadführer Thomas assurera la direction officielle des jeunes équipes. Rendu responsable des attentats commis contre les synagogues parisiennes par le cagoulard Filol le 2 octobre 1941, Thomas est muté. Knochen qui n'est pas mis en cause, se trouve alors promu au grade d'Oberführer à l'âge de trente ans.

Le 5 mai 1942, lorsque Oberg est intronisé comme chef suprême des polices et des SS en France ; Knochen devient en fait le numéro 2 de la nouvelle hiérarchie et il va témoigner de redoutables qualités jointes à une activité politique continue.

En octobre 1940, il ne cache pas son opposition à l'entrevue de Montoire entre Hitler et Pétain qui officialise une collaboration, à ses yeux ambiguë, alors qu'il préconisait l'émergence d'un parti pro-allemand déterminé.

Conjointement avec Boemelburg, Knochen fut le supérieur de Dohse à Bordeaux et il viendra le décorer à deux reprises. Pourquoi ? Il y eut certes l'affaire Grandclément, mais même avec la protection de Boemelburg, il n'est pas possible qu'un modeste responsable régional comme Dohse ait pris sur lui de faire envoyer deux émissaires français au général de Gaulle, pour lui proposer la création de maquis chargés de combattre la résistance communiste. Faut-il voir dans cette manœuvre un simple feu orange de Knochen ou une tentative feutrée de paix séparée avec les Anglo-Américains, venue de Berlin ? La question reste posée.

Knochen mena aussi une autre action politique fort curieuse. Il prépara une rencontre Laval-Henriot en juillet 1944, pour tenter de mettre sur pied un gouvernement Herriot-Laval-Pétain dit de « restauration républicaine » qui n'aurait pas déplu à Roosevelt. La tentative fut désavouée par Himmler et il fut convoqué à Berlin par Kaltenbrunner (chef du RHSA depuis novembre 1943), et rétrogradé comme simple soldat. On lui reprochait son initiative politique et la mollesse de ses réactions après l'attentat contre Hitler de juillet 1944 : c'était en effet la Kriegsmarine qui avait dû rétablir l'ordre à Paris après le putsch des généraux.

Arrêté en 1946, Helmut Knochen sera condamné à mort le 20 septembre 1954 par le tribunal militaire de Paris après une instruction interminable (400 auditions) : il sera gracié le 10 avril 1958 et libéré le 20 novembre 1962 sur décision du général De Gaulle.

Otto Abetz. Ambassadeur du IIIe Reich à Paris. Condamné à 20 ans de prison, libéré en 1954. Meurt dans un accident de voiture en 1958.

Theodor Dannecker. Âgé de 27 ans en 1942, il appartient à la Gestapo et aux SS avec le grade de Hauptsturmführer. Il est envoyé à Paris par Müller (1940-juin 1942), pour seconder Boemelburg. C'est un spécialiste des questions juives et il dirigera la section IV J sous la direction bicéphale de Boemelburg à Paris et d'Eichmann à Berlin.

Probablement mort en captivité en 1945.

Heinz Röthke. Adjoint et successeur de Dannecker, aux questions juives. Après la guerre, il exercera des activités juridiques à Wolsburg et décédera en 1968. Semble ne jamais avoir été inquiété.

Karl Boemelburg. En août 1940, il est nommé à Paris par Müller comme chef de la section IV du BdS pour la France (la Gestapo), avec le grade de directeur criminel. C'est un personnage très secret dont l'influence fut pourtant considérable. Lieutenant-colonel SS, parlant couramment le français, il avait travaillé avant la guerre à Lyon et à Saint-Étienne. Les bureaux de Boemelburg étaient situés rue des Saussaies, de sinistre mémoire. C'est Boemelburg qui fait nommer son protégé Dohse (voir chapitre V) à Bordeaux comme chef de la Gestapo de la Gironde, et Dohse vient lui rendre compte de ses activités chaque semaine à Paris.

En 1985, lorsque Michel Bergès se rend en Allemagne pour interviewer Dohse, celui-ci parle encore avec nostalgie de ses rapports avec Boemelburg. Il est probable que Boemelburg et Dohse ont entretenu des relations homosexuelles : Dohse parle en effet de son périple avec Boemelburg à travers la France, durant un mois, comme d'un véritable voyage de noces ! L'analyse graphologique confirme les tendances homosexuelles de Dohse qui étaient d'ailleurs connues des Bordelais. Après son arrestation, Jean Moulin a été transporté de Lyon à Neuilly dans une des résidences de Boemelburg.

En novembre 1943, il est remplacé à la tête de la Gestapo par Lindt et est muté à Vichy où il est chargé de la surveillance du maréchal Pétain. Le 28 août 1944, il assure le transfert de ce dernier à Siegmaringen. Le 29 avril 1945, Boemelburg autorise le départ du Maréchal vers la Suisse. Lindt n'a que le grade de conseiller criminel, Boemelburg était directeur criminel, a-t-il conservé une autorité sur son successeur ?

Le chef de la Gestapo en France disparaîtra ensuite, sans laisser de trace, comme son chef Müller à Berlin. Boemelburf s'évapore à tel point que l'auteur n'est même pas en mesure de vous présenter une photo de l'intéressé, qu'Henri Amouroux interrogé, ne possédait pas d'information complémentaire et que le répertoire alphabétique d'Hilberg est muet sur le personnage.

Les adjoints de Boemelburg étaient les suivants : le Sturmbannführer Kieffer (conseiller criminel), Heimboldt et Wolf.

La structure centrale de la Gestapo en France était constituée ainsi.

Section IV (Gestapo) : Karl Boemelburg (Rue de Saussaies à Paris)
- *Division IV A : Schmeling.*
- *Division IV C : Mohr.*
- *Division IV E : Kieffer et Otto.*

– *Division IV D : Westphal.*
– *Division IV K et FM : Keller.*
– *Division IV J : Dannecker (affaires juives).*

Quel portrait Dohse traça-t-il de ce Boemelburg qui règne sur la France pendant quatre ans : « ... *Il était très intelligent et connaissait bien les affaires françaises... Il était comme un petit dieu... Il avait l'insigne des anciens du parti nazi... Je ne sais pas s'il était marié... Il avait vécu à Paris et à Lyon comme commerçant en soie... Il était lieutenant-colonel SS.* »

Encore aujourd'hui, Boemelburg reste une énigme même pour son rôle dans l'affaire Jean Moulin.

3 – La disposition occultée du général Karl Oberg, chef suprême des SS et de la police en France (Höherer SS und Polizeiführer) [1]

Le 5 mai 1942, le général Oberg est intronisé, sur ordre d'Hitler, dans ses fonctions et un membre de l'ambassade allemande à Paris déclare que sa nomination aura un effet particulièrement favorable sur la « solution finale ». Heydrich lui-même vient à Paris et s'entretient avec Bousquet, secrétaire général de la police. Les structures du BdS parisien et des KDS régionaux sont désormais opérationnelles. À cette occasion il est stipulé que le général Heinrich von Stülpnagel qui succède à son cousin Otto, comme commandant des troupes d'occupation (Militärbefehlshaber), se cantonnera au seul domaine militaire.

Les représailles et les fusillades d'otages seront désormais de la responsabilité de la Gestapo et la police française sera soumise aux directives du général Oberg qui déclare :

« *Je ne suis pas là pour négocier, les Français doivent obéir.* » (*L'abîme*, de J.B. Duroselle.)

Les responsabilités sont désormais clairement définies : à partir du 5 mai 1942, la Gestapo possède tous les pouvoirs concernant l'ordre public, les polices allemandes et françaises, les désignations d'otages et les exécutions.

1. Voir copie de l'original dans le cahier d'illustrtions p. 6-7.

Cette longue déposition d'Oberg (elle comporte quatre-vingt-dix feuillets), dont nous présentons des extraits, se révèle un document capital qui explicite les organigrammes de décision. Il ne fut pas produit au procès de Bordeaux. (Le document provient des archives du Centre Jean-Moulin de Bordeaux.)

Concernant la déportation des juifs, Oberg s'exprime de façon fort claire :

1) Il connaît la signification tragique de la « solution finale », exprime son désaccord sur le génocide, mais estime qu'il faut obéir aux ordres reçus.

2) Les décisions concernant le traitement des questions juives sont déléguées à la Gestapo qui reçoit ses ordres directement de son chef suprême Müller, à Berlin. Eichmann n'est même pas nommé.

3) Sur le plan pratique, Oberg ne s'occupe pas des déportations dont il n'a eu à connaître que des cas particuliers. Il confirme, en outre, le circuit hiérarchique Gestapo-Berlin (Müller), Gestapo-Paris (Boemelburg), Gestapo-Bordeaux (Dohse). Nous verrons que Dohse, qui est un « intime » de Boemelburg, tente de se défausser de la question juive : malheureusement pour lui, Oberg officialise un organigramme déjà très explicite.

4) Il est tout aussi clair que les désignations et exécutions d'otages dépendent de la Gestapo depuis le 5 mai 1942. La décision du 21 septembre 1942 qui verra soixante-dix innocents fusillés à Bordeaux a donc été signifiée par Oberg, après avis du trio Müller, Boemelburg, Dohse. Les Allemands ne trichent pas avec la hiérarchie.

Nous présentons ci-après la traduction de la déposition d'Oberg concernant les affaires juives et Knochen son adjoint, souvent cité dans le procès. Comme elle a négligé la déposition d'Oberg, l'instruction ne cherchera pas non plus à recueillir le témoignage de Knochen, pourtant essentiel, quand on a compris le fonctionnement de la chaîne de commandement très courte du RHSA. Une carence parmi d'autres...

La déposition d'Oberg, en allemand comporte quatre-vingt-dix feuillets. Nous présentons ci-après, l'annexe 15 qui traite de la question juive :

« Le traitement de la question juive, relevant de la compétence du Reichsführer SS (Himmler), était assuré par le chef de la division IV du RSHA, le lieutenant-général de police Müller. Celui-ci

donnait ses ordres directement, en court-circuitant la plupart du temps le commandant de la Sicherpolizei et du SD et en s'adressant directement aux chefs de la section IV du BdS (Gestapo). (C'est donc Boemelburg à Paris.)

Déjà avant mon arrivée en mai 1942, l'introduction en zone occupée du port de l'étoile pour les juifs avait fait l'objet de discussions entre Knochen et le commandement militaire. Après une conférence avec le secrétaire général Bousquet, la publication de l'ordonnance intervint en juin-juillet 1942. Sa mise en œuvre ne souleva aucune difficulté, on nota simplement un fort mouvement migratoire de juifs qui passèrent la ligne de démarcation, de la zone occupée vers la zone libre. Ce mouvement se poursuivit plus tard (après l'occupation de la zone libre par les troupes allemandes), vers la partie de l'ex-zone libre occupée par les Italiens, parce que les juifs craignaient que désormais le port de l'étoile jaune soit imposé dans la partie de la zone libre occupée par les troupes allemandes.

Le camp des juifs de Drancy, près de Paris, était placé sous l'autorité du chef de la section IV du BdS (Boemelburg). *C'était un camp de regroupement et de transit à partir duquel étaient mis en œuvre les transports par voie ferrée vers l'Allemagne et vers l'Est. Le BdS était responsable de la surveillance jusqu'à la frontière franco-allemande, le RSHA prenant ensuite le relais.*

Pendant mon séjour de deux ans et demi, je suis intervenu quatre fois dans les questions juives :

– la première fois pour obtenir l'exemption du port de l'étoile pour trois juives, à la suite d'une intervention du Maréchal Pétain et de M. de Brinon ;

– la deuxième fois il me fallut, sur ordre express du RSHA, au printemps 1943, avoir un entretien personnel avec le président Laval, afin d'obtenir que le gouvernement français entreprenne de nettoyer la zone libre des juifs. le président Laval me répondit que cela était déjà en cours depuis un certain temps. Il me dit à titre d'exemple, qu'il n'y avait plus aucun juif dans les ministères. Il dit qu'il refusait la déportation vers l'est des juifs de nationalité française, mais qu'il était prêt en revanche à déporter les juifs d'autres nationalités, et en premier lieu les Polonais.

Quant aux juifs roumains, bulgares et autres, il ne les déporterait qu'avec l'accord des gouvernements en exercice. J'ai fait part de cette réponse et n'ai pas reçu d'autres ordres...

– (Les deux autres interventions touchaient des cas particuliers.)

Lors de mon arrestation à Wiesbaden par un lieutenant-colonel français, il m'a été demandé si j'avais eu connaissance de ce qui était arrivé aux juifs dans les camps de l'Est. J'ai répondu oui à cette question. À la question suivante, qui était : si j'avais été d'accord avec cette mesure, j'ai répondu non. À la troisième question : pourquoi ne m'étais-je pas tiré une balle dans la tête, si je n'étais pas d'accord avec cette mesure. J'ai répondu qu'en tant qu'officier en temps de guerre, je ne pouvais pas me suicider, si je n'étais pas d'accord avec un ordre donné ou une mesure prise par mes supérieurs[1]. »

Trois faits essentiels sont à retenir :

– La question juive est placée sous la responsabilité de la Gestapo, et les rapports fonctionnels entre Eichmann à Berlin, Dannecker à Paris et Doberschütz à Bordeaux ne doivent pas occulter la ligne hiérarchique Müller (Berlin), Boemelburg (Paris), Dohse (Bordeaux).

– La désignation des otages à fusiller est du ressort de la Gestapo.

– Les Allemands se considèrent en droit de réquisitionner la police française considérée comme placée sous leur juridiction (malgré les objections de Bousquet).

1. Cette traduction a été effectuée par le général Jacques de Zélicourt, diplômé du centre des Hautes Études germaniques de Strasbourg. J. de Zélicourt a bien voulu en outre, expertiser les organigrammes allemands et les chaînes de commandement que nous décrivons.

CHAPITRE III

LA SOLUTION FINALE

1 – L'AMPLEUR DU GÉNOCIDE.

2 – L'UGIF (L'Union générale des Israélites de France).

3 – LA CONNAISSANCE DE LA SOLUTION FINALE EN 1942 ET LA DÉPORTATION DES ENFANTS.

4 – LES POLITIQUES DE RÉSISTANCE FACE AUX ALLEMANDS.

5 – LA POLITIQUE DES ALLIÉS VIS-À-VIS DES DÉPORTATIONS JUIVES.

« C'est simple, je n'admets pas l'argument de la production de guerre régulièrement invoquée pour s'opposer à tout. »

HIMMLER.

1 – L'ampleur du génocide

« La solution finale de la question juive » fut annoncée par Heydrich le 20 janvier 1942, dans les bureaux du RSHA de Berlin (dits de Wannsee), au cours d'un déjeuner qui regroupait une dizaine de participants (Intérieur, Justice, Affaires étrangères, Chancellerie, RSHA avec Eichmann). Jusqu'à cette date, Hitler imaginait un processus de déportation massive vers Madagascar, solution rendue impossible par l'évolution stratégique de la guerre.

Les chiffres du génocide

Pays	Population en 1939	Population en 1945	Pertes	% de la Population déportée
France	270 000	200 000	70 000	26 %[1]
Grèce	74 000	12 000	62 000	83 %
Hongrie	400 000	200 000	200 000	50 %
Italie	50 000	33 000	17 000	34 %
Norvège	2 000	1 000	1 000	50 %
Pays Bas	140 000	20 000	120 000	85 %
Pologne	3 350 000	50 000	3 300 000	98,5 %
Roumanie	750 000	430 000	220 000	29 %
Tchécoslovaquie	315 000	44 000	271 000	86 %

1. À Bordeaux le chiffre fut de 10 % pour la communauté juive originelle (20 % si l'on y ajoute les juifs arrêtés à la frontière).

Les victimes des camps d'extermination se répartissent ainsi :

Auschwitz	1 000 000	Sobibor	200 000
Treblinka	750 000	Kulmhof	150 000
Belzec	550 000	Lublin	50 000

Les victimes des Ghettos s'élèvent à 800 000.
Les fusillades à ciel ouvert s'élèvent à 1 300 000.

Il ne faut pas imaginer que les nazis aient considéré que la « *solution finale* » puisse être laissée au bon vouloir des autorités locales : pour Himmler les déportations recevaient une priorité absolue, même au détriment des priorités stratégiques.

« C'est simple : je n'admets pas l'argument de la production de guerre, régulièrement invoqué, pour s'opposer à tout. » (Himmler à Uebelhoer, le 10 octobre 1941.)

2 – L'UGIF (Union générale des Israélites de France)

Le 29 novembre 1941, le gouvernement de Vichy décrète que toutes les organisations juives, à l'exception des associations religieuses et du Consistoire, devaient être dissoutes et leurs biens remis à un nouveau conseil, l'Union générale des Israélites de France (l'UGIF), le Judenrat. Craignant d'être soumis au contrôle direct des Allemands, un groupe de dignitaires juifs préféra se rallier à une autorité exercée par la France, mais d'autres refusèrent toute collusion avec la nouvelle organisation. René Mayer faisait partie des opposants, mais Raoul Lambert voulut tenter une coopération : la création de l'UGIF fut alors décidée.

L'UGIF absorba les diverses organisations d'aide sociale juive avec leur personnel. Son fonctionnement se révéla très difficile car il y avait, outre des rivalités entre le président Lévy et Raoul Lambert, l'existence de deux sections, Nord et Sud. Dès le 17 décembre 1941, le Militärbefehlshaber réclame à l'UGIF une « amende » d'un milliard de francs !

En 1943, le gouvernement de Vichy autorisa l'UGIF à prélever une taxe individuelle et annuelle, allant de 120 à 320 francs.

L'organigramme de l'UGIF se présentait ainsi :

Président : Albert Lévy puis Raoul Lambert. Georges Edinger à Paris.

Vice-président : André Baur (déporté en 1943).

Administrateur délégué : Marcel Stora (déporté en 1943), puis Albert Weil.

Lambert sera arrêté en août 1943, déporté à Auchwitz en décembre de la même année et gazé. Il en sera de même pour Hellbroner, le président du Consistoire [1].

3 – La connaissance de la solution finale en 1942 et la déportation des enfants

Le 27 juin 1942, Théodore Dannecker expose à l'ambassadeur Abetz la nécessité de déporter 50 000 juifs de la zone libre. La police nationale prévient l'UGIF (voir paragraphe ci-après) et Raoul Lambert, directeur général de l'institution, obtient confirmation des rumeurs : 10 000 juifs étrangers, résidant en France après le 1er janvier 1936, allaient être déportés. Les administrateurs de l'UGIF ne se réunissent malheureusement pas pour analyser la situation et pour décider de mesures adéquates.

Le 31 juillet, Lambert rencontre par hasard Pierre Laval au cours d'une réception, mais ne veut pas aborder le sujet. Par contre, le 2 août, Lambert s'entretient du problème avec Helbronner, le président du Consistoire, pour lui demander d'intervenir auprès du chef du gouvernement. Helbronner, inconscient de la gravité de la situation et n'imaginant pas le sort réservé aux déportés, lui répond :

« Si Monsieur Laval veut me voir, il n'a qu'à me convoquer, mais dites-lui bien qu'à partir du 8 août et jusqu'en septembre, je pars en vacances et que rien au monde ne me fera revenir. » (Lambert, carnet d'un témoin.)

Le 1er septembre, les autorités de Vichy procèdent à l'arrestation de 5 000 juifs étrangers résidant en zone libre. Durant cet été 1942, il est donc clair que le président du Consistoire n'imaginait pas un seul instant le sort dramatique réservé aux déportés.

1. Source : *La déportation des juifs d'Europe*, Hilberg, déjà cité.

Quelles auraient été les réactions du tribunal de Bordeaux, des parties civiles, des médias, de l'opinion publique de 1998, si cette phrase d'Helbronner avait été prononcée par un haut fonctionnaire de la préfecture de Bordeaux ou par Maurice Papon en particulier ?

La même incompréhension règne dans l'administration de Vichy, sur le sort qu'il convient de réserver aux enfants. Certes l'UGIF se préoccupe d'eux et place 1 500 enfants auprès d'organisations non-juives. Cette décision n'est pas comprise par le Corps diplomatique en poste à Vichy, puisque le Chargé d'affaires de l'ambassade américaine auprès du maréchal Pétain, Pinckney Tuck, élève une protestation [1] sur le fait que l'on sépare les enfants de leurs parents.

Fin août 1942, il est clair que l'administration Roosevelt ne conçoit pas le sort qui est réservé aux enfants. Le grand Rabbin Cohen, à Bordeaux, se trouve dans la même ignorance lorsqu'il conduit « *la mort dans l'âme* », auprès des Allemands, les quatre enfants que l'UGIF lui a confiés, et qu'il a recueillis.

On mesure, à la lecture de ce qui précède, combien sont scandaleuses les manifestations initiées par Serge Klarsfeld durant le procès, devant le palais de justice, en installant des photos et des bougies à la mémoire des enfants déportés. Innocentes victimes, oh combien ! Mais où se situait la responsabilité de Maurice Papon dans ce drame ?

4 – Les politiques de résistance face aux Allemands

La volonté de destruction des juifs d'Europe par le RSHA était totale et lorsque l'Italie, qui s'était toujours opposée aux déportations, capitula en juillet 1943, la Gestapo se précipita à Rome pour rattraper le temps perdu. Le 25 septembre 1943, le RSHA adressait la circulaire suivante à ses services :

« Les mesures nécessaires seront prises, en ce qui concerne les juifs de nationalité italienne, immédiatement... »

1. Note du Chargé d'affaires américain Pinckney Tuck adressée au secrétaire d'État à Washington, en date du 26 août 1942.

Il en fut de même en Hongrie où vivaient 750 000 juifs : l'amiral Horty avait bloqué la décision de déportation et incorporé des juifs dans les unités combattantes. Le Premier ministre Kallay, de mars 1942 à mars 1944, refusa de céder aux pressions allemandes et de livrer un seul juif, en proclamant :

« *L'incarcération des juifs dans les camps de travail et des ghettos ne peut être mis en œuvre dans le cadre des normes légales.* »

Début 1943, Hitler et Ribbentrop (son ministre des Affaires étrangères), accentuèrent leur pression, mais Kallay déclare encore publiquement :

« *La Hongrie ne s'écartera jamais des principes d'humanité... dans les questions raciales et religieuses.* »

Pour les Allemands cette mollesse ne pouvait avoir qu'une signification : la Hongrie voulait traiter avec les Alliés. Le 15 mars, Hitler convoque alors Horty et lui pose un ultimatum : il doit choisir entre l'occupation allemande ou un gouvernement pro-allemand. Le 19 mars, Horty déclare impuissant :

« *Hitler s'est élevé contre le fait que la Hongrie n'ait pas pris les mesures nécessaires pour régler la question juive.* »

Kallay se réfugie à la délégation turque et Sztojav est nommé Premier ministre. Immédiatement une armée de fonctionnaires allemands et de SS débarque sous la direction de Eichmann en personne (le Sondereinsatz-commando). Un Judenrat est créé et le 30 mars la législation anti-juive est initiée : les magasins juifs sont d'abord fermés (18 000), puis les comptes en banque bloqués, puis les biens agricoles saisis. La souricière se referme le 7 avril 1944 lorsque les juifs ont l'interdiction de se déplacer. Le calendrier des déportations s'étalera alors sur quatre mois, jusqu'en juillet. Les juifs sont regroupés par zone, puis transportés en convois par voie ferrée : 12 000 personnes sont déportées chaque jour avec une pointe de 20 000 le 1er juin.

Nous retrouvons dans ce drame hongrois la même ignorance qu'en France sur l'issue des déportations. Le Judenrat ne donnera aucune consigne de dispersion à la communauté juive qui subit sans comprendre :

« *Ils se dirigeaient vers les gares en bon ordre, par centaines, en longues colonnes et s'entassaient dans les trains.* »

Une cécité identique se retrouve chez les Alliés qui sont prévenus de la destination des trains spéciaux, mais ne bombardent pas les nœuds ferroviaires.

À la même époque, Eichmann tente un marché avec Joël Brand pour échanger 10 000 camions et des vivres, contre un million de juifs. Les Alliés refusèrent la transaction sous différents prétextes : finalement 18 000 juifs furent échangés contre 15 tonnes de café et 65 000 reichsmarks...

Début juillet, se pose le problème de la déportation des juifs de Budapest (70 000), alors que la Suisse et la Suède tentent d'intervenir. Horty donne l'ordre de stopper les déportations malgré les ultimatums allemands. Le nouveau gouvernement Lakatos arrête les déportations mais Horty est renversé.

Malgré l'absence de trains, les déportations reprennent, mais à pied ! Trente mille juifs furent ainsi lancés sur les routes le 17 novembre 1944 (six mois avant la fin de la guerre), et ils moururent par milliers.

En janvier 1945, le ghetto de Budapest comptait encore 70 000 personnes. Raoul Wallenberg, secrétaire de légation suédoise, remit des passeports et de la nourriture pour sauver ceux qui pouvaient l'être encore, mais jusqu'au dernier jour (le 13 février 1945), les Croix fléchées s'emparèrent de juifs qu'ils rencontraient et les précipitèrent dans les eaux glacées du Danube.

Nous avons analysé l'exemple hongrois pour mettre fin à cette légende, selon laquelle la préfecture de Bordeaux aurait facilité les déportations : ce n'est pas seulement injuste, c'est absurde. Si la préfecture n'avait pas tenté de tergiverser en jouant un jeu de ping-pong administratif, la réaction allemande aurait été terrible. On aurait pu aussi évoquer les conséquences dramatiques des protestations des évêques en Hollande...

Luther, chef du KDS allemand de Bordeaux [1], avait montré en septembre 1942 qu'il exécutait les instructions de sa hiérarchie avec discipline, en faisant taire ses états d'âme. Lorsque Oberg (chef des SS et de la police en France), donne l'ordre de fusiller soixante-dix otages, le préfet Sabatier est impuissant, Luther qui tente d'intercéder pour faire annuler l'ordre, n'est pas écouté et le général Knoertzer (chef de la Kommandantur de Bordeaux), est lui-même éconduit par Paris. Tous interviennent sur des registres

1. Luther. Chef du KDS de Bordeaux. Sa biographie est indiquée au chapitre V (les polices allemandes à Bordeaux).

différents et tentent de faire annuler la décision fatale. Ils obtiendront un sursis... de vingt-quatre heures.

La seule politique possible consistait à louvoyer, à falsifier les registres, et à gagner du temps : une course contre la montre entre l'avance des Alliés et la prise en main progressive de Bordeaux par la Gestapo et ses séides miliciens.

Le seul pouvoir de la préfecture, c'est son inertie administrative, ces « freins de papier », fruits d'une ténacité quotidienne, qui sont devenus dans la bouche de certains accusateurs, « des crimes de bureau ». Un travail de fourmi qui permettra pourtant de sauver plusieurs centaines de juifs, de nourrir la population et d'alléger les contraintes de l'occupation.

Conscient des impératifs de survie, et des devoirs de l'administration vis-à-vis de la population, le général de Gaulle donnera aux fonctionnaires par la voix du colonel Tissier, l'ordre de rester sur place, de tenir et de résister chaque fois que cela est possible, dans le but de préparer la Libération.

La déclaration est connue, mais revoyons-la :

« Il faut que chacun reste à son poste et évite de se compromettre par des manifestations individuelles spontanées. Saboter mais sans risque car il faut assurer la continuité de l'État, donc de l'administration. »

Pourquoi, devant des vérités aussi incontournables, l'accusation et les parties civiles veulent-elles exiger des fonctionnaires un comportement différent de celui de la communauté juive qui déclarait, en inventant pour elle-même le concept de collaboration matérielle :

« Comment avez-vous pu vous permettre de participer à cette entreprise de quelque manière que ce soit ? Nous ne pouvons vraiment dire si nous avons agi pour le mieux, mais l'idée qui nous inspirait était la suivante : si nous faisons ces choses nous-mêmes, alors elles seront faites mieux et avec plus de douceur que si d'autres s'en chargent. Et c'était exact : les transports organisés directement par les nazis étaient toujours conduits avec brutalité, avec une terrible brutalité. » (Moritz Henschel dirigeant la communauté juive de Berlin entre 1940 et 1943.)

Ou plus stoïquement encore :

« Avec une centaine de victimes, je sauve un millier de gens. Avec un millier j'en sauve dix mille. » (Gens, chef du Judenrat de Vilna.)

5 – La politique des Alliés vis-à-vis des déportations juives

En août 1942, Gerhard Riegner, en poste à Genève, signala « avec réserves » l'existence d'un projet d'anéantissement massif des juifs d'Europe. L'information (en page intérieure) fut reprise par le *New York Times* qui cite, en novembre, les camps de Sobibor et Treblinka. Le 17 décembre 1942, les gouvernements alliés stigmatisent la politique d'anéantissement de la race juive par les nazis et promettent que les responsables n'échapperont pas au châtiment. Ce fut leur seule déclaration précise, et elle ne fut suivie d'aucune mesure concrète.

Le 21 janvier 1943, Riegner confirme (câble 482) que l'on tue 6 000 juifs par jour en Pologne. Le sous-secrétaire d'État Welles demande alors à Berne que ce type de rapport ne soit plus transmis officiellement. La chape de plomb sur le génocide se met en place et elle ne se relèvera plus.

Le 27 mars 1943, l'American Jewish Congress suggère que les Alliés demandent à Hitler l'autorisation pour les juifs de quitter l'Europe occupée. Eden répond qu'il ne fallait pas faire de promesses extravagantes qui ne pourraient pas être tenues.

En juillet 1943, Berne fait savoir qu'il est possible de faire venir 5 000 enfants juifs en Palestine en échange de 5 000 prisonniers allemands. Les Britanniques refusent.

À la même date, Antonescu fait savoir qu'il est prêt à libérer 60 000 juifs moyennant finance. L'argent est débloqué par les organisations juives américaines avec l'accord du président Roosevelt. À Londres le Foreign Office stoppe l'opération, sous prétexte qu'il sera difficile : « *d'écouler un nombre de juifs si considérable.* »

Entre août 1943 et avril 1944, plusieurs rapports précis parviennent à l'OSS de Washington sur Treblinka et Auschwitz [1], sans qu'ils suscitent de réactions.

1. Auschwitz : Le camp était situé en Pologne, à proximité de Katowice près de la frontière slovaque, alors que Treblinka, Sobibor, Lublin étaient installés 1 000 km plus à l'Est. Le plus grand centre de mise à mort fut mis en œuvre par Rudolf Höss, selon les instructions d'Himmler et d'Eichmann, à partir de l'été 1941. C'est Höss qui introduisit l'usage du Zyklon : quatre unités combinées de gazage et de crémation furent installées et un million de personnes furent gazées à Auschwitz (dont 73 000 juifs français). ➔

Le 4 avril 1944, l'aviation d'observation alliée découvre Auschwitz : 3 000 bombes sont lâchées sur les installations industrielles de l'IG Farben. Aussitôt les organisations juives se mobilisent pour demander le bombardement des chambres à gaz et des voies ferrées conduisant au camp. Eden fait étudier la proposition et répond à Weizmann :

« Étant donné les difficultés techniques de l'opération, l'armée de l'air n'avait d'autre choix que l'abstention... mais nous avons conscience que cette décision va constituer une déception. »

À la même époque, un juif hongrois, Joël Brand est convoqué par Eichmann qui lui propose d'échanger 1 000 000 de juifs contre 10 000 camions, et de fermer Auschwitz. Après bien des péripéties Brand arrive à Alep le 7 juin et est mis immédiatement au secret par les Anglais. L'affaire est soumise à Eden qui ne cache pas son opposition au troc :

« Il ne fallait rien faire qui ressemblât à une négociation avec l'ennemi. »

Une personnalité finit par expliquer, à un Brand désespéré, le fond de la pensée britannique :

« Que ferait-on de ce million de juifs. Où les mettrai-je ? »

Il est inutile d'aller plus loin dans l'exposé des motifs. Dès la fin 1942, après le débarquement en Afrique du Nord et la chute

---

Parallèlement, l'IG-Farben et Krupp installèrent des complexes industriels qui fonctionnèrent jusqu'en 1945. Ils furent bombardés à plusieurs reprises par les Alliés qui ne s'en prirent pas aux complexes d'extermination.

Höss fut condamné à mort par les Polonais et exécuté en 1947.

Ce génocide massif exigeait un secret absolu sur la finalité des déportations juives. L'information se transmettait sous forme codée : les centres de mise à mort étaient désignés sous le terme « l'est », Auschwitz s'intitulait « Kriegsgefangenenlager », les chambres à gaz étaient nommées « installations spéciales », les exécutions « traitement spécial ». Deuxième barrière à la connaissance de la solution finale, le silence. Höss ne parla jamais à l'extérieur de ses attributions, sauf une fois à sa femme, fin 1942. Les responsables des camps étaient astreints à un secret total.

Gerstein, l'expert en gaz, dévoila les mécanismes du génocide à un diplomate suédois, von Otter, durant l'été 1942. Celui-ci transmis l'information à Stockolm, qui ne la prit pas en considération.

Encore une fois, la « solution finale » restera incomprise jusqu'à la fin de la guerre : elle semblait impensable. Certes, certains savaient et même relataient ; mais ils n'étaient pas crédibles.

de Stalingrad, Churchill, certain de la victoire, craint par-dessus tout une immigration juive massive vers la Palestine.

Le drame des déportations, dont ni lui ni Roosevelt n'imaginent d'ailleurs l'ampleur, devra donc être occulté.

Que pouvait savoir de tout cela un sous-préfet à Bordeaux ?

CHAPITRE IV

L'OCCUPATION ALLEMANDE À BORDEAUX

1 – LES STRUCTURES DE BORDEAUX OCCUPÉ

2 – L'OCCUPATION À BORDEAUX, ZONE INTERDITE

3 – L'OMNIPRÉSENCE DES SERVICES D'ESPIONNAGE ET DE CONTRE-ESPIONNAGE ALLEMANDS

4 – LA PERSONNALITÉ SULFUREUSE DE FRIEDRICH DOHSE, CHEF DE LA GESTAPO, SES ACTIVITÉS RÉGIONALES ET NATIONALES

5 – QUI COMMANDE VRAIMENT À BORDEAUX ?

« Entre Müller à Berlin et Dohse à Bordeaux, il n'y a qu'un homme, Boemelburg à Paris. »

1 – Les structures de Bordeaux occupé

La préfecture et les forces d'occupation allemande

OKH
État-Major de l'armée de terre à Berlin
Général von Brauchitsch.

RSHA
Office central de sécurité du Reich : regroupe le SD section III, la Gestapo division IV : Müller et la Kripo division V. Le RSHA sera dirigé par Heydrich puis Kaltenbrunner. C'est la section IV B4 ou (IV J) dirigé par Eichmann qui traite les questions juives.

Gouvernement de Vichy
Pétain, Darlan, Laval.

Militärbefehlshaber
(État-Major des forces d'occupation) général von Stülpnagel, Hôtel Majestic à Paris, commandant les troupes d'occupation.

BdS (RSHA national)
En France le BdS est dirigé par le général Oberg et Knochen.
- **III – SD :** Lischka
- **IV – Gestapo :** Boemelburg IV J : Dannecker, Röthke
- **V – Kripo :** Hagen (effectifs : 55000 hommes dont 11 000 Allemands et 44000 Français).

Préfecture de Bordeaux
(effectifs : 330 personnes)
- Sabatier, Boucoiran, Chapel [1].
- Duchon : intendant de police [1].
- Papon : secrétaire général [2].
- le SEC (Dehan) [3].

Oberfeld-Kommandantur de la Gironde
Kommandantur régionale dirigée par le général Knoerzer.
- Herbold : secrétaire général.
- Von Stroebel : secrétaire adjoint (effectifs : environ une centaine de personnes).
- Actionne la feld-gendarmerie.

KDS (BdS régional) de la Gironde
Luther, responsable administratif.
- **III – SD :** Dornheim.
- **IV – Gestapo :** Dohse.
  - IV J : Doberschutz.
- **V – Kripo :** Zurer et Dohse (effectifs : une centaine de personnes).

Services d'espionnage allemands à Bordeaux
(environ trois cents hommes).
- Nebenstelle : Centre de renseignement de l'Abwehr. Noyaute le SEC.
- Geheime Feld-Polizei (groupe 644) : employait 65 agents.
- Kommando Koch (70 agents) : surveillance de la frontière espagnole.
- Police maritime et côtière.
- Deviesenstelle : contrôle des devises.
- Ordnungspolizei : police chargée de la surveillance de la police française.

Le préfet Sabatier est en relation permanente avec la Kommandantur du général Knoerzer qui contrôle la gestion de la préfecture.

Duchon, l'intendant de police, rend compte au préfet et assure les relations avec le KDS allemand. Ses inspecteurs de police, dirigés par le commissaire Poinsot sont appointés par les Allemands et travaillent avec Dohse et la Gestapo.

L'Intendance de police, structure autonome, est installée en dehors de la préfecture.

Papon dirige le secrétariat de la préfecture et assure les relations administratives avec son homologue de la Kommandantur, Herbold.

Le SEC, est l'antenne du commissariat aux questions juives de Vichy. Elle contrôle la gestion du fichier des juifs tenu par la préfecture sous l'autorité de Garat, supervisé par Papon.

Dehan, chef du SEC est un collaborateur payé par les Allemands et qui travaille avec la section IV J de la Gestapo. Le SEC est hiérarchiquement indépendante de la préfecture, elle dispose de locaux spécifiques.

On remarquera la symétrie des organigrammes concernant les structures du RSHA, et la ligne hiérarchique très courte qui relie Berlin à Bordeaux.

Rappelons qu'il existe en outre six autres services d'espionnage et de contre-espionnage à Bordeaux, une base navale stratégique de sous-marins, un état-major de l'Abwehr, et la VIIe armée régulièrement stationnée dans la région. Bordeaux est le verrou qui commande la frontière espagnole : 30 000 à 100 000 hommes occuperont la Gironde.

2 – L'occupation à Bordeaux, zone interdite

L'occupation à Bordeaux présente des caractéristiques très particulières. La ville située en zone interdite subit une présence allemande massive que résumait ainsi le préfet Sabatier : « trois fois plus de SS qu'ailleurs ». Pourquoi ? Il y a deux raisons à cette situation :

– C'est une base sous-marine de première importance chargée de contrôler l'Atlantique Sud et d'intercepter les convois venant des États-Unis.

– C'est une ville de garnison chargée de verrouiller la frontière espagnole.

Non seulement les forces armées allemandes sont omniprésentes mais elles sont accompagnées de polices multiples qui quadrillent la région. Cette forte densité policière explique les nombreuses arrestations effectuées à la frontière, touchant autant les juifs que les Résistants voulant gagner l'Espagne.

Parallèlement aux arrestations, déportations et exécutions qui s'abattent sur les Bordelais, la préfecture doit traiter la priorité quotidienne du ravitaillement et faire face à une des conséquences de la guerre qui affecte particulièrement la ville : les bombardements. Un seul raid de l'aviation alliée sur la base sous-marine entraînera la mort de trois cent trente personnes...

3 – L'omniprésence des services d'espionnage et de contre-espionnage allemands

Le KDS de Bordeaux, antenne régionale des services de police allemands, est organisé selon la même structure que celle du BdS à Paris et celle du RSHA à Berlin, structure que nous avons déjà analysée au chapitre II : elle comprend six sections dont la Gestapo avec la section IV B 4, chargée des question juives. Le KDS sera dirigé jusqu'en octobre 1943 par Hans Luther [1], puis par Walter Machule. La section IV (Gestapo) est supervisée par Friedrich Dohse et la sous-section IV B 4 (IV J) sera animée par Doberschutz, puis par Prause et Boerde.

Outre le KDS, Bordeaux compte sept autres services d'espionnage et de contre-espionage qui travaillent en relation avec un Dohse bénéficiant de toute la confiance de son supérieur à Paris, Boemelburg, chef de la Gestapo pour l'ensemble de la France.

1. Hans Luther. Né le 26 février 1909 à Halle, marié, trois enfants. Magistrat et fils de magistrat, il est nommé en 1940 à l'administration de la Police à Versailles. Il est muté à Bordeaux, le 1er juin 1942 en tant que chef du nouveau KDS, regroupant les différents services de police, leur administration, et la Gestapo. En octobre 1943, incapable de s'imposer auprès de Dohse, chef de la Gestapo, il demandera sa mutation dans une unité combattante.

4 – La personnalité sulfureuse de Friedrich Dohse, chef de la Gestapo, ses activités régionales et nationales

Né le 2 juillet 1914, à Elmshorn, marié, trois enfants, Friedrich Dohse devient membre des SS le 1er janvier 1936. Il est nommé le 13 juin 1941 à Paris auprès du chef de la Gestapo à Paris, Boemelburg. Dohse est très apprécié de son supérieur et de Knochen, chef du BdS, qui, tous deux, le soutiendront constamment dans ses activités.

Boemelburg forme Dohse durant plusieurs mois, effectue avec lui un long tour de France en passant par Lyon, Marseille, Vichy, puis le fait nommer à Bordeaux le 25 janvier 1942 à la section IV (Gestapo). Dohse en prend rapidement la tête et restera en fonction jusqu'au 19 août 1944, quelques jours avant l'évacuation de la ville par les troupes allemandes. Il partira alors avec un convoi comportant des tonnes d'archives... qui inquiètent encore Bordeaux aujourd'hui.

« Ses résultats » et son influence sur les responsables allemands de Paris est telle, que Knochen lui même viendra le décorer à deux reprises à Bordeaux, une première fois de la Croix de Fer de 2e classe, une seconde fois de la Croix de Fer de 1re classe.

Dohse méprise sa hiérarchie officielle (Luther), et monte chaque semaine à Paris, rendre compte directement de ses activités à Boemelburg dont il parle en ces termes :

« J'étais son homme de confiance... Je lui téléphonais presque chaque jour... Je pouvais me permettre d'ignorer les ordres de Luther. » (Interview de Michel Bergès du 9 avril 1985.) C'est une évidence lorsqu'on voit la marge d'initiative dont dispose le patron effectif de la Gestapo de la Gironde. Ses liens privilégiés avec Boemelburg sont si étroits qu'il ne peut s'empêcher d'en faire constamment état. La confiance fonctionne d'ailleurs dans les deux sens : alors que Dohse est promu et décoré, Luther, son chef nominal, réintégrera une unité combattante en octobre 1943... avec le grade de sous-lieutenant, et Doberschutz, l'officier chargé des questions juives, ira se faire tuer sur le front russe. Pour sa hiérarchie à Paris, le seul policier allemand qui compte à Bordeaux, c'est Dohse.

Dohse affirme en 1948, ne pas s'être occupé des questions juives, mais Luther en 1946 confirme que son subordonné coiffait la section IV... qui coiffait la section IV. J, c'est-à-dire les affaires juives, comme au BdS de Paris.

« Dohse était mon subordonné et commandait en fait la section IV, que l'on connaissait communément sous le nom de Gestapo. »

« La section IV était divisée en plusieurs branches, mais Dohse disposait des effectifs à sa guise, sans s'occuper de la spécialisation marquée sur le papier. » (Déposition de Luther le 9 mai 1947.)

Les effectifs de la Gestapo ont donc été affectés aux rafles, lorsqu'elles étaient décidées et réorientées ensuite vers d'autres missions.

Après la guerre Dohse est arrêté, et le 28 juillet 1948, il dépose longuement devant les commissaires instructeurs français, manifestement dépassés par l'ampleur des révélations faites, ils ne comprendront pas vraiment à qui ils ont affaire. Le 28 avril 1953, Dohse comparaîtra devant le tribunal militaire de Bordeaux, en même temps que le chef du KDS, Luther. Prévenu libre, défendu par Maître Odin (ancien sénateur) et Maître Favreau-Colombier, Dohse sera condamné à sept ans de travaux forcés, Luther ne sera condamné qu'à cinq ans de réclusion.

Condamnés avec circonstances atténuantes, tous deux seront libérés le lendemain.

Aucun responsable de la Gestapo en France n'a autant marqué de son empreinte maléfique la région dans laquelle il opérait que F. Dohse : affaire Grandclément avec envoi d'émissaires auprès du général de Gaulle, noyautage des organisations de résistance, noyautage de l'administration bordelaise, entretiens avec le R.-P. Riquet, entretien avec Ph. Henriot... Omniprésent, les résultats qu'il obtenait lui assuraient la confiance de Paris et de ses supérieurs, Knochen et Boemelburg. Avec Dohse et la Gestapo de Bordeaux, la réalité dépassait chaque jour la fiction.

Ce SS machiavélique, parlait parfaitement français. Durant l'audience, à son procès, il malmena une dernière fois la résistance bordelaise en confondant le chef du réseau Gallia qui s'était vanté d'avoir occupé la fonction de médecin français au quartier allemand de la prison. Malheureusement pour le réseau Gallia et le pseudo-Résistant, Dohse produisit une attestation du médecin allemand attaché à l'établissement, indiquant... qu'aucun médecin français n'avait jamais été employé dans la prison.

Après un stage à Paris au siège de la police SS et de la Gestapo, Dohse est muté à Bordeaux le 25 janvier 1942 et devient directeur de la section IV du KDS, la Gestapo qui emploie cent personnes environ. Son service comprenait une douzaine d'agents allemands, une centaine de sous-agents français rétribués par la Gestapo et plusieurs centaines de correspondants divers. Dohse disposait en outre d'un commando de trente-cinq mercenaires dénommé « *Hauskapelle* », des Français, farouches collaborateurs, qui opéraient soit en civil soit en uniforme SS, pour effectuer les missions de basse-police dont la Gestapo ne voulait pas se charger elle-même.

Dohse s'était aussi assuré la collaboration de la PJ (inspecteurs de l'Intendance de Police), dirigée par un dénommé Poinsot auquel la Gestapo attribuait des sommes variant de 25 000 à 50 000 francs. Dohse parle de Poinsot et de ses policiers en ces termes :

« *Le nombre des arrestations effectuées par Poinsot est très important et en définitive plus élevé que celui effectué par nos services. Poinsot nous présentait une liste sur laquelle figurait le nom de ses inspecteurs collaborant et en face duquel figurait une somme donnée en raison de l'activité de chacun. Je peux vous citer : Evrard, Celerier, Langlade, Tournadour, Delbos et Chiron à La Rochelle, moins brutal que Poinsot et qui nous livra 184 résistants...* » (Déposition de Dohse le 28 juillet 1948.)

Comment était structurée la Gestapo de Bordeaux ? Du haut en bas du RSHA on retrouve la même organisation s'adaptant aux problèmes de la région concernée.

Directeur de la section IV (Gestapo), Friedrich Dohse.
- *Sous-section A (terrorisme et sabotage) : secrétaire criminel Reding.*
- *Sous-section B (résistance, maquis, parachutages) : secrétaire criminel Kunesch.*
- *Sous-section C (groupement, rassemblement des détenus, transfert à Compiègne) : secrétaire criminel Kudell.*
- *Sous-section D (émigration, passages clandestins vers l'Espagne) : secrétaire criminel Hermannsderfer.*
- *Sous section E (contre-espionnage et lutte contre les agents parachutés) : secrétaire criminel Schoeder.*
- *Sous section IV J (affaires juives) : Doberschütz.*

Ces structures parlent d'elles-mêmes : Dohse supervisait non seulement les sous-sections A et B mais aussi les sous-sections D, E et IV J. Il décidait qui était déporté et qui était voué au peloton d'exécution. Quant à la section IV J, qu'il veut ignorer à la Libération, elle a toujours figuré dans les attributions de la Gestapo, que ce soit à Berlin ou à Bordeaux.

Sans s'en rendre compte, Dohse démontre l'autorité dont il disposait sur ses services en déclarant :

« Chaque sous-section avait à son service plusieurs inspecteurs allemands, et ils étaient chargés de l'exploitation des renseignements que je leur transmettais. »

Il ne subsiste pas d'ambiguïté sur la fermeté des directives données.

En dehors des services dépendant directement de la Gestapo, il existait plusieurs centres de contre-espionnage à Bordeaux collaborant avec Dohse.

1 – Le centre de renseignement de l'Abwehr (Nebenstelle) : comprenait une centaine de personnes et était dirigé par l'Allemand Gartner et par le Français Dehan. Le chef du SEC, chargée du contrôle du fichier des juifs, était donc lui aussi un agent payé par les services allemands !

2 – La police militaire de campagne (Geheime Feld-Polizei ou GFP) disposait de son côté de deux sections :

– Le groupe 14 qui fusionna avec le service de Dohse.

– Le groupe 644 dépendant de l'État-Major de l'Armée qui comportait soixante-cinq agents et employait eux aussi des Français.

3 – La Feldgendarmerie : possédait en propre trois sections de renseignement et d'intervention dont nous ignorons les effectifs.

4 – Les douanes : disposaient d'un service de soixante-dix personnes (le Kommando Koch) spécialisé dans la recherche des Résistants et des personnes tentant de se rendre en Espagne.

Ce commando Koch a dû avoir une efficacité redoutable car il arrêta des milliers de personnes qui cherchaient à rejoindre Alger, à travers l'Espagne.

5 – La police maritime et côtière : était chargée de la surveillance des ports de Bordeaux et des côtes de l'Atlantique. Elle disposait elle aussi de son propre réseau de renseignement.

6 – Le service du contrôle des devises (Deviesenstelle) : travaillait avec des agents français, dépendait du ministère des Finances allemand.

7 – La police chargée de la surveillance de la police française (Ordnungspolizei) : travaillait en relation étroite avec Dohse. Les inspecteurs de l'Ordnungspolizei opéraient dans le même uniforme que celui de la Gestapo.

À Bordeaux, la Gestapo, les services de renseignement, les services de contre-espionnage et de police allemands s'élevaient à quelque cinq cents personnes dont trois cents à quatre cents agents français infiltrés dans les rouages de l'administration et de la Résistance. Il faut bien saisir à quel point Dohse, de façon directe et indirecte maîtrisait les rouages de la ville :

– toutes les organisations allemandes travaillaient en liaison avec la Gestapo ;

– la Police judiciaire et le SEC étant respectivement rétribuées par la Gestapo et par l'Abwehr, elles se trouvaient en fait sous la dépendance de Dohse.

Seuls la ténacité de Sabatier et le sang-froid de Papon ont permis à la préfecture de freiner l'emprise complète des Allemands sur l'administration : dernier rempart d'une présence administrative française menée avec des moyens dérisoires.

Dohse admet en effet qu'il a subi deux échecs :

1. Échec avec Roger Landes et son réseau de résistance anglais du SOE, qu'il n'arrive pas à découvrir :

« *Livrez-moi Aristide (Roger Landes) et vous recevrez une énorme somme, je ne suis jamais arrivé à pouvoir procéder à son arrestation* », déclare-t-il à un de ses informateurs.

2. Échec avec Maurice Papon :

« *Je l'ai connu. Ce fonctionnaire, qui entretenait de bons rapports avec nous, était cependant suffisamment habile pour ne pas se compromettre.* » (Déposition de Dohse.)

Dans la bouche de Dohse, ce n'était pas seulement un aveu d'impuissance, mais un compliment. Le préfet Sabatier, Maurice Papon et Roger Landes sont en effet les seuls personnages de ce drame bordelais à échapper au rouleau compresseur de la Gestapo et à son chef. Dans un tel contexte on comprend mieux la signification de la lettre écrite, après la guerre, par Roger Landes à Maurice Papon :

« Certaines personnalités arrivées après la bataille qui se sont attribué sans aucun scrupule votre travail fait entièrement dans la clandestinité et mis au point à la Libération sans l'assistance de l'Intelligence Service. » (Lettre de R. Landes à M. Papon, Chapitre VII.)

Venant d'un responsable des services anglais, non mêlé aux luttes intestines françaises, ce témoignage vaut tous les certificats de Résistance.

Poinsot, chef de la PJ, ayant fait exécuter des centaines de résistants (FTP, communistes, gaullistes) et s'étant assuré le concours des inspecteurs des Renseignements généraux (Chabreri, Menard et Sabesse), on peut imaginer l'ambiance de la préfecture après les dramatiques événements de l'été 1942, ayant abouti à l'exécution de soixante-dix otages.

Il est certain que le préfet Sabatier amortissait autant qu'il le pouvait la politique de déportation : le grand Rabbin Cohen l'a reconnu. Il y était aidé dans la mesure du possible par ses services comme le confirme la déposition de l'ex-Intendant de Police Duchon du 28 octobre 1947 devant le tribunal militaire de Bordeaux. *« Lors des premières opérations, les listes des personnes à appréhender avaient été transmises à l'avance aux services de la Sécurité publique. De nombreux fonctionnaires s'étaient ingéniés pour avertir à l'avance les intéressés. Sabotée au départ, l'opération était donc vouée à un échec certain, ce dont le Allemands se montraient vivement mécontents. Ce mécontentement s'était traduit par de violentes observations. »*

Que signifie, devant de tels faits, le jugement condamnant Maurice Papon pour complicité matérielle dans les déportations, alors que le sabotage diffus de la préfecture a entraîné au contraire la suppression d'un convoi et la suspicion du BdS de Paris qui choisira Bordeaux en septembre 1942 pour faire exécuter soixante-dix otages ?

Nous avons étudié les trois dépositions faites par Dohse en 1948. L'une d'elle est manuscrite ce qui nous a permis de faire effectuer une analyse d'écriture de l'intéressé. Sans même se référer à cette expertise, les recoupements que nous pouvons opérer sont déjà très éloquents :

– Dohse se présente, dans ses dépositions, comme un policier humaniste, ami des Français, compréhensif pour les Résistants dont il en aurait fait libérer 2 500...

– Dohse a mené en fait une politique de noyautage systématique des réseaux de résistance bordelais. Il a retourné le chef de l'OCM, Grandclément, et fait proposer à de Gaulle par le professeur Joubert, une alliance contre les communistes... pour œuvrer au rapprochement franco-allemand !

– Dohse ne fait pas exécuter ses basses œuvres par la Gestapo elle-même... mais par des organisations parallèles comme « Hauskapelle » (trente-cinq tueurs), les équipes de policiers de Poinsot (qu'il rétribue pour ses services) et celles de Dehan patron du SEC (affaires juives) qu'il fait rétribuer par l'Abwehr, etc.

En étudiant soigneusement les dépositions de Dohse, on s'aperçoit d'abord que son premier principe est de « sous-traiter » au maximum arrestations et exécutions. Son deuxième principe c'est d'infiltrer l'administration et la société bordelaise de ses agents et sous-agents.

Officiellement il réprouve la violence faite aux détenus et s'offusque des méthodes brutales de Poinsot... son séide.

Malheureusement pour le chef de la Gestapo qui veut se donner une image humaniste, son supérieur nominal Luther, ancien magistrat égaré au KDS et toujours dépassé par les initiatives de son subordonné, vend souvent la mèche et vide son sac, sans ménagement pour son subordonné.

« Je n'ai appartenu ni aux SS, ni à la Gestapo, ni à la Kripo, ni aux SD. » (Déposition de Luther le 12 décembre 1946.)

La franchise de Luther est patente lors des exécutions d'otages de septembre 1942 dont Dohse tente de se défausser. Cette franchise devient flagrante lorsque Luther s'explique, en décembre 1946 et avril 1947, sur ses fonctions... mais un an avant Dohse.

Dohse, dans ses déclarations de 1948, ne parle en effet que des libérations qu'il a effectuées, mais jamais des nombreux convois qu'il a fait partir vers Compiègne.

« Bientôt les cas (de déportation) devenaient tellement nombreux que les personnes arrêtées devaient être internées dans des camps de travail... Les convois à destination de Compiègne étaient organisés sous la responsabilité de Dohse, et le mot de passe était Meerschaum. » (Déposition de Luther, chef du KDS et supérieur hiérarchique de Dohse, le 25 avril 1947.)

Il est en outre évident que Dohse supervisait les questions juives. Lorsqu'il dépose, après la guerre, il ment sur le sujet, car il sait très bien qu'il tomberait sous le coup d'inculpation pour crimes de guerre : n'oublions pas que c'est un SS, bras droit de Boemelburg. C'est lui qui ordonnance les déportations politiques. Il agit donc sur quatre leviers : la conviction (Grandclément), l'argent (Poinsot), les déportations (1 300), les exécutions (806). Il serait absent sur la question juive : impossible, ce serait le seul cas du RSHA !

À ce stade de notre enquête, une question importante doit être posée : comment se fait-il que l'instruction n'ait jamais songé à entendre Friedrich Dohse mort seulement en 1995, alors que Michel Bergès a interviewé en 1985 ? Incompétence, carence ou crainte, une fois encore, de devoir constater le poids des SS sur la préfecture ? On remarque la même carence inadmissible concernant Knochen, chef du SD et adjoint du général Oberg qui avait trente ans en 1942, un an de moins que Maurice Papon : personne ne semble avoir cherché à l'entendre en 1981, 1988, 1995.

Revenons au Bordeaux de 1942-1944 qui vit donc dans un climat permanent de terreur policière. La moindre note de service de la préfecture était évidemment connue de la Gestapo. L'information officielle, le plus souvent écrite, et l'information officieuse, toujours orale, devaient donc fonctionner selon des circuits indépendants. Écrire une chose officiellement pour qu'elle soit lue et admise par les Allemands représentait un exercice obligé. Initier l'inverse par oral, sans être repéré, devenait le chemin de croix quotidien d'une préfecture assiégée. Que dit Sabatier, toujours hanté par le cauchemar des année de guerre, au R.-P. Riquet, en novembre 1981 :

« J'ai appris par Londres que j'avais un émissaire qui s'appelait Abeille (mort en déportation). Un jour mon huissier m'annonce : il y a un clochard qui vient et demande à vous voir. C'était le pauvre Abeille qui avait été parachuté et que j'ai caché durant deux mois et qui m'a dit : "Londres vous demande de rester jusqu'au jour où le nouveau commissaire vous dira de partir... J'aurai pu partir, j'en ai fait passer des quantités en Espagne, mais j'avais un devoir à remplir, une population qui avait confiance en moi..." Trois fois plus de SS que partout ailleurs, il fallait manœuvrer fin, je vous le promets c'était tous les jours pareil. »

« Quand on recevait un télégramme du ministère de l'Intérieur, on était bien obligé d'exécuter ou, je le répète, de tout

faire sauter. Duchon (l'intendant de Police) m'a dit (concernant l'arrestation des juifs) : qu'est-ce qu'on doit faire ?... Il vaut mieux que nous le fassions, je vais demander à la gendarmerie de le faire. »

« *Celui qui m'a aidé le premier, c'est le père de Jabrun, chef de la Résistance, : il a vu ma femme le jour-même de mon arrivée et tout de suite il m'a mis dans l'ambiance. Grâce au Père de Jabrun, j'ai connu le délégué anglais Aristide, nous avons travaillé avec eux... Le père de Jabrun a été déporté à Buchenwald et brûlé vif.* »

Telle est la vérité, angoissante et terrible, sur les conditions de vie, ou plutôt de survie, de la préfecture entre 1942 et 1944. Où est, encore une fois, la complicité matérielle de crime contre l'humanité ? On ne trouve que courage quotidien dans une ambiance dramatique d'encerclement policier : tenter de leurrer l'occupant par un cérémonial officiel en freinant le plus possible ses instructions. Dohse n'est certainement pas dupe, mais il laisse faire car il n'a pas encore les moyens de remplacer totalement l'administration préfectorale par ses séides collaborateurs. Il a d'ailleurs besoin de cette administration, ne serait-ce que pour le ravitaillement.

Un jeu du chat et de la souris, certes inégal, mais pour lequel Alger, Londres et la Résistance demandent de tenir... tenir jour après jour, pour préparer la Libération.

Nous avons demandé une étude graphologique, à partir de la déposition manuscrite effectuée par Dohse auprès du tribunal militaire de Bordeaux en 1948.

L'analyse suivante nous a été adressée :

« *Vous voudrez bien trouver ci-joint l'avis graphologique que vous m'avez demandé. J'ai rarement eu à étudier une écriture aussi déplaisante tant la personnalité, fausse et machiavélique, est pénible à découvrir.*

Ce qui apparaît en premier lieu, en étudiant les documents joints, c'est la double personnalité de Dohse : sous couvert d'amabilité et de courtoisie, il était un homme fourbe et manipulateur, mentant pour se mettre en valeur et décharger sa responsabilité sur d'autres. Il avait un fort instinct de puissance, voulant compenser sous la carapace d'un homme dur et énergique, la fragilité et la faiblesse de fond de sa personnalité.

C'était un homme lâche et très pusillanime qui pouvait faire illusion et séduire ceux dont il avait besoin : il savait se présenter, s'intéressait à beaucoup de choses, était omniprésent sur son théâtre d'action, rusé, indiscret, systématique dans son travail, débusquant avec amabilité ses interlocuteurs, les faisaient parler pour obtenir les renseignements en cachant son jeu, avec l'obstination des faibles.

Très méfiant, aimant l'argent et le pouvoir qu'il procurait, son intérêt personnel passait avant ceux qui lui étaient confiés.

Dans le domaine privé, ce n'était pas un homme net et franc dans son comportement. Discipliné en apparence et respectueux des principes, il pouvait donner le change, mais son écriture révèle un homme sadique et despotique dans sa recherche de pouvoir. »

5 – Qui commande vraiment à Bordeaux ?

Cette analyse graphologique n'a pas été demandée pour construire un argumentaire, mais seulement pour détecter s'il existait des contradictions entre notre enquête sur Dohse, ses déclarations et sa personnalité.

En l'état actuel de nos recherches, on peut considérer comme acquis les faits suivants :

– Dohse achète (Dehan, chef du SEC et Poinsot, chef de la PJ) ;

– corrompt (Grandclément, chef de la Résistance) ;

– déporte (1 300 personnes en trois ans) en veillant personnellement à l'organisation des convois (déposition de son chef Luther et du policier déporté Pierre Saufrignon) ;

– fait exécuter directement (cinquante otages fusillés en juillet 1944), ou indirectement (les fusillés de Souge) ;

– ment pour décharger sa responsabilité sur d'autres (exécution des soixante-dix otages de septembre 1942), en chargeant Luther son chef et en transformant les otages en criminels ;

– contrôle Doberschutz dans la mise en œuvre à Bordeaux des déportations juives en vue de la « solution finale ».

Rappelons que Luther, chef du KDS, n'est que son patron nominal (déposition de Luther). Le responsable SS à Bordeaux, ayant la confiance de Knochen et de Boemelburg, c'est lui Dohse. Il se rend d'ailleurs chaque semaine à Paris.

Cela nous amène à tirer les conclusions suivantes :

Il est exclu qu'un collaborateur du RSHA n'ait pas été mêlé aux déportations juives (que Dohse traite de façon indirecte, pour se mouiller le moins possible).

Il est exclu aussi qu'il n'ait pas été consulté par son protecteur Boemelburg, lorsque Eichmann tance Oberg d'avoir laisser annuler un train de déportation à Bordeaux.

Il est exclu enfin qu'il n'ait pas participé avec Boemelburg à la décision d'Oberg de fusiller soixante-dix otages le 21 septembre 1942.

Durant deux ans, Dohse modulera ses interventions en jouant sur la panoplie des outils qu'il a mis en place : actions et renseignements des mercenaires, déportations, exécutions. La préfecture, constamment déstabilisée, vit sous la menace d'actions multiformes visant à paralyser ses velléités de résistance et à terrifier une population incapable de réagir.

Nous donnons [1] les photographies de Luther, chef du KDS et Dohse son adjoint, chef de la Gestapo. Tout sépare ces hommes, au physique comme au moral : l'un est un bourgeois, magistrat parachuté à un poste qu'il ne maîtrisera jamais, l'autre est un SS déterminé qui anéantira toute velléité de Résistance à Bordeaux.

Jugés ensemble le 4 mai 1953, ils ne s'adresseront pas la parole.

Pour la première fois depuis le début d'une instruction fleuve, nous mettons en lumière cette évidence : la simplicité et l'efficacité du système de la solution finale. Entre Müller et Dohse à Bordeaux, il n'y a qu'un homme à Paris : Boemelburg. Tout ce passe en « temps réel ».

Dohse est manifestement la clef du système policier nazi à Bordeaux. Il est mort en 1995, Michel Bergès pourra, lui, l'interroger longuement mais les magistrats instructeurs, en quinze ans ne sont jamais sortis de la préfecture imaginaire qu'ils devaient construire.

1. Voir dossier Illustrations.

CHAPITRE V

LA VIE D'UNE PRÉFECTURE ASSIÉGÉE

1 – MAURICE SABATIER, UN PRÉFET FORMALISTE ET STOÏQUE

2 – LE SERVICE DU CHIFFRE, LES RELATIONS SABATIER, CHAPEL, DUCHON

3 – L'ÉQUIPE DE DIRECTION

4 – LE SECRÉTARIAT CHARGÉ DE L'ADMINISTRATION

5 – UN POLICIER RÉSISTANT À BORDEAUX :
Pierre Saufrignon, déporté à Neuengamme

6 – LES 36 TRAINS DE DÉPORTATION DE L'ÉTÉ 1942
L'exception de Bordeaux : un train annulé
La mise au pas d'une préfecture suspecte

« Trois fois plus de SS qu'ailleurs, les plus durs... la peur atroce. Quand on recevait un télégramme du ministère de l'Intérieur, on était bien obligé d'exécuter, ou je le répète de tout faire sauter. Tout sautait à Bordeaux, pas seulement pour celui qui disait non. »

SABATIER.

« Mes premiers sentiments furent l'indignation et l'horreur... et j'ai immédiatement demandé l'annulation de l'ordre pour Bordeaux en soulignant que rien ne s'était produit à Bordeaux, que la très grande majorité des détenus était inoffensive. »

LUTHER.

« Luther avait dressé une liste des otages fusillés. Toutes ces personnes qui furent fusillées s'étaient rendues coupables d'actes particulièrement graves à l'encontre des troupes allemandes et je crois qu'en se référant à la loi même de la guerre, elles auraient été également condamnées à la peine de mort. »

DOHSE.

1 – Maurice Sabatier, un préfet formaliste et stoïque

Il n'est pas utile de revenir sur ce qui a été partiellement analysé durant l'instruction et durant le procès, mais d'examiner ce qui a été mal perçu, ou carrément occulté. Maurice Sabatier, préfet régional, est âgé de 52 ans lorsqu'il prend ses fonctions et ce détail n'est pas anodin : il a fait la guerre de 1914 et c'est un ancien de Verdun comme le cardinal Feltin, l'archevêque de Bordeaux, le grand Rabbin Cohen et le colonel Duchon, l'intendant de police. Jusqu'en novembre 1942, ces anciens combattants conserveront une certaine confiance dans le maréchal Pétain qui reste pour eux une référence, car ils se veulent tous des hommes de devoir qui tentent, chacun avec leur personnalité propre, de s'opposer à la pression allemande.

Sabatier est un homme à la fois formel et pointilleux, conscient de son rang et de ses responsabilités et qui délègue peu. Imaginer que Maurice Papon ait été une sorte de préfet-bis est un non-sens : une génération les sépare et rapidement les rapports personnels s'aigriront pour ne laisser place qu'aux relations de service minimum. D'autant que, hiérarchiquement, on ne l'a pas assez souligné, entre Sabatier et Maurice Papon il y a pour la préfecture de la Gironde un préfet délégué : Boucoiran.

2 – Le service du chiffre, les relations Sabatier, Chapel, Duchon

Plus surprenant encore, l'instruction ne s'est pas attachée à un fait essentiel qui souligne le fossé hiérarchique et fonctionnel qui sépare les deux hommes. Le cabinet de Sabatier est dirigé par un sous-préfet dénommé Chapel, chargé d'un service majeur, en temps de guerre : le service du Chiffre. Jusqu'en novembre 1942, au moins, il existe en effet deux circuits d'information à la préfecture : d'un côté le courrier officiel, connu des Allemands et des services, de l'autre les télégrammes chiffrés à destination du préfet et de l'intendant de police : ces messages sont soit détruits après usage, soit conservés dans le coffre personnel de Sabatier.

Cela nous amène à une première remarque : l'instruction ne s'est même pas rendu compte qu'il existait un circuit parallèle d'information qui contenait les véritables instructions de Vichy et peut-être de l'ORA concernant le gendarmerie dirigée par Duchon [1], l'intendant de police (les réseaux de l'ORA semblent avoir été tolérés par Darlan, jusqu'en novembre 1942).

Deuxième remarque : en tout état de cause, seul Chapel avait la clef du Chiffre et non Papon qui devait faire appel à son collègue lorsqu'arrivaient les fameux « chiffrés ». Le circuit de décision est donc constitué de Sabatier et Duchon, avec un collaborateur Chapel : Papon n'en a pas connaissance et n'y est pas associé. Cela prouve, si c'était encore nécessaire, que les fonctions de secrétaire général s'arrêtaient à la gestion administrative des décisions prises par le préfet et son intendant de police. Avoir affirmé, comme l'ont fait certains, que Papon ait pu donner des instructions à l'intendant de Police, constitue un contresens : ni l'âge, ni le grade, ni les fonctions, ni les relations avec le préfet ne rendaient la chose possible.

Attardons-nous maintenant sur la personnalité de ce colonel Duchon (élevé au grade de général à la Libération), que Sabatier maintient dans ses fonctions et qui renforce l'intendance de police avec deux nouveaux collaborateurs : le commandant Bertomet et le capitaine Guillard. Duchon, homme austère et cassant, n'était guère aimé et ne le cherchait pas : il était même surnommé : « sans H », par certains... Sa rigueur le faisait respecter des Allemands qui avaient tenté de l'amadouer en lui proposant de faire libérer son fils, prisonnier en Allemagne. « *Vous n'imaginez pas que je puisse accepter une telle faveur d'une puissance occupante* », avait-il alors répondu.

Inutile de dire que l'instruction ne s'est jamais intéressée à ce personnage clef qu'est le colonel Duchon et n'a jamais tenté de

1. Duchon, intendant de police auprès de M. Sabatier, colonel détaché à la préfecture. Sera nommé général en 1945.

savoir si ses collaborateurs, Bertommet et Guillard, étaient toujours vivants.

C'est de Duchon dont Sabatier parle en 1981, lorsqu'il évoque le drame des premières déportations de juillet 1942 : « *Duchon vient me trouver... monsieur le Préfet c'est terrible, j'ai reçu un chiffré... les arrestations des juifs doivent commencer demain...* »

Il est prouvé que Duchon s'entretient secrètement avec le grand Rabbin Cohen, que la communauté juive est prévenue avant les arrestations, que les Allemands s'emportent à plusieurs reprises contre la police devant les maigres résultats obtenus par les rafles. Le 21 septembre 1942, c'est encore Duchon qui reçoit de la Gestapo la nouvelle : 70 otages seront fusillés sur ordre du général Oberg. Duchon doit en avertir le préfet Sabatier.

La question que l'on doit bien évidemment se poser est de savoir si les Allemands avaient déchiffré le code secret français. N'oublions pas que les Anglais déchiffraient les messages allemands et que les Américains déchiffraient les codes japonais. N'oublions pas non plus que le contre-espionnage allemand s'est révélé redoutable à l'encontre des réseaux de Résistance, systématiquement infiltrés. La Gestapo ignorait-elle les codes français ? On peut en douter, ce qui expliquerait nombre d'initiatives allemandes.

Pour en revenir à Maurice Papon, il ne figure pas dans l'organigramme de décision et les faits démontrent quotidiennement que le secrétariat général ne possède aucun pouvoir d'initiative.

3 – L'équipe de direction

L'organisation de la préfecture, qui compte environ trois cents cinquante personnes, était structurée ainsi.

– Maurice Sabatier, préfet, préfet régional pour les départements des Landes et de la Gironde et départemental pour la Gironde ;

– Boucoiran, préfet, préfet délégué pour la Gironde ;

– Colonel Duchon, intendant de police regroupant les quatre services : Police judiciaire, Sécurité publique, Renseignements généraux et opérations de police ;

– Berge, intendant des Affaires économiques ;

– Chapel, directeur de cabinet du préfet, sous-préfet.
– Maurice Papon, secrétaire général, sous-préfet.

4 – Le secrétariat général chargé de l'administration

Maurice Papon, sous-préfet, a été nommé secrétaire général, responsable de l'administration des services suivants : Administration générale, Police administrative, Finances, Jeunesse, Famille, Santé, Ponts et Chaussée, Affaires sociales, Affaires économiques, Carburant, Circulation, Services de Guerre et Affaires juives.

Pierre Garat est chargé du service des Affaires juives (fonction déjà assumée avant l'arrivée de Maurice Papon).

Le secrétaire général a donc hérité du service des Questions juives : c'est un service de gestion touchant cinq fonctions :

1) la tenue du fichier des juifs recensés dès 1940 ;

2) l'examen des dossiers personnels ;

3) la présentation aux autorités allemandes des demandes de dérogation à certaines prescriptions ;

4) les liaisons avec le service régional du commissariat aux questions juives ;

5) l'examen des mesures de police proposées par le SEC.

Et c'est parce que les Allemands ne s'intéressent guère à ces fonctions administratives françaises, obéissant à des règles dont ils comprennent mal le sens, que Maurice Papon obtiendra des résultats inespérés, en jouant subtilement sur des arguties juridiques.

– Gestion des radiations sur le « fichier », en accord avec le Grand Rabbin Cohen, comme on le verra dans l'entretien avec Michel Bergès, qui écarteront des déportations plus de quatre cents juifs. Le rapport des experts Bellion, Delarue et Gouron, qui fut annulé par la Cour de Cassation fait état du chiffre de 149.

– Libération du représentant de l'UGIF, en invoquant la réglementation allemande – libération d'Alice Slitinsky, en faisant jouer toute la panoplie des accords franco-allemands, entre autres.

C'est justement parce que Maurice Papon n'avait pas de pouvoir de décision et que les Allemands se sont longtemps fiés à l'organigramme de la préfecture, que le secrétaire général a obtenu de tels résultats. Malheureusement en 1943, le SEC, Service des Questions juives totalement inféodé aux Allemands et dépendant directement à Vichy du Commissariat aux Questions juives, découvrira le pot aux roses, au grand désespoir du Grand Rabbin. Garat devra quitter le service où il sera remplacé par Dubarry. Le fichier sera désormais verrouillé par le SEC et la Gestapo.

N'oublions pas non plus que la préfecture est doublée par l'organisation allemande de la Feldkommandantur et que Maurice Papon doit rendre compte à son correspondant, Herbold. L'îlot administratif français de Maurice Sabatier ne perçoit d'ailleurs pas toujours avec précision la précarité de son existence, car non seulement la Kommandantur surveille sa gestion quotidienne, mais les services de contre-espionnage de la Gestapo et de l'Abwehr, qui s'élèvent, comme nous l'avons vu, à près de cinq cents personnes, surveillent ses moindres initiatives.

Le procès a placé au centre de vie bordelaise des années 1942-1944, les déportations juives et la toute puissance de la préfecture : c'est une erreur d'analyse grossière. Bordeaux vit d'abord au rythme des exécutions, huit cent six en trois ans [1], alors que la finalité des déportations juives reste inconnue. La ville vit ensuite dans la hantise du ravitaillement que la préfecture a beaucoup de mal à assurer. Bordeaux vit enfin dans la crainte permanente des arrestations opérées par la toute puissante Gestapo de Friedrich Dohse qui sait tout et contrôle tout.

Maurice Papon qui fut convoqué par Dohse, pour un rappel à l'ordre, s'illusionne encore aujourd'hui sur la méconnaissance de ses activités par la Gestapo, mais le secrétaire général n'était pas un gibier à la hauteur de Dohse. Les trucages du fichier juif n'ont sans doute pas attiré son attention au début : ce SS discipliné tolérait la préfecture car elle maintenait un minimum d'organisation dans la cité. De toute façon, ils avaient tout leur temps et les Juifs, au bout du compte, « *ne perdaient rien pour attendre* » comme le dira le Grand Rabbin en 1944 [2]. C'est la raison pour laquelle la préfecture et le Grand Rabbin ont pu limiter

1. La liste nominative des Bordelais, fusillés au camp de Souges entre 1941 et 1944, a été communiquée à l'auteur par Madame Pommies, conservateur du Centre national Jean-Moulin à Bordeaux.

2. Voir notre entretien avec Michel Bergès.

l'ampleur des déportations. Mais si la limite du tolérable était franchie vis-à-vis de Paris et de Berlin, la sanction devenait impitoyable.

– Un train de déportation de juifs est annulé en juillet 1942 à Bordeaux, un attentat éclate à Paris au cinéma Rex : l'une des deux causes ou les deux à la fois entraînent l'exécution de soixante-dix otages, sur ordre du général Oberg ;

– L'exécution par Roger Landes (chef du SOE), de Grandclément le résistant retourné par le chef de la Gestapo Dohse, se traduira par celle de cinquante résistants sur ordre du même Dohse... qui avait même averti Londres de sa menace.

Cette lutte silencieuse, cette guerre feutrée, menée entre les Allemands et la préfecture était un combat inégal : le pot de terre contre le pot de fer. Elle n'aurait pu se poursuivre encore longtemps et la Libération de 1944 a probablement évité une relève à la hongroise de l'équipe Sabatier, par des collaborateurs purs et durs : comme un Dehan, le chef du SEC, ou un commissaire Poinsot.

Revoyons le parcours et la vie de Maurice Papon à Bordeaux. Le préfet Sabatier a été nommé en avril et son collaborateur fera la navette entre Bordeaux et Paris durant les mois de mai et juin, car le père du nouveau secrétaire général est mourant : il décédera le 15 juin 1942. Maurice Papon s'installe alors définitivement à Bordeaux : il est âgé de 31 ans, marié, le jeune ménage a une fille de 8 ans. Deux autres enfants naîtront après la guerre, un garçon Alain en 1945 et une fille Muriel en 1948.

Le préfet Sabatier a obtenu de réintégrer les locaux de la préfecture, jusque-là occupés par les Allemands : son prédécesseur Pierre Alype se voulait certes un collaborateur inconditionnel, mais son incompétence le rendait indésirable même aux Allemands, car il n'était pas en mesure d'assurer le ravitaillement des Bordelais, problème évidemment crucial pour l'époque.

En effet, la population de la ville a triplé, passant de 220 000 à 750 000 habitants à cause de l'afflux des réfugiés.

Ni le préfet, ni Papon n'habitent la préfecture : Sabatier a réquisitionné une villa au Bouscat et Papon dispose d'un appartement de fonction en ville. Chapel, le chef de Cabinet, loge par contre sur place. Sabatier a régularisé une vieille liaison, avant son installation à Bordeaux et s'est marié avec une femme plus âgée que lui : ce détail a de l'importance car Madame Sabatier, très rapidement, ne supportera pas la présence de la jeune et jolie Paulette Papon. Les rapports s'aigriront à tel point que, dès le milieu 1943, les deux hommes n'entretiennent plus que des rapports officiels minimum. Début 1944, Herbold le correspondant allemand de Papon à la Kommandantur, laisse même entendre à Maurice Papon que Madame Sabatier, se serait répandue en propos imprudents sur le comportement du secrétaire général...

Les rapports tendus entre les deux hommes expliquent peut-être les cloisonnements existant entre le cabinet du préfet et les services gérés par le secrétaire général. Comme nous le disions précédemment, le service du « Chiffre », comme c'est la règle, n'est pas accessible au secrétaire général, mais Sabatier s'est entouré en outre d'un cabinet très étoffé, alors que les effectifs de la préfecture ne comptent que trois cent trente personnes. Outre Chapel, sous-préfet, directeur de cabinet de Maurice Sabatier, celui-ci dispose d'un chef de cabinet, Bourut Lacouture ; d'un chef de cabinet-adjoint, Castanet et d'un bureau de cabinet. Ce cabinet constitue une véritable structure de commandement autonome, à laquelle Papon n'a pas accès.

Sabatier est un gros travailleur, fort attentif au détail : il reçoit son secrétaire général chaque jour à 11 h 30, après la visite de l'intendant de Police Duchon. C'est Duchon qui est chargé des relations avec le KDS dirigé par Hans Luther et avec le chef de la Gestapo Dohse. C'est donc Duchon qui annoncera au préfet les drames qui jalonnent la vie des Bordelais occupés : les exécutions (huit cent six en trois ans), pour lesquelles il faut prévoir à chaque fois les cercueils, les cimetières, les tombes, et les annonces aux familles.

Comme nous le verrons, ces exécutions, qui étaient monnaie courante, furent cependant massives à quatre reprises : en octobre 1941 (cinquante otages fusillés), en septembre 1942 (soixante-dix exécutions), en janvier 1944 (trente-cinq exécutions), en juillet 1944 (près de cent exécutions dont cinquante otages), en août 1944 (près de cinquante exécutions). Après son sinistre compte-rendu, Duchon rapporte les dégâts matériels et humains issus des bombardements, puis dresse un bilan des arrestations : les arrestations politiques et les arrestations des juifs, environ 1 300 pour le premier groupe et 1 600 pour le second. Jamais Maurice Papon n'a connaissance directement ni des comptes-rendus effectués par l'intendant de police auprès du préfet Sabatier, ni des instructions données à Duchon. Après Duchon et Papon, Sabatier reçoit l'intendant économique Berge qui lui rend compte des problèmes de ravitaillement.

Que dit d'ailleurs Sabatier dans sa confession de 1981, au R.-P. Riquet :

« Trois fois plus de SS qu'ailleurs, les plus durs... la peur atroce. Quand on recevait un télégramme du ministère de l'Intérieur, on était bien obligé d'exécuter, ou je le répète de tout faire sauter. Tout sautait à Bordeaux, pas seulement pour celui qui disait non.

Il valait mieux qu'il y ait des gendarmes français pour les accompagner. J'ai été interrogé bien des fois, j'ai passé des heures entières à la Gestapo, convoqué des journées entières... Nous avons été interrogés de 9 heures du matin à une heure et de 2 heures à 7 heures du soir. Ils ont été d'une violence ! J'ai été persuadé que je ne rentrerais pas le soir...

Si les Allemands étaient au courant de tous les télégrammes, ils auraient tout de suite fusillé. Ils fusillaient à longueur de journée. »

Telle est l'ambiance de la préfecture, elle n'a pas grand-chose à voir avec la version aseptisée qu'en donnent l'accusation et les parties civiles. C'est le moins que l'on puisse dire !

Pour en revenir à Maurice Papon, ce fut, durant cette terrible période 1942-1944, un jeune fonctionnaire intelligent qui fut capable, sans pouvoir de décision et sans moyens matériels, d'atténuer la rigueur des déportations juives, par des artifices administratifs organisés ou convertis.

Secrétaire général, certes, mais beaucoup plus secrétaire que général, il gère ses cinq divisions administratives et assure les fonctions de chef du personnel. Comme nous le verrons, le fichier des juifs dont Garat, chef de service, assure la mise à jour, constitue un outil administratif longtemps considéré comme secondaire par les Allemands et le SEC. Ce SEC, Service de Contrôle des dossiers juifs, dépend directement du Commissariat aux questions juives de Vichy.

L'analyse approfondie, faite par Michel Bergès sur la coopération entre les responsables du fichier de la préfecture et le Grand Rabbin Cohen, montre que beaucoup de juifs doivent la vie à ce modeste et efficace sabotage [1] : environ quatre cents personnes.

Robert de La Rochefoucaud, Résistant évadé du fort du Hä, rapportera d'ailleurs au procès, qu'il retrouve dans son maquis de jeunes juifs qui expliquent ainsi leur présence :

« Nous avons été prévenus par la préfecture qu'il fallait fuir, pour éviter les rafles. »

5 – Un policier résistant à Bordeaux, Pierre Saufrignon, déporté à Neuengamme

Nous l'avons vu, le formalisme de la Cour d'Assises exigeant une déposition entièrement orale limite très souvent l'impact de témoignages qui ne peuvent se référer à aucune note. Il faut ajouter à cet handicap l'attention vigilante des parties civiles qui n'autorisent au témoin aucune faiblesse : face à une vingtaine de censeurs impitoyables, le déposant doit totalement maîtriser son sujet, s'il ne veut pas être immédiatement déstabilisé et perdre la face.

Ce ne fut pas le cas de Pierre Saufrignon, mais si son témoignage fut mesuré, son importance ne put marquer le procès comme cela aurait dû être. Jugez plutôt. Il entre dans la police à Bordeaux en mars 1943 et fait partie d'une brigade de douze inspecteurs sous les ordres de l'inspecteur-chef Duclos. Lorsqu'il opère seul dans le contexte de sa brigade, il peut agir selon sa conscience, mais ce n'est plus le cas lorsqu'il travaille sous réquisition allemande. En 1943 il entre en contact avec le réseau Navarre, par l'intermédiaire d'un nommé Lespine, policier comme lui...

Le 10 janvier 1944, Saufrignon est chargé de l'arrestation de deux jeunes juifs : Irène Winbourg et son frère. Il les prévient et les adolescents parviennent à s'enfuir, mais le 24 janvier la brigade est convoquée au fort de Hä. Trois agents de la Gestapo les désarment et les arrêtent. Un mois plus tard, ils sont interrogés par le commissaire Poinsot qui les interpellent ainsi :

« Vous, Saufrignon et les autres, vous êtes des salauds parce que vous déconsidérez la police bordelaise aux yeux des Allemands. »

---

1. Voir en particulier notre entretien avec Michel Bergès.

Saufrignon assure, avec un de ses collègues, être seuls responsables, ce qui permet aux dix autres inspecteurs d'être libérés. Les deux détenus reçoivent alors une immatriculation cernée d'un disque rouge indiquant qu'ils serviront d'otages éventuels.

Le 10 mai 1944, ils sont transférés par autocar à la gare de triage, où les attendent des wagons à bestiaux en partance pour Compiègne. Sur le quai ils ont la surprise de voir... Lespine, qui l'a trahi, chargé d'obturer les jours des wagons. Le convoi comporte environ vingt wagons qui vont emmener entre huit cents et mille déportés politiques dont quatorze à quinze policiers... Il y aura une centaine de policiers fusillés ou déportés en Gironde de 1941 à 1944.

L'opération est supervisée par Dohse, en grand uniforme. Une scène frappe alors Saufrignon : un condamné s'approche et reproche à Dohse de lui avoir promis la liberté contre ses « révélations ». Le chef de la Gestapo montre sa vraie personnalité en souffletant « l'intrus » avec sa paire de « longs gants gris » et en le faisant appréhender par deux soldats, sans lui répondre.

« Dohse venait ici, le regard attentif et méprisant, présider à cette messe noire de la déportation. » (Déclaration de Saufrignon.)

Nous racontons cette scène parce qu'elle est significative de la réalité bordelaise :

1) La police, dont les effectifs se montaient à environ 200 inspecteurs, était répartie en trois catégories : 10 % de résistants inscrits dans les réseaux avec 10 % de sympathisants, une masse d'indécis, et, à l'autre bout, la brigade Poinsot et ses séides. (Déclaration de P. Saufrignon.)

2) Les réseaux de résistants étaient infiltrés par la Gestapo de Dohse qui les laissait fonctionner un certain temps puis mettait fin à leurs activités lorsque celles-ci devenaient trop visibles.

Dohse n'hésitait pas à suscité de faux réseaux de résistants attrape-mouches (Lespine).

3) La police française, étroitement encadrée par les équipes de Dohse, ne possédait qu'une marge d'initiative très étroite. Dohse n'hésitait pas à faire arrêter une brigade entière s'il le jugeait nécessaire.

4) Les déportations politiques et les exécutions étaient décidées par Dohse qui les supervisait et déléguait certaines basses œuvres à Poinsot.

La déposition de Saufrignon rend palpable la pression allemande et sa conséquence première : la peur. La peur était présente partout et à toute heure : elle imprégnait la police comme la population bordelaise et comme la préfecture. Rappelons-le : en trois ans huit cent six exécutions et treize cents déportations politiques, en supplément aux mille six cents déportations juives.

Au niveau de la préfecture il est clair que Duchon, l'intendant de police, était averti des arrestations de policiers et qu'il en rendait compte au préfet Sabatier. Peut-on imaginer la prudence dont devait faire preuve la préfecture dans ses directives officielles ou officieuses pour ne pas compromettre davantage la sécurité des Bordelais très éprouvés et terrifiés. On comprend alors bien la lettre de Cusin, le nouveau commissaire de la République nommé par de Gaulle, concernant Sabatier, et adressée le 16 septembre 1944 au ministère de l'Intérieur :

« Les instructions de Vichy n'y ont été appliquées qu'avec beaucoup de prudence et d'une manière très feutrée. Les entreprises de la milice, en particulier, ont été en partie neutralisées » (voir l'annexe jointe).

Dans ce procès Papon, la cécité voulue ou non de l'accusation et des parties civiles dépasse l'entendement. Lorsque Pierre Sauvignon raconte que cinq préfets d'autres départements et quatorze policiers bordelais arrivèrent le même jour que lui à Neuengamme, le procureur général commente le fait en ces termes :

« Ils avaient été arrêtés pour faits de résistance, cela montre qu'il y avait des préfets courageux. »

Peut-on faire remarquer que tous les préfets courageux n'ont pas été arrêtés, les policiers courageux non plus. Les ordres d'Alger recommandaient au contraire la prudence avec ce mot d'ordre :

« Un résistant arrêté ou fusillé affaiblit la Résistance, tout risque inutile est à proscrire. »

Le cas exemplaire de Pierre Sauvignon démontre combien était difficile la vie des fonctionnaires résistants sous l'occupation : saboter oui, mais en sachant détecter la limite à ne pas dépasser sous peine d'être pris par les Allemands, de compromettre la mission, de faire tomber son réseau ou de déchaîner la fureur de l'occupant.

6 – Les trente-six trains de déportation de l'été 1942 L'exception de Bordeaux : un train annulé La mise au pas d'une préfecture suspecte : soixante-douze otages fusillés en septembre 1942

Le 23 juin 1942, la Reichsbahn définit son programme de déportations visant 90 000 juifs d'Europe dont 40 000 Français : 1 000 pour Rouen, Nancy, Dijon, 2 000 pour Bordeaux, 35 000 pour Paris. Le 26 juin, Dannecker, à Paris, donne ses consignes concernant les juifs de France : ce seront les juifs entre 16 et 45 ans, qu'ils soient Français ou étrangers.

Les convois sont programmés avec la Reichsbahn, à dater du 13 juillet, et comprendront trente-six trains, pour toute l'Europe, à raison de six ou sept convois par semaine transportant chacun 1 000 personnes. (Message de Dannecker à Novak, spécialiste du RSHA IV B, daté du 18 juin 1942.)

Une opération aussi massive impliquant une certaine collaboration de la police française, Knochen vient s'en expliquer avec Laval pour l'informer que le gouvernement allemand avait décidé de déporter tous les juifs, hommes, femmes et enfants résidant en France. La décision était déjà notifiée au préfet de police de Paris :

« Les trains sont prêts et doivent être remplis coûte que coûte. Le problème juif n'a pas de frontière pour nous. La police doit nous aider, sinon nous procéderons aux arrestations sans faire de distinction entre les juifs français et les autres. » (Oberg à Laval.)

Oberg indique que serait créé un État juif en Pologne.

Laval accepte de faire participer la police aux rafles des juifs étrangers, moyennant la sauvegarde des nationaux. Oberg accepte. Les déportations commencent le 13 juillet et se succèdent à deux jours d'intervalle : Bordeaux, Angers, Rouen, Chalon, Nancy, Orléans.

Une seule exception à la terrible mécanique de la « solution finale » enclenchée par le RSHA en Europe, sous la direction de Müller et d'Eichmann : la ville de Bordeaux où un train fut annulé parce qu'on ne trouve que cent cinquante juifs étrangers.

Eichmann réclame aussitôt des explications et fait venir à Berlin, Röthke, un des adjoints de Dannecker :

« Le RSHA a négocié avec le ministre des Transports pour obtenir des wagons et Paris annule un train ! »

« Cela n'est jamais arrivé et il n'est même pas possible d'en référer au chef de la Gestapo (Müller) sous peine d'être accusé de négligence. [1] »

« Écœuré », Eichmann menace de ne plus s'occuper des évacuations en France [2].

La complicité matérielle de la préfecture de Bordeaux, celle de Maurice Papon et de Pierre Garat avec le Grand Rabbin Cohen, aurait ainsi abouti à ce résultat paradoxal : Eichmann montre Bordeaux du doigt comme un exemple intolérable d'obstruction qui lui fait perdre la face devant Müller, chef suprême de la Gestapo !

Si le seul des trente-six trains prévus en Europe pour les déportations a dû être annulé à Bordeaux malgré les foudres allemandes, imagine-t-on la somme d'imagination administrative et de courage moral, que la préfecture a dû consentir, pour aboutir à un tel résultat ? Peut-on même envisager que la préfecture y ait été étrangère [3] ?

Imagine-t-on aussi les demandes d'explication et les reproches véhéments formulés à l'encontre de Luther et de la Gestapo par le général Oberg, Knochen et Boemelburg les responsables du BdS de Paris ? Mais ni l'instruction, ni l'accusation, ni la Cour d'Assises n'ont jugé utiles de connaître la version allemande des faits. Encore une fois ce procès a ignoré la guerre, les Allemands, la Gestapo, les exécutions, en ne retenant que des comptes-rendus partiels d'une préfecture qui aurait été libre de ses mouvements ; alors que ces documents ne faisaient que traduire a posteriori la contrainte absolue dans laquelle elle s'était trouvée.

Nous avons pu retrouver et analyser quelques documents miraculeusement conservés, dans lesquels les responsables allemands

---

1. Mémorandum de Röthke relatif à un entretien téléphonique avec Eichmann du 15 juillet 1942, RF-1226.

2. Hilberg : la destruction des juifs d'Europe, p. 550.

3. Ce train annulé fut évoqué au procès de Bordeaux, mais de façon partielle, sans placer l'événement dans le contexte de la politique allemande définie en mai 1942 depuis l'entrée en fonctions du général Oberg et la décision de mettre en route la « solution finale »... et bien sûr sans rapport avec l'exécution des otages.

et le préfet Sabatier s'expriment. Même partiels ils apparaissent déterminants.

On trouve déjà une confirmation émouvante du stoïcisme de la préfecture dans le témoignage de Paul Bignon, le neveu de Maurice Sabatier, résistant réfugié, avec un ami, chez son oncle Maurice Sabatier, en février-mars 1943, et qui passera la frontière espagnole pour rejoindre Alger.

« Lorsque mon oncle a été informé des rafles que les Allemands allaient opérer dans les familles juives de Bordeaux, il a immédiatement donné l'ordre aux services de police d'alerter chaque famille afin qu'elles puissent fuir de nuit... Laval, furieux des doléances des autorités allemandes à propos des résultats de ces rafles, l'a menacé en ces termes au téléphone : "Si cela continue, vous serez pendu, Sabatier !" » (Lettre de Bignon du 19/1/1988.)

Après la fuite de Bignon, Sabatier sera convoqué à la Gestapo et interrogé durant neuf heures :

« J'étais convaincu que je ne rentrerais plus le soir. » (Sabatier au Révérend Père Riquet, novembre 1981.)

Plus nette encore sa déclaration de novembre 1981 auprès du R.-P. Riquet et de J.-P. Bloch, qui confirme sa position périlleuse :

« Un jour Duchon, mon intendant de police, me téléphone à 7 heures du matin : Monsieur le Préfet, quelque chose de terrible arrive, je viens de recevoir, en chiffré (télégramme), un papier qui dit que les Allemands arrêteront les Israélites français ce soir à 6 heures... »

La Gestapo de Bordeaux fut évidemment avertie, par ses multiples réseaux, des sabotages diffus de la préfecture et il est clair que les responsables, Sabatier et Papon, se trouvaient menacés d'arrestation, de déportation ou même d'exécution, sur ordre de Boemelburg ou de Berlin. La réponse fut différente et significative du langage codé employé par le RSHA lorsqu'il veut mettre au pas une population et une administration jugées rétives.

Le 21 septembre 1942, la vindicte allemande s'abat sur la ville de façon subite : Oberg donne l'ordre de faire exécuter soixante-dix otages... à Bordeaux en représailles pour des attentats commis... à Paris contre les troupes allemandes. Ils seront choisis parmi les détenus fournis par la « brigade » Poinsot, car il faut mouiller au maximum les Français collaborateurs.

Pourquoi avoir choisi Bordeaux, ville calme où aucune action anti-allemande n'est signalée ? Sabatier, ignorant les réactions d'Eichmann et les directives des autorités d'occupation, tentera avec le chef du KDS (Luther) et la Kommandantur, de multiples démarches, mais il recevra partout une fin de non-recevoir.

Pour comprendre les dessous de l'affaire, il faut étudier de façon minutieuse les deux documents majeurs dont nous disposons : la déposition de Dohse, chef de la Gestapo, et celle de son chef Luther, chef du KDS et chef nominal de Dohse. Or, elles diffèrent totalement.

Version de Luther (chef du KDS). (Déposition du 24 août 1946.)

« Mes premiers sentiments furent l'indignation et l'horreur... et j'ai immédiatement demandé l'annulation de l'ordre pour Bordeaux en soulignant que rien ne s'était produit à Bordeaux, que la très grande majorité des détenus était inoffensive.

« Je me suis rendu à la Feldkommandantur auprès du général major Knoerzer qui a sollicité l'annulation de l'ordre. Je me suis rendu ensuite auprès du colonel Duchon, intendant de police, pour qu'il prévienne le préfet Sabatier. Celui-ci vint immédiatement protester et je lui suggérai de saisir le gouvernement de Vichy pour unir nos efforts. Toutes les interventions furent vaines...

« Avec Dohse nous avons alors examiné chaque cas pour sauver quelques-uns de la mort, alors que la plupart d'entre eux n'était coupable que des fautes les plus légères (1er degré). »

Version de Dohse (chef de la Gestapo). (Déposition du 28 juillet 1948.)

« Luther avait dressé une liste des otages fusillés. Toutes ces personnes qui furent fusillées s'étaient rendues coupables d'actes particulièrement graves à l'encontre des troupes allemandes et je crois qu'en se référant à la loi même de la guerre, elles auraient été également condamnées à la peine de mort. »

Luther, administratif discipliné, n'est ni SS, ni informé. Il n'a pas compris le sens de la décision d'Oberg et tente de faire annuler l'ordre à trois reprises. Son argumentaire est simple : pourquoi avoir choisi Bordeaux parmi toutes les villes françaises, pourquoi sanctionner une ville sans histoire et fusiller soixante-dix détenus qui n'ont commis que des délits mineurs ? On retrouve la même réaction de stupeur chez le général Knoerzer qui essaie lui aussi de faire suspendre la décision du BdS de Paris.

À l'inverse, Dohse, SS de la première heure, homme de confiance de Boemelburg, chef de la Gestapo, a bien compris le sens de la décision de Berlin. Il y a probablement participé et en tire les conséquences. Eichmann avait demandé le 15 juillet des explications à Paris sur la suppression inadmissible d'un train de déportation à Bordeaux : il avait même menacé de prévenir Müller, à Berlin, de cette négligence inadmissible. Le 21 septembre, un nouveau train de déportation était prévu, Oberg et Boemelburg vont répondre à Eichmann qu'ils prennent en compte sa remarque et que Bordeaux ne sera pas oubliée, lorsqu'une exécution d'otages sera décidée. Aucune intervention, qu'elle soit allemande ou française ne sera alors tolérée.

Le BdS de Paris cherchait l'occasion de faire un exemple à Bordeaux. Comme l'exécution d'otages demande un emballage : le SS Dohse devra transformer des victimes innocentes en terroristes ou en criminels officiels. Terroriser la ville ne déplaît probablement pas au chef de la Gestapo locale qui accepte de falsifier la vérité, ce que ne se résout pas à faire Luther, son chef nominal. Luther n'est pas SS, n'a pas l'oreille de Boemelburg et ne comprend pas le langage codé du RSHA. Il en est de même pour le général Knoerzer qui n'est pas non plus dans le secret des méthodes d'Himmler et de Müller.

Luther persiste à déplorer la condamnation à mort d'innocents et s'exprime en ces termes.

« Le préfet régional me demanda aussitôt au téléphone, et vint protester contre cette mesure. Je lui ai déclaré que je repoussais les mesures ordonnées... J'espérais réussir mais je ne pouvais naturellement rien garantir. Je lui suggérai de s'adresser à son gouvernement à Vichy et demander à celui-ci de faire à Paris les démarches en conséquence. À ma connaissance, Sabatier a fait cela, mais il a eu tout aussi peu de succès que la Feldkommandantur et moi. Après ma visite au préfet, j'adressais un nouveau télégramme au BdS, je mentionnais la protestation du préfet et demandais que l'on tienne compte de mes diverses représentations.

Entre-temps je me suis fait expliquer chaque dossier par Dohse pour mettre de côté les cas les moins graves... Je ne pou-

vais pas choisir les victimes mais sauver quelques-uns de la mort... J'avais encore à choisir entre un invalide sans enfants et un père de famille nombreuse : c'est lui qui fut retiré.

Au fort de Hä, les personnes désignées étaient regroupées dans des cellules de cinq. J'allais trouver avec un interprète, trente-cinq personnes, les trente-cinq autres étant visités par un Untersturmführer. Il fut donné lecture d'un texte allemand et français que j'avais préparé. Ce texte disait à peu près ceci : le chef des SS et de la police a ordonné que vous soyez fusillés à titre de punition pour plusieurs officiers allemands abattus à Paris. L'exécution aura lieu dans une heure. Vous avez la possibilité d'écrire à votre famille et de recevoir la visite d'un prêtre.

Ils furent, à des intervalles préalablement fixés, conduits par groupe de dix au champ de manœuvre de Souges. Là, il leur fut encore une fois donné lecture du texte mentionné plus haut par un interprète et une prière a été dite par un prêtre. Puis ils furent conduits au lieu d'exécution qui leur avait été masqué jusque-là ; très rapidement attachés à des poteaux, les mains derrière le dos et fusillés. C'est une compagnie d'infanterie qui a tiré : elle était commandée par un officier que je ne connaissais pas avec huit ou dix soldats pour chaque homme. Les fusillés ont eu, sans exception, une attitude virile. Il ne s'est pas produit d'incident. Le médecin de la Feldkommandantur a dans tous les cas constaté une mort immédiate : il ordonna cependant un coup de grâce dans la nuque avec un revolver. Cela fut fait par les Feldgendarmes.

Cette opération fut répétée sept fois.

Selon le vœu du préfet régional, les cercueils furent d'abord tous inhumés sur place et environ quatorze jours plus tard, ils furent transférés dans les différents cimetières bordelais... Les lettres des fusillés ont été remises à la police française pour être transmises aux familles.

Je crois avoir fait tout ce que je pouvais pour empêcher cette exécution... »

Quand l'instruction et l'accusation ont-ils étudié, de façon sérieuse, cet événement dramatique ? Jamais. Mais l'on comprend pourquoi, le 28 octobre 1947, l'ex-intendant de police René Duchon pouvait défendre, auprès du commissaire instructeur, R. Caps, le comportement des services de Sécurité publique et le rôle de l'intendance de police, durant l'occupation, qui auraient toujours tenté de réduire l'impact des déportations :

« Lors des premières opérations, les listes des personnes à appréhender avaient été transmises à l'avance aux services de la Sécurité publique. De nombreux fonctionnaires s'étaient ingéniés pour avertir à l'avance les intéressés.

« Sabotée au départ, l'opération était donc vouée à un échec certain, ce dont les Allemands se montraient très vivement mécontents. Ce mécontentement s'est traduit par de violentes observations. »

(Déposition de l'intendant de police Duchon, le 28/10/1947.)

Le scénario du drame des soixante-dix otages fusillés devient compréhensible lorsque les morceaux du puzzle sont rassemblés.

– La préfecture recevait les injonctions allemandes ; mais les contournait, les discutait, les négociait, en les sabotant en sous-main. Un train doit alors être annulé par la Reichsbahn.

– La Gestapo locale manifeste son mécontentement et rend compte à Boemelburg et Oberg qui répercutent l'information à Müller.

– Eichmann tance violemment son correspondant Röthke, mais la semonce reste secrète. Boemelburg en est averti et il en prévient Dohse.

– L'affront fait au RSHA sera vengé quelques semaines plus tard par Oberg qui choisira Bordeaux pour faire exécuter soixante-dix otages. Comme par hasard et pour ce même jour, est prévu un convoi de déportation juive. La préfecture paralysée ne pourra tenter aucune manœuvre de diversion. Dohse et Boemelburg ont décidé d'employer une terreur aveugle pour une préfecture qui cherchera à comprendre pourquoi Bordeaux est choisi de préférence à Rennes, Le Mans, Alençon, Brest, Cherbourg, Caen, Le Havre, Lille ou Reims ?

Après la guerre, Dohse qui se présente toujours comme le fils « spirituel » de Boemelburg, estime que les soixante-dix otages sont des criminels méritant la mort, mais que Bordeaux a été choisi par hasard... pour faire un exemple. On ne peut manquer de se demander si Dohse ne transforme pas les otages en criminels dans la crainte de voir Oberg et Knochen, tous deux en attente de jugement, déclarer que le choix de Bordeaux a été fait avec son accord. Si c'est le cas, pour quelles raisons ?

Pour que Bordeaux soit tétanisé, pour que la préfecture devienne plus docile, pour que chacun comprenne que le BdS parisien n'hésite pas à fusiller. Officiellement Oberg a mis en avant des attentats commis à Paris, mais encore une fois, les méthodes de la « solution finale » ne sont jamais exprimées officiellement, elles se décryptent. Et comme le fait remarquer Dohse à Michel Bergès en 1985 : « *Dans les services secrets, on n'écrit pas, les consignes sont orales.* »

La logique aurait voulu que Dohse, dans sa déposition de 1948, soutienne la même thèse que celle soutenue en 1946 par Luther, qui déplore l'exécution. Si Dohse prend le risque de présenter les otages comme des criminels, c'est qu'il craint des révélations qui le mettraient gravement en cause avant son procès... qui n'aura lieu qu'en 1953. Dans l'hypothèse où Oberg et Knochen rendraient responsable Bordeaux de la décision, Dohse se retrouve alors en première ligne. Avoir fait fusiller des otages auteurs de délits méritant la peine de mort, présente alors moins de risques pour lui que d'avoir fait exécuter des otages innocents. Un fait renforce cette thèse : comme nous l'avons vu, Dohse se rend chaque fin de semaine à Paris pour rendre compte à Boemelburg de ses activités. Or le 21 septembre 1942, date à laquelle la décision est notifiée, tombe un lundi, le jour où justement Dohse rentre de Paris. La décision allemande ayant été mûrie durant le week-end, peut-on imaginer que Boemelburg et Dohse n'aient pas été consultés ? C'est impossible.

Dohse est certes un sadique et un pervers, mais il est très intelligent. Sa déclaration de 1948 a été mûrement réfléchie : il préfère contredire Luther, car la version des « criminels » fusillés lui laisse une porte de sortie au cas où Oberg l'incriminerait.

Un exemple de la subtilité de Dohse : il n'hésite pas à déclarer après son procès, qu'il a eu tort de prendre un avocat célèbre... parce qu'il voulait conserver un profil bas de petit sous-ordre sans responsabilité opérationnelle !

Seul l'orgueil et la vanité l'amènent, durant de courts instants, à dévoiler quelques pans de vérité :

« J'ai été décoré deux fois par Knochen... je téléphonais chaque jour à Boemelburg... j'allais rendre compte chaque semaine à Paris... Luther était politiquement nul. »

Ce drame des fusillades de septembre 1942, déjà occulté ainsi que ses conséquences, durant le procès de 1953, soulève bien entendu le problème d'une accusation qui a construit le dossier Papon sans archives allemandes et qui ne semble guère avoir voulu les rechercher.

Revenons maintenant à Bordeaux pour expliquer un des motifs de la vindicte du RSHA. Cette vindicte se mesure à la vue des faibles résultats obtenus par les Allemands dans leurs déportations en Gironde. La communauté juive comptait 6 500 personnes et il y eut 1 600 déportations dont la moitié à Bordeaux et l'autre moitié constituée de juifs pris dans la nasse policière de la ligne de démarcation, lorsqu'ils tentaient de gagner l'Espagne.

Pour Bordeaux seul, 10 % de la population juive donc a été déportée alors que la moyenne nationale fut de 26 %. Transformer des drames en chiffres est détestable en soi, mais il faut bien rétablir la réalité : comment une telle dilution des arrestations aurait-elle été rendue possible sans un sabotage discret et souterrain de la préfecture et la complicité d'une grande partie de la population ?

Que se serait-il passé si les responsables de la préfecture avaient quitté leur poste, comme le suggéraient certaines parties civiles ? Nous l'avons vu, Michel Bergès, sur la base de pointages minutieux, aboutit au chiffre de quatre cents juifs sauvés. Que signifie, dans ces conditions, l'exégèse de pièces partielles ignorant à la fois le contexte sinistre de Bordeaux et les sauvetages malgré tout obtenus ?

L'exécution des 70 otages fut présentée au cours du procès comme un drame annexe pour la préfecture : il ne semble même pas que la déposition de Luther ait été rapprochée de celle de Dohse.

Document extrait du dossier n° 58/4866 du 28 avril 1953 au 5 mai 1953 du Tribunal Militaire Permanent de BORDEAUX (Affaire K.D.S. de BORDEAUX) (LIASSE 4)

132 81/1

KDS IID517

000455

Huit Juillet 48 15 30

SOUQUE

CAPS Roland, qui xxxxxx a prêté entre no[us]

...ains le serment ...e bien et fidè...ement remplir xxxxxxxxx les ...onctions de ...fficier ...gissant en ...xécution d'une ...ommission roga...oire du 6 Juillet ...948 de M. le Juge ...'Instruction Mili...aire de BORDEAUX

CHAPEL Jean Paul,

37 Préfet,

TULLE

J'ai rempli les fonctions de Sous-Préfet, Directeur du Cabinet de M. SABATIER, Préfet Régional de BORDEAUX, à partir du 16 Mai 1942, jusqu'à la Libération de BORDEAUX.

Le 20 Septembre 1942, l'Intendant Régional de Police, M. DUCHON vient à la Préfecture alors que je déjeunais po[ur] m'informer et me demander d'informer le Préfet Régional de[s] décisions qui venaient de lui être communiquées par le Commandeur LUTHER, Chef du K.D.S. de BORDEAUX.

L'intéressé déclarait avoir reçu de ses Supérieurs hiérarchiques à PARIS l'ordre de fusiller 70 communistes e[t] terroristes de la Région de BORDEAUX à titre de représaill[es] pour attentats commis à PARIS sur l'Armée allemande.

En accord avec M. DUCHON, j'avisai immédiatement par

......

téléphone la délégation à PARIS du Ministère de l'Inté. essayai ensuite de joindre par téléphone M. SABATIER et, dans l'impossibilité de le faire, partis en voiture. Je le rejoignai sur le Bassin d'ARCACHON, au Grand PIQUEY.

M. SABATIER décida de rentrer immédiatement à BORDEAUX et je l'accompagnai, dès notre retour, au siège du K.d.S.

Nous fûmes reçus par le Commandeur LUTHER à qui M. SABATIER, avec colère et indignation, reprocha l'acte qui allait être commis. LUTHER déclara qu'en cette matière il n faisait que son métier de soldat et qu'il ne lui appartenai pas de discuter les ordres reçus.

M. SABATIER fit valoir à l'Allemand combien ce crime allait porter préjudice à la sécurité de l'armée allemande à BORDEAUX et combien la population toute entiè jusqu'alors très calme, risquait de se dresser ouvertement contre l'occupant.

M. SABATIER insista pour que LUTHER n'exécute pas l'ordre reçu sans avoir fait valoir ces arguments à ses Ch de PARIS.

Ce n'est qu'au terme d'une longue conversation porta toujours sur ces mêmes thèmes que LUTHER, vers 7 heures du soir, décida d'appeler PARIS par téléphone. Comme il ne s' exécutait pas, je me souviens que M. SABATIER insista pour qu'il le fit devant nous. LUTHER nous éconduisit et c'est sur cette vague promesse que M. SABATIER et moi nous retir mes vers 19 h 15.

L'impression générale que j'ai gardée de cet entret pathétique est que LUTHER, très embarrassé de la mission q lui était ordonnée, n'osait même pas discuter auprès de se Chefs hiérarchiques de l'opportunité de l'exécution. Ce n' que notre insistance qui l'amena à cette décision.

....

J'ajoute que le seul argument que LUTHER trouva au cour de l'entretien, outre la nécessité où il se trouvait d'exécuter les ordres reçus, était que les 70 Français qui allaient être fusillés le lendemain matin étaient tous des prévenus qui seraient condamnés à mort au cas de comparution devant un Tribunal militaire.

<u>S.I.</u> - Je n'ai pas souvenir que LUTHER ait précisé à M. SABATIER l'origine exacte des ordres qu'il déclarait avoi reçus. Il n'est pas douteux d'ailleurs que si cette précisio avait été donnée, M. SABATIER aurait pu agir plus efficaceme au cours de ses interventions téléphoniques auprès du Gouvernement.

<u>S.I.</u> - Je ne puis préciser si DOHSE était présent à l'entretien.
Je crois me souvenir qu'au cours des 3 heures d'entretie divers adjoints de LUTHER sont passés ou demeurés dans la pièce.

<u>S.I.</u> - La Préfecture Régionale n'avait pratiquement aucun contact avec le K.D.S. et toutes les démarches qui fur faites auprès de cet organisme furent confiées à l'Intendant de Police et à ses services.

Si mes souvenirs sont exacts, M. SABATIER ne s'est rendu au siège du K.D.S. au BOUSCAT qu'à l'occasion de l'affaire dont il est fait mention ci-dessus. Par contre, LUTHER a demandé audience à 2 ou 3 reprises au Préfet Régional.

Son attitude était parfaitement correcte, polie, mais no courtoise.

Lecture faite, persiste et signe :

VU ET CONFORME A L'ORIGINAL
Le Blanc, le 28 AOUT 1986
L'Officier Greffier en Chef TALAU
Chef du Dépôt Central d'Archives de la Justice Militaire

Commissariat de la Republique
de Bordeaux

CABINET

B2/38

Bordeaux, le 28 SEPTEMBRE 1944.

01841

MINISTÈRE DE L'INTÉRIEUR
29 SEPT 1944
ARRIVÉE

Le COMMISSAIRE de la REPUBLIQUE

à Monsieur le MINISTRE de l'INTERIEUR
- Cabinet -
PARIS

OBJET : M. SABATIER, Ancien Préfet Régional de Bordeaux.
P.J. : Arrêtés des 22 août et, 6 septembre 1944 et 1 septembre.

J'ai l'honneur de vous rendre compte de ce que, par arrêté en date du 22 août 1944, M. SABATIER, Préfet Régional de Bordeaux, a été susp de ses fonctions.

Par arrêté du Ier septembre, ce haut fonctionnaire a été mis à votre disposition, et par arrêté spécial et motivé, en date du 6 septemb 1944, le bénéfice du traitement lui a été maintenu.

La mesure de suspension prise en application des Ordonnances d Gouvernement provisoire de la République était imposée par les circonstar Mais ce haut fonctionnaire n'a pas cessé, durant les deux ans et trois mo passés à Bordeaux sous l'occupation, de faire preuve de la plus grande di té dans l'exercice de ses fonctions et de rendre à la population, pendant cette période difficile, des services importants : c'est ainsi que, malgré l'isolement de la région provoqué par la crise des transports et la pénur des ressources produites dans les trois départements de la Région, il a p assurer, grâce à une grande énergie personnelle et à son obstination, le vitaillement de la population civile.

D'autre part, la Région de Bordeaux est restée l'une des moins touchées par les actes arbitraires, voire criminels, de l'ennemi. Les ins tions de Vichy n'y ont été appliquées qu'avec beaucoup de prudence et d'u manière très feutrée. Les entreprises de la Milice, en particulier, ont é en partie neutralisées.

o
o o

Préfet dès avant la guerre actuelle, M. SABATIER occupa succes vement les fonctions de Directeur-Adjoint aux Affaires Départementales et

.....

COPIE CERTIFIÉE CONFORME À L'ORIGINAL
Bordeaux, Le Archiviste

B2/32

.. Communales au Ministère de l'Intérieur, puis celles de Directeur du Contrôle de la Comptabilité et des Affaires Algériennes pendant la guerre 1939-1940 où il travailla à resserrer les liens unissant la Métropole et l département de l'Algérie, et à organiser le ravitaillement de la France pa: l'Afrique du Nord.

4810

ARRIVÉE 23 SEPT 1944

Nommé Directeur des Affaires Départementales et Communales au Ministère de l'Intérieur et Conseiller d'Etat en Service Extraordinaire, il se vit confier, le 26 mars 1941, les fonctions de Secrétaire Général pour l'Administration.

L'intéressé a tenu à conserver à cette charge son caractère pure ment technique, et c'est ainsi que fut disjoint du Secrétariat Général pour l'Administration, la Direction du Personnel rattachée directement à la Dire tion du Cabinet du Ministre de l'Intérieur.

Technicien de haute valeur, n'ayant pas démérité pendant l'occup tion, j'estime que M. SABATIER est susceptible de reprendre du service à br délai : il apparaît, à cet égard, qu'une nomination au sein du Conseil d'Et répondrait particulièrement aux circonstances et serait indiquée par la pr paration technique de l'intéressé.

LE COMMISSAIRE de la REPUBLIQUE,

Copie certifiée conforme
à l'original présenté
PARIS, le 17 MARS 1989

GOUTARD Patrick
Inspecteur Divisionnaire

MINISTÈRE DE L'INTÉRIEUR

D2780 121
(2p.)

Document extrait du dossier de : Jugement
n° 58/4866 en date du 5/05/1953, du Tribunal Militaire Permanent de Bordeaux
(Classe 5)

D2780 P1

994

quarante sept 24 Novembre

PENTOUS et autres

Roland CAPS Commissaire de Police

28.10.1947

Le Lieutenant BAUDICHON BORDEAUX

dit jour

DUCHON René ex- Intendant de police

PENTOUS Pierre et autres

Infraction à la Sûreté Extérieure de l'Etat

Monsieur DUCHON René, âgé de 56 ans, ex-Intendant de Police à BORDEAUX, général en retraite demeurant à LA FOX (L & G)

En 1942, j'étais Intendant de Police à BORDEAUX.

Avant Octobre 1942 différentes opérations avaient eu lieu par ordre du gouvernement, contre les israélites de la région. Je peux à ce sujet affirmer deux choses :

I - l'initiative de ces opérations n'a jamais appartenu à la police

2 - dans l'exécution de ces opérations, les fonctionnaires de police ont toujours fait montre d'esprit humanitaire et de sens national

Lors des premières opérations, les listes des personnes à appréhender avaient été transmises à l'avance aux services de la Sécurité Publique. De nombreux fonctionnaires s'étaient ingéniés pour avertir à l'avance les intéressés.

Sabotée au départ, l'opération était donc vouée à un échec certain, ce dont les allemands se montraient vivement mécontents. Ce mécontentement s'était traduit par de violentes observations.

Cette méthode ayant donné de très piètres résultats pour pallier cet inconvénient les services de police ne furent plus informés à l'avance de la nature des opérations qui leur étaient demandées. Par voie de conséquence nous ne savions donc plus quelles étaient les personnes contre qui nous devions opérer.

Aussi, en ce qui concerne l'opération d'Octobre 1942, il est venu à ma connaissance que ce n'est qu'au moment de l'exécution même que les listes ont été communiquées directement aux services de police, par les services de la Préfecture accompagnés par des feldgendarmes

S.I. A l'Intendance de Police, nous n'avions pas, en notre possession les listes des israélites de la région

S.I. Les instructions préfectorales étaient transmises, en ce qui concerne les opérations régionales par la Préfecture à l'Intendance de Police soit par écrit adressé au cabinet de l'Intendant de police, soit verbalement après convocation de l'Intendant de Police ou du Commissaire Divisionnaire chef de

P2

D2780 P2

la Sécurité Publique. Les ordres verbaux ou écrits, ~~mais~~ ~~se~~ étaient répercutés sur les services intéressés. En l'occurence je ne me rappelle pas s'il s'agit d'ordres verbaux ou écrits, mais ce que je tiens à souligner c'est que nous n'étions pas au courant à l'avance de la nature de l'opération projetée.

Je n'ai pas assisté personnellement à la phase exécution de cette opération. Mais je me rappelle être allé dans la fin de la nuit, apporter mes encouragements aux femmes et enfants qui avaient été arrêtés au cours de la nuit. Je puis vous dire que j'ai tenté d'intercéder en la faveur des prisonniers auprès de LUTHER qui m'a répondu : "Ce sont des ordres je n'y peux rien"

J'ignore tout du comportement de M.M. BONHOMME et TECHOUEYRES dans la phase exécution de cette opération.

Je dois dire que la police a toujours eu la confiance des israélites, cela est si vrai que bien souvent le grand rabbin M. COHEN est venu me voir dans mon bureau à l'Intendance de Police pour me demander des conseils ou mon aide.

Lecture faite persiste et signe

LE COMMISSAIRE DE POLICE

COPIE CERTIFIÉE CONFORME
à L'ORIG...
Bord...
Le Greffier

opie certifiée conforme à
'original qui nous a été
résenté
ORDEAUX, le I9 Janvier I949
E COMMISSAIRE DE POLICE

VU ET CONFORME A L'ORIGINAL
Le Blanc le -1 JUIN 1994
L'Officier Greffier Principal MATIGNON
Chef du Dépôt Central d'Archives de la Justice Militaire

DÉPÔT CENTRAL * JUSTICE MILITAIRE * ARCHIVES - LE BLANC

(4 pages)

Affaire PAPON :
témoignage en faveur
de Monsieur Maurice
SABATIER
ancien Préfet régional
de Bordeaux

20 JAN. 1988
20 JAN. 1988
P1

Mardi 19 janvier 1988 D20 (4p.)

adressé à Monsieur François BRAUD
Conseiller à la Chambre d'accusation
de Bordeaux — Magistrat instructeur
dans l'affaire visée en objet —

Le présent témoignage comporte trois parties :

. La présentation de son auteur et des circonstances qui l'ont amené à Bordeaux, en février 1943,

. La préparation et la réalisation de son évasion de France par l'Espagne, deux mois plus tard, grâce à la complicité active de M. et Mme SABATIER

. Le recueil, pendant cette période, et après, d'informations concernant plusieurs actions de sauvetage, de la part de ces derniers, en faveur de victimes réelles ou potentielles de la répression nazie.

x x x

Je suis né à Alger, le 7 avril 1918, de René BIGNON et d'Yvonne SABATIER, soeur aînée de Maurice.
Je suis donc son neveu.
Le 16 septembre 1939 j'ai renoncé au sursis d'incorporation accordé aux Etudiants pour rejoindre mon premier Régiment de Tirailleurs algériens, le 5e.
Après le débarquement allié en A.F.N, le 8 novembre 1942, j'ai, à nouveau, renoncé au bénéfice du sursis d'appel, cette fois en qualité de Rédacteur de Préfecture, à Alger.
Envoyé, en décembre 1942, avec mon nouveau Régiment de Tirailleurs algériens — le 2ème à Mostaganem — sur le front de Tunisie, mon Bataillon, le 2ème également, a pris position au Col du Faïd — à 50 kms environ au S.E de Sbeïtla).

COPIE CERTIFIÉE CONFORME
À L'ORIGINAL
Bordeaux,
Le Greffier.

nous avions pour mission d'intercepter les premiers éléments de l'Africa-Korps de Rommel dans leur progression vers le nord de la Tunisie pour faire leur jonction avec l'armée Kesselring.

Le 31 Janvier 1943, après 3 jours de combats retardateurs et de grosses pertes, ce qui restait du Bataillon et de notre Compagnie – commandée par le Lt CARDONNE. J'étais alors aspirant, chef de Section – était fait prisonnier et conduit au Camp d'internement de Kassar-Saïd, près de Tunis, dont nous avons tenté, en vain, de nous évader.

Je ne m'étendrai pas sur la propagande allemande qui, alors, soit nous menaçait de représailles, soit nous promettait un "rapatriement" en France dont elle espérait sans doute que nous ferions le meilleur usage dans un parfait esprit de reconnaissante collaboration.

Toujours est-il que le Lt Cardonne (1) et moi nous sommes trouvés "libres", en février 1943, sur le sol de France, avec une seule idée en tête, reprendre le combat.

Comment ? En rejoignant Bordeaux où nous espérions l'aide de mon Oncle, Préfet régional, pour passer clandestinement la frontière d'Espagne.

x

x x

Espoir non déçu puisqu'après la recherche de filières – auprès du R.P. de Jabrun, Jésuite, mort plus tard en déportation – du Consul général d'Espagne puis de Mr YBARNEGARAY, Sénateur-Maire de St Jean Pied de Port contacté personnellement par mon Oncle et ma Tante, nous nous sommes évadés, intégrés à une équipe d'électriciens, dont le Sénateur s'était assuré la complicité, le 13 avril 1943.

Donc, pendant deux mois, à leurs risques et périls, le Préfet régional de Bordeaux et sa femme ont hébergé, nourri et protégé deux Officiers décidés à franchir cette frontière,

(1) qui devait mourir au Champ d'honneur, en Indochine et dont le nom a été donné à une promotion de St Cyr.

acte punissable, pour ceux qui le commettaient comme pour ceux qui le favorisaient, de la peine de mort ou de la déportation.

Je me devais de souligner les risques encourus sciemment par mon oncle et ma tante ainsi que le courage dont ils ont fait preuve, en la circonstance, en nous accordant cette aide, à Caroline et à moi, sachant que rien de ce qu'ils disaient ou faisaient alors n'était ignoré de l'occupant.

J'indique ici, pour mémoire, qu'après avoir été incarcérés à Pampelune et à Miranda, nous avons été embarqués pour Casablanca, via Setubal au Portugal, fin août 1943.

* * *

D'autres séries de faits me semblent tout à l'honneur de mon oncle et de Madame Sabatier. J'en citerai quatre :

— Lorsque mon oncle a été informé des rafles que les allemands allaient opérer dans les familles juives de Bordeaux, il a immédiatement fait donner ordre aux services de police d'alerter chaque famille afin qu'elle puisse fuir de nuit. Témoignage de reconnaissance de lui le Grand Rabbin de Bordeaux lui en aurait, par la suite, été donné.

— Laval, furieux des doléances des "autorités allemandes" à l'encontre du Préfet régional de Bordeaux, notamment à propos du "peu de résultats" de ces rafles, l'a menacé, pour conclure, en ces termes, au téléphone, "si cela continue, vous serez pendu Sabatier".

— Ma Tante, Mme Sabatier, revenait le plus souvent de ses courses en ville, avec des papiers glissés dans la poche de son manteau signalant le cas de tel ou tel, interné au Fort du Hâ et menacé d'exécution ou de déportation. Elle intervenait alors pour le sauver. Elle y parvenait souvent avec l'appui, bien entendu du Préfet régional.

— Les Préfets des Départements de sa Région - notamment celui

Troupes Allemandes dans Bordeaux.

Le siège de la Gestapo.

Heydrich (B.N)

Müller (Keystone)

Oberg

Luther

Dohse

Poinsot

Die Bearbeitung der Judenfrage

Die Bearbeitung der Judenfrage lag im Auftage des Reichsführers-SS beim Amtschef IV des Reichssicherheitshauptamtes, Generalleutnant Polizei Müller. Dieser gab seine Befehle, meist sogar unter Umgehun Befehlshabers der Sicherheitspolizei und des SD, unmittelbar an den teilungsleiter IV des BdS.-
Jn Frankreich war bereits vor meiner Ankunft im Mai 1942 die Einfü des Judensterns für das besetzte Gebiet auf Befehl des RFSS durch dartenführer Knochen mit dem Militärbefehlshaber besprochen und so organisatorisch vorbereitet, dass es nach meiner Ankunft nur noch Herausgabe der Verordnung des Militärbefehlshabers bedurfte. Nach sprache mit dem Generalsekretär Bousquet erfolgte die Herausgabe d Verordnung etwa im Juni-Juli 1942. Die Durchführung ergab keine Sc rigkeiten. Lediglich war eine starke Abwanderung der Juden aus dem setzten Gebiet über die grüne Grenze in die freie Zone zu bemerken Diese Abwanderung setzte sich später - nach Besetzung der freien Z durch die deutschen Truppen im November 1942 - fort in das von den lienern besetzte Gebiet der freien Zone, östlich der Rhone, weil d Juden befürchteten, dass nun auch in dem von deutschen Truppen XXX besetzten Teil der freien Zone der Judenstern eingeführt würde.-
Das Judenlager in Drancy bei Paris unterstand dem Abteilungsleiter des BdS. Es war ein Sammel-und Durchgangslager, von wo aus die Eis bahntransporte ins Reich und nach dem Osten durchgeführt wurden. De BdS stellte die Bewachung aber nur bis zur deutsch-französischen G von wo aus die Bewachung durch das RSHA übernommen wurde.-
Jch bin während der 2 1/2 Jahre meines Aufenthaltes in Frankreich in der Judenfrage tätig geworden. Das erste Mal bei der Befreiung 3 Jüdinnen, für die der Marschall interveniert hatte, sowie der Fra Brinon vom Tragen des Judensterns, die der RFSS genehmigt XXX hatte Dies war etwa im Juni-Juli 1942 und ist bereits von mir bei der Pe lichkeit des Herrn de Brinon auf Anlage 13 näher beschrieben.-
Das 2. Mal musste ich auf ausdrücklichen Befehl des RFSS etwa im F jahr 1943 persönlich mit dem Präsidenten Laval sprechen, damit auch der französischen Regierung in der freien Zone eine Judenbereinigun vorgenommen würde. Präsident Laval antwortete mir, dass das bereits längerer Zeit im Laufen wäre, und sich zum Beispiel in den Ministeri keine Juden mehr befänden. Eine Abschiebung der Juden französischer tionalität nach dem Osten lehne er ab, dagegen sei er bereit, die anderer Nationalität, vor allem der polnischen, nach dem Osten abz schieben. Die Juden mit rumänischer, bulgarischer und türkischer Na nalität würde er aber nur dann abschieben, wenn das Einverständnis jeweiligen Regierungen vorläge. Diese Antwort des Präsidenten Laval be ich dem RFSS mitgeteilt, ohne noch weitere Befehle in dieser Ric tung zu bekommen. Jch weiss aber, dass XXX Judentransporte anderer tionalität in geringem Umfang aus der freien Zone nach dem Osten ab schoben sind.-
Das 3. Mal bekam ich vom RFSS ein Fernschreiben, dass ich mich sofo persönlich bei den dafür zuständigen militärischen Stellen dafür ei setzen habe, dass mehr Waggonraum für den Abtransport der Juden zur fügung gestellt würde. Dies muss meiner Erinnerung nach etwa Februa März 1944 gewesen sein, denn mir wurde beim Militärbefehlshaber, wi auch bei der deutschen Reichsbahndienststelle in Paris zur Antwort geben, wie sich der RFSS das bei der enormen Waggonknappheit und de durch die Bombenangriffe auf die Verschiebebahnhöfe immer schwierig werdenden Verkehrsverhältnisse dächte. Jch habe dem RFSS darauf fern schriftlich gemeldet, dass ich zwar Versprechungen, aber keine fest sage bekommen hätte.-
Das 4. Mal habe ich auf Bitten des Schweizer Alt-Bundespräsidenten Mussy, der mich deswegen in Paris aufsuchte, ein altes französische Ehepaar (die Ehefrau war eine geborene Schweizerin), das in der Reg

Toulouse -meiner Erinnerung nach - von der französischen Polizei aus nicht ganz klarem Grunde festgenommen war, nach Genehmigung durch de RFSS in die Schweiz ausreisen lassen, nachdem von der Schweizer Gesa schaft die Genehmigung zur Einreise in die Schweiz vorlag. Dies muss etwa im Mai-Juni 1944 gewesen sein.--

16/1

Bei meiner Vernehmung in Wiesbaden durch einen französischen Oberleu nant wurde ich gefragt, ob mir bekannt gewesen sei, was mit den Jude in den Lagern im Osten geschehen wäre. Jch habe diese Frage bejaht. Auf die weitere Frage, ob ich mit dieser Massnahme einverstanden gew sen wäre, habe ich geantwortet, nein.
Auf die weitere Frage, wenn ich mit dieser Massnahme nicht einversta den gewesen wäre, warum ich mir dann keine Kugel in den Kopf geschoss hätte, habe ich geantwortet, dass ich als Offizier im Kriege keinen Selbstmord begehen kann, wenn ich mit einem Befehl oder einer Massna meiner Vorgesetzten nicht einverstanden bin.

16/1

Déposition d'Oberg sur les déportations Juives
et la solution finale.

Grandclément

Roger Landes

Roger Landes dans Bordeaux à la Libération.

De Gaulle arrive à Bordeaux
au 3 è plan, Maurice Papon.

Photo Collection Privé: Michel Bergès.

De Gaulle à Bordeaux septembre 44.
Derrière le micro Cusin au deuxième plan Maurice Papon

Luther et Dohse pendant leur procès.

Photos: archives Centre Jean Moulin à Bordeaux

des Landes – pourraient (ou auraient pu de leur vivant) témoigner des instructions discrètement mais clairement données par mon Oncle pour s'opposer le plus possible aux exactions de l'occupant et sauver la vie d'un maximum de citoyens soupçonnés de résistance – Certains Préfets eux-mêmes, comme Mr Haas-Picard, m'ont personnellement confié qu'ils devaient à Maurice Sabatier d'avoir eu, à l'époque, la vie sauve.

* * *

Au moment où certains témoins de son action, en cette sinistre période, ou représentants de victimes des nazis – devant lesquelles je m'incline avec le plus grand respect et avec la plus profonde compassion – exigent, à juste titre, toute la vérité sur l'attitude des responsables français de l'époque, je tiens à apporter ce témoignage à un Homme et à une Femme à qui je renouvelle l'expression de mes sentiments de grande affection et d'estime reconnaissante.

signé : PAUL BIGNON
domicilié : 4 avenue Mathilde
13.400 – AUBAGNE –
Légion d'Honneur, à titre militaire
Croix de guerre 1939-1945
Bronze Star Medal (décernée suite à la libération de Briançon par le 4e RTM, régiment de Tirailleurs marocains auquel j'appartenais depuis le débarquement d'Août 1944 à St Tropez)
Médaille des Evadés
Mutilé de guerre à 85%
Officier du Mérite civil
Directeur de Préfecture, en retraite.

N.B : Il appartiendra à l'avocat de mon Oncle, lorsqu'il évoquera sa carrière, après 1945, de signaler 2 points d'une particulière importance :
— C'est le seul Préfet régional n'ayant pas eu à comparaître en justice ni, donc, contre lequel aucune sanction d'indignité n'a été prononcée après la libération.
— Mr Sabatier a été nommé adjoint civil du Premier Haut Commissaire de la Zone française d'occupation en Allemagne, Mr Laffont.

COPIE CERTIFIÉE CONFORME
à L'ORIGINAL
Bordeaux,
Le Greffier.

CHAPITRE VI

LES EXÉCUTIONS, RAFLES ET CONVOIS EN GIRONDE

1 – LES EXÉCUTIONS ALLEMANDES ENTRE JUILLET 1941 ET JUILLET 1944.

2 – RAFLES DES 15 ET 16 JUILLET, CONVOI DU 18 JUILLET 1942.

3 – CONVOI DU 26 AOÛT 1942.

4 – CONVOI DU 21 SEPTEMBRE 1942.

5 – RAFLE DU 19 OCTOBRE, CONVOI DU 26 OCTOBRE 1942.

6 – CONVOI DU 25 NOVEMBRE 1943.

7 – RAFLES DES 20 ET 21 DÉCEMBRE, CONVOI DU 30 DÉCEMBRE 1943.

8 – RAFLE DU 10 JANVIER ET CONVOI DU 12 JANVIER 1944.

9 – CONVOI DU 13 MAI 1944.

« Chaque fonctionnaire français est à rendre responsable pour les juifs indiqués dans sa liste et son attention doit être attirée sur ce que, dans le cas de négligences ou voire d'appuis à l'égard des juifs à arrêter, les mesures les plus sévères seront prises contre lui-même. »

Note allemande aux autorités françaises,
juillet 42.

1 – Les exécutions allemandes entre juillet 1941 et juillet 1944

Le Centre Jean-Moulin de Bordeaux a bien voulu nous confier la liste nominative des personnes exécutées par les Allemands entre juillet 1941 et juillet 1944 : cette liste résume l'histoire tragique des Bordelais fusillés au camp de Souges ou dans sa région, soit à titre d'otages comme ce fut le cas en 1941, 1942 et 1944, soit parce qu'ils étaient Résistants. Jamais l'instruction, jamais l'accusation n'ont cherché à comprendre ce que signifiait ces exécutions, souvent de pure représailles et le climat de crainte qu'elles maintenaient sur la ville et sur la préfecture. D'après nos renseignements, cette liste des fusillés n'a même pas été demandée ! Elle ne figure pas dans le dossier du procès.

En tout état de cause, l'acte d'accusation reste muet sur ces drames. Il semble que ce soit l'intendant de police Duchon qui ait servi d'intermédiaire avec l'Haupsturmführer Luther, chef du KDS, lorsque les Allemands annonçaient leurs exécutions. C'est en tout cas, le processus décrit par Luther au cours de sa déposition du 12 décembre 1946 devant le capitaine Tresmel :

« Je me suis rendu chez l'intendant de la police française, colonel Duchon, pour le mettre au courant de l'ordre reçu, (l'exécution de soixante-dix otages, le 21 septembre 1942), et lui demander de mettre au courant le préfet régional Sabatier et de préparer soixante-dix cercueils. »

Il est donc impossible de séparer le problème des déportations de celui des arrestations politiques et des exécutions. Les dirigeants allemands de Bordeaux ne sont pas particulièrement sanguinaires, mais ils rendent compte et obéissent scrupuleusement aux ordres de Paris. Dohse, le chef de la Gestapo, se donne bien une apparence de conciliateur alors que c'est un élève de Boemelburg son supérieur à Paris.

L'exécution de Grandclément par la Résistance met Dohse hors de lui et il donne l'ordre de fusiller cinquante Résistants en représailles. Il y a tout lieu de penser, connaissant la mentalité nazie et le contexte politique, que la mollesse de la préfecture dans les arrestations de juifs aurait facilité le choix de Bordeaux, lorsqu'Oberg décide de faire exécuter soixante-dix otages en septembre 1942. Le meurtre d'un officier allemand en octobre 1941 avait déjà déclenché l'exécution de cinquante otages.

Les exemples abondent : tout manquement aux ordres de l'occupant est impitoyablement sanctionné, soit de façon directe, soit de façon indirecte. La préfecture ne peut que temporiser et négocier en souplesse, sans jamais savoir si elle n'a pas dépassé le point de rupture avec des conséquences sanglantes pour la population. Dohse joue constamment de la carotte et du bâton. Sans états d'âme, il libère, emprisonne, déporte ou fusille. SS intelligent et discipliné, il indiquera à ses chefs parisiens les signaux qu'il convient de faire passer à la préfecture. Le signal, très souvent, a pour nom le fort de Hâ ou le camp de Souges, lorsque Duchon, l'intendant de police est averti par le chef du KDS, Luther, qu'il faut préparer des cercueils.

2 – Rafles des 15 et 16 juillet, convoi du 18 juillet 1942

Une note du 2 juillet 1942 transmise par le SIPO-SD de Bordeaux sous la signature du lieutenant Doberschutz confirme les instructions d'Eichmann venu à Paris le 1er juillet. Il s'agit officiellement d'une réquisition raciale de main-d'œuvre touchant les juifs des deux sexes porteurs de l'étoile jaune et âgés de 16 à 45 ans. L'instruction secrète de Knochen, l'adjoint d'Oberg chef suprême des polices allemandes et des SS de France, est brutale : *« l'action devra se faire avec toute la rigueur nécessaire »*. La note transmise aux autorités françaises ne l'est guère moins :

« Chaque fonctionnaire français est à rendre responsable pour les juifs indiqués dans sa liste et son attention doit être attirée sur ce que, dans le cas de négligences ou voire d'appuis à l'égard des juifs à arrêter, les mesures les plus sévères seront prises contre lui-même. »

La menace allemande est claire et se réfère à l'article 3 de la convention d'armistice qui place la police et la gendarmerie sous l'autorité de la puissance occupante. Jean-Marc Varaut le rappelait en ces termes le 30 mars 1998 : « *La présence massive de l'armée et de la marine allemandes à Bordeaux, l'importance des effectifs du KDS (120 personnes) et les exécutions d'otages ayant déjà eu lieu, donnaient à cette mise en garde toute sa signification mortelle...* » Le premier réflexe de Maurice Papon serait de démissionner et fuir vers Alger le front intérieur d'une guerre qui n'a pas cessé, et qui a changé de caractère. Mais fuit-on devant l'ennemi ? Fuir c'est déserter. On pense à soi-même mais aussi aux autres, à ceux qui sont en danger. Quel est le devoir ? Ne pas les abandonner ! Mais il subit une double pression :

– la pression de la communauté juive et du grand Rabbin Cohen qui lui demande de rester car la police française se révèle beaucoup plus humaine que la Gestapo ;

– la pression de Londres et d'Alger qui tiennent le même langage et veulent maintenir une cellule de résistance au sein de l'administration.

Dès cette époque la politique de la préfecture restera fixée : s'informer, demander des explications, retarder, rendre compte. En un mot inventer un nouveau concept : face à la force brutale répondre par l'inertie administrative et une résistance de papier. L'intendant de police Duchon, ancien colonel d'active et résistant, qui reçoit les instructions du préfet Sabatier, tentera de son côté de réduire encore la portée des arrestations malgré les risques encourus :

« *Si le gouvernement français venait à faire obstacle aux arrestations, le Führer ne ferait certainement pas preuve de compréhension.* » (Note d'Oberg à Laval.)

Le rapprochement entre les listes des personnes à arrêter, et celles des personnes effectivement arrêtées, met en évidence une différence de 30 %... Cette politique d'inertie administrative et de temporisation limitera l'ampleur des déportations en freinant la pression allemande mais les réactions de l'occupant sont indirectes et très brutales : des centaines d'exécutions et de déportations.

Le grand Rabbin Cohen lui-même demande à plusieurs reprises que la police française se substitue à la Gestapo car ces opérations très pénibles sont menées alors « avec le plus grand dévouement et le plus grand tact ». Dans cette optique, Maurice Papon fait remplacer les wagons de marchandises par des wagons de voyageurs. Et après les arrestations, la pression de la préfecture ne se relâche pas : le 17 juillet, Pierre Garat responsable du service des questions juives obtient du lieutenant SS Doberschutz que soient rayées des listes de déportation vers Drancy, vingt-quatre personnes. Ce résultat est obtenu en faisant jouer tous les critères possibles d'exemption : nationalité, état de santé, ancien combattant, non inscrit sur les listes de la synagogue, etc...

Il est clair que l'horreur des déportations reste entière, mais la préfecture, Maurice Papon et le grand Rabbin Cohen ont tenté ensemble de limiter leur ampleur. Il y a bien complicité matérielle, mais complicité de dévouement et la préfecture va le plus loin possible, parfois trop loin.

Malgré tout, sur cent quatre-vingt-quinze personnes arrêtées, Garat obtient que vingt-quatre d'entre elles soient exemptées sous divers prétextes (nationalité, caractère aryen, maladie).

3 – Convoi du 26 août 1942

C'est un drame humain qui bouleverse aujourd'hui toujours autant les consciences : 15 enfants seront regroupés pour retrouver leurs parents, déjà gazés, et les enfants seront gazés eux-mêmes. Instinctivement les familles d'accueil redoutent ce regroupement et la méconnaissance de la « solution finale » entraîne des réactions, se voulant rationnelles, mais qui se révéleront dramatiques car les Allemands « invitent les enfants à rejoindre leurs parents » ! L'émotion superficielle se révélera, avec le recul, bien mauvaise conseillère.

– Cette confusion est illustrée par la protestation de l'ambassade américaine auprès du Maréchal Pétain, sur le fait que l'on sépare les enfants des parents ;

– Ce sont aussi les incertitudes du grand Rabbin qui commence par pratiquer une politique d'accueil des enfants puis laisse partir ceux qui lui ont été confiés.

« Je n'oublierai jamais le cri joyeux de mon petit Michel Baskin que j'avais recueilli avec sa sœur dans notre maison de retraite de la rue Henri-IV. Quand les deux dames de l'Assistance sociale étaient venues dire à ces adorables enfants pourquoi ils partaient, le petit Michel empaquetant ses bagages comme un grand s'écria : "Jacqueline nous allons voir maman."

Le cri de cet enfant, encore aujourd'hui, me hante, il me saigne le cœur. » (J. Cohen, journal.)

Certes ce cri saigne tous les cœurs, mais où est la responsabilité de Maurice Papon alors que le grand Rabbin lui-même ne prenait pas la dimension du crime qui se préparait ?

La préfecture va agir empiriquement, et en particulier Maurice Papon qui perçoit intuitivement la nécessité de garder les enfants.

Ce fut pour lui un sujet d'inquiétude permanente ainsi qu'il ressort d'une note adressée à la police allemande le 8 août 1942, quelques semaines après sa prise de fonctions à Bordeaux :

« Sur les listes figurent de nombreux enfants qui ont été arrêtés avec leurs parents. Je crois devoir, à ce sujet, vous renouveler la proposition faite verbalement au cours de l'entretien précité et tendant à ce qu'une mesure de libération intervienne en faveur de ces enfants ainsi que des vieillards. Je suggère que la libération s'applique à tous les enfants âgés de moins de 21 ans. »

Le compte-rendu de Pierre Garat indique les résultats obtenus. Le chef du service des questions juives obtient que soient rayées des listes trente personnes :

– vingt mères de famille allaitant leur bébé ;

– dix personnes accusées d'infraction dont la matérialité ne peut être établie par les Allemands.

Les parties civiles ont qualifié de complicité de crime contre l'humanité, les interventions insuffisantes pour faire échapper les enfants à ce convoi alors qu'on l'a vu, à Vichy, l'attaché d'ambassade américain Tuck proteste auprès du maréchal Pétain sur le fait que l'on sépare les enfants des parents !

Michel Bergès, qui a reconstruit avec minutie les faits de l'époque, a établi que vingt-sept enfants avaient finalement pu être dispersés et sauvés [1].

4 – Convoi du 21 septembre 1942

Ce jour-là soixante et onze juifs incarcérés au fort du Hâ pour infractions diverses sont transférés à Drancy. Les autorités allemandes, connaissant la politique de résistance passive de la pré-

1. Voir à ce sujet l'entretien avec Michel Bergès.

fecture, ne la préviennent que le dimanche soir pour un convoi prévu le lundi matin. Ce délai très court limite les possibilités d'intervention, mais là encore Garat et le service des questions juives, en l'absence du secrétaire général, face aux responsables SS, obtiennent la libération de huit personnes.

Cette conjoncture et le résultat obtenu n'empêchent pas l'accusation de juger que la responsabilité de Maurice Papon est engagée... alors qu'il est absent de Bordeaux du 19 au 28 septembre ! Il est pourtant clair que la police allemande est décidée à intervenir quels que soient les fonctionnaires présents ou absents. Comme le remarque Maître Varaut :

« Papon est coupable parce qu'il est coupable », un brouillard accusatoire sans preuve, puisqu'il suffit de convaincre le jury par l'émotivité.

Cette émotivité eut été bien différente si l'instruction d'abord, si l'accusation ensuite et la Cour enfin, avaient connu la vérité. Ce même jour 21 septembre, les soixante-dix otages, dont nous avons déjà parlé, sont exécutés au camp de Souges : un drame seulement évoqué par Maître Vuillemin qui a rendu hommage à ces soixante-dix martyrs oubliés. Pour Luther, chef du KDS bordelais, c'est un séisme, mais pour Dohse, chef de la Gestapo, c'est un signal envoyé à la préfecture pour les maigres résultats obtenus en juillet dans les déportation juives et une injonction sous forme de terreur pour le convoi du 21 septembre se passe, cette fois-ci, « sans encombre ».

5 – Rafle des 19 et 20 octobre, convoi du 26 octobre 1942

On peut se rendre compte en octobre 1942 à quel point la préfecture travaille à saboter les déportations : la liste allemande comporte quatre cents noms alors que ne seront arrêtées... que quarante personnes. Et sur ces quarante personnes, le service des questions juives arrive à en faire libérer dix et obtient que neuf autres ne soient pas déportées. Il est probable que certains étaient juifs et d'autres pas. Mais ce qui est certain, par contre, c'est que sans les interventions de la préfecture, tous auraient été déportés par les SS. Le Grand Rabbin Cohen le reconnaîtra en 1947 lors du procès Dehan :

« Quand Garat est arrivé en décembre 1941, il a fait preuve d'un certain sérieux, mais très rapidement, il m'a paru jouer

le double jeu. Il a incontestablement rendu de très grands services. »

Par son influence, Papon a transformé un Garat partisan du régime de Vichy en résistant de fait, ce que reconnaît Joseph Cohen. Jusqu'en novembre 1943, les exécutions connaissent un répit : une vingtaine de fusillés... suffisamment pour rappeler à la préfecture la vigilance allemande. Concernant ce sabotage des déportations, Maître Varaut a fait état au procès d'un document majeur pourtant ignoré de l'instruction. Le rapport CAPS de 1947 et le témoignage du général Duchon, l'intendant de police, confirmant que les inspecteurs de police avaient informé ceux des Juifs qu'ils connaissaient de l'opération qui se préparait. Pour Duchon, « le sabotage mécontenta vivement les Allemands ». Le mot « sabotage » employé en 1947 a été repris par Maurice Papon en 1998.

6 – Convoi du 25 novembre 1943

Jacques Dubarry a remplacé Garat qui a été muté. Pour contourner la politique d'inertie de la préfecture, les Allemands, après avoir réduit les délais d'exécution puis donné directement leurs instructions aux forces de police, procéderont directement aux arrestations et donneront leurs ordres à la police française chargée d'escorter le convoi.

Malheureusement, la préfecture ne sera prévenue des arrestations qu'*après* le départ du convoi et le résultat ne peut être que tristement constaté. Les Allemands se défiant du service des questions juives qui est court-circuité, il n'y aura donc pas de négociation et pas de libérations. Sabatier proteste auprès de Vichy :

« *À l'occasion des précédents transferts, mon représentant avait eu la possibilité de procéder, en accord avec les autorités allemandes, à l'examen de chaque cas particulier et obtenir ainsi le maintien de certains juifs français, de conjoints d'aryens ou de personnes dont l'appartenance à la race juive n'avait pu être prouvée de façon certaine. Par ailleurs, plusieurs juifs malades impotents ou très âgés avaient été exemptés du convoi. En ce qui concerne l'opération du 25 novembre, aucune intervention de cette nature n'a pu être faite et dans ces conditions plusieurs personnes entrant dans les catégories précitées ont été incorporées dans le convoi.* »

Accusation et parties civiles se sont acharnées à déplorer les sabotages insuffisants de la préfecture sans se rendre compte que Sabatier et Papon agissaient à la limite extrême de leur possibilité. Aux yeux de la Gestapo, cette limite était encore franchie, car, durant ce même mois de novembre, Souges connaît quinze exécutions. Combien de personnes, ayant suivi le procès, avaient conscience du dilemme quotidien devant lequel était placé la préfecture ? Risquer la vie de nouveaux otages si la politique de sabotage discrète, avait fait place à une obstruction systématique ?

Sur le plan juridique, il faut signaler que le réquisitoire définitif du parquet général avait conclu au non-lieu pour ce convoi. Mais un an et demi plus tard, ce même parquet général, sans explication, poursuit Maurice Papon sur ces mêmes faits alors que le dossier reste figé dans la même poussière depuis cinquante ans !

7 – Rafles des 20 et 21 décembre, convoi du 30 décembre 1943

À la fin de 1943, les Allemands durcissent leur comportement et imposent sans ménagement leur diktat. En novembre, Boemelburg est muté à Vichy en remplacement de Geissler pour surveiller le maréchal Pétain et son semblant de gouvernement. Parallèlement, Oberg exige le remplacement de Bousquet par Darnand, nommé secrétaire d'État à l'Intérieur. Darnand, « SS d'honneur », a l'autorité sur l'ensemble des forces de police. Quant à la Gestapo, elle est désormais dirigée par Lindt.

Le réseau des collaborateurs de la Gestapo s'étoffe et se durcit jour après jour : les inspecteurs du SEC de Dehan et les inspecteurs de Poinsot collaborent ouvertement avec les Allemands pour arrêter et déporter. Sabatier tente de réagir et tance le SEC :

« Il me revient que vos services auraient procédé, de concert avec les autorités allemandes à des opérations à l'encontre des juifs, dans la nuit du 20 au 21 courant. Contrairement à la règle, je n'en ai pas été avisé. »

Mais les Allemands se moquent de plus en plus des formes si l'on en juge par la lettre adressée par le commandant Nährich :

« Les arrestations effectuées dans la nuit du 20 et 21 décembre ont eu lieu sur l'ordre du commandant de la police de sûreté et du

service de sécurité dans le ressort du commandant militaire en France. Je ne suis pas en état de faire d'autres communications au sujet de cette affaire. »

Encore une fois la préfecture est court-circuitée, mais Maurice Papon signale à Vichy le cas de soixante-dix-neuf personnes qui pourraient être exemptées. Il semble que vingt d'entre elles ne quitteront pas la France, seront maintenues à Drancy et libérées à la fin de la guerre.

Sur la succession de ces événements dramatiques de l'hiver 1943, Jean-Marc Varaut exposa la réalité sans être démenti car l'analyse rejoignait l'évidence :

« *Dans la droite ligne de leur volonté de prendre en main directement les opérations en écartant la préfecture et faire échec à la résistance opposée lors des convois précédents, les autorités allemandes n'ont averti la préfecture ni des arrestations des 20 et 21 décembre ni du convoi du 30 décembre...* »

8 – Rafle du 10 janvier et convoi du 12 janvier 1944

En ce début d'année, la fureur allemande va redoubler avec 40 exécutions en janvier et l'arrestation du réseau de policiers résistants infiltrés par Dohse. Pierre Saufrignon en fera le récit dans sa déposition.

Parallèlement, ces premiers mois de 1944, alors que les forces allemandes reculent sur tous les fronts, que les bombardements alliés démontrent la supériorité de leurs forces aériennes, le RSHA de Berlin avec Himmler et Eichmann accentuent les déportations partout en Europe avec une brutalité croissante, que ce soit en Hongie, en Italie ou en France. La guerre sera peut-être perdue mais la solution finale doit être menée à son terme.

Menacé de représailles personnelles, Maurice Sabatier tente de résister par tous les moyens : la tentation est de fuir mais Alger lui demande de rester. L'intendant de police doit prendre connaissance d'une note allemande qui prescrit l'arrestation de tous les juifs du département :

« *Il y a lieu de saisir tous les juifs restant encore sans considération d'âge. Les gens qui jouent les malades et qui vraisemblablement ne le sont pas, doivent être transportés dans une couverture.* »

La fuite du grand Rabbin a mis l'exaspération de la Gestapo à son comble [1].

Sabatier récuse la présence de la police française :

« Cette opération ne saurait, en tout état de cause être exécutée que par la police allemande elle-même. »

Parallèlement il intervient à Vichy pour éviter l'opération en cause. Finalement Sabatier se rend lui-même auprès des autorités allemandes et confirme que la police française ne peut intervenir, car la déportation de juifs est assimilable à un prélèvement d'otages. Mayer, le représentant allemand annonce alors à Sabatier qu'il est tenu pour responsable de l'inexécution des instructions allemandes.

Finalement, Darnand informe Sabatier, de la part de Laval, que l'opération doit être réalisée en tout état de cause : la police française est donc tenue de participer. Craignant des représailles, ayant épuisé tous les recours, Sabatier obéira :

« L'opération a été menée avec toute l'humanité désirable. La Croix rouge a prêté son concours... Le service de garde est assuré par la police allemande... La police de la région n'a participé à l'opération qu'à contrecœur. »

La préfecture négocie cependant encore une fois avec les Allemands et obtient un double résultat :

– L'exemption de déportation de vingt-trois personnes qui sont maintenues à Mérignac, femmes de prisonniers, anciens combattants, personnes âgées.

– La libération effective de dix-huit personnes que l'on connaît nominativement : Mme et Mlle Gomez, Mlle Herault, Mme Herbage, Mme Sonendal, Mme Mazilla, Mme Colonne, Mme Torres, Mlle Tores, MM. Gaston et Georges Tores, Mlle Bibal, M. Eyraud, Mme Lamenardière et ses enfants.

La défense de Maurice Papon le rappellera encore une fois :

« *Le zèle n'est jamais dans le sens de l'aide et de l'assistance aux autorités allemandes mais dans la protection et le sauvetage.* »

Trente-huit d'entre elles seront définitivement sauvées, mais à quel prix ! Les Allemands furieux de la fuite du Grand Rabbin, reprennent leur politique de terreur. Après une accalmie en février, les exécutions ne vont pratiquement plus cesser : une dizaine chaque mois, de mars à juin.

1. Voir l'analyse de Michel Bergès dans ses entretiens, chapitre X.

9 – Convoi du 13 mai 1944

Nous sommes à trois semaines du débarquement, mais les Allemands ne relâchent pas leur pression. Le 27 janvier, Nährich, le remplaçant de Luther à la tête du SIPO-SD, exige que les juifs hospitalisés soient internés à Mérignac dès leur rétablissement, et il veut la liste de ceux qui sont en sanatorium ou en maison de retraite.

L'intervention de Maurice Papon pour obtenir la libération de Jules Cahn échouera mais il gagnera celle de Léonce Léon.

Le 13 mai, un nouveau convoi de 58 Juifs quittait Bordeaux pour Drancy. Deux jours plus tard, le 15 mai, 25 personnes étaient rapatriées sur Bordeaux afin de travailler sur les chantiers allemands de l'organisation Todt, ce qui leur évitait la déportation. Maurice Papon avait indiqué au magistrat instructeur que ce retour était probablement dû aux négociations avec les autorités allemandes.

En tout état de cause, l'approche de la Libération ne fait qu'exacerber la fureur allemande et celle de Dohse en particulier : plus de soixante-dix exécutions en juillet et près de cinquante en août, quelque jours avant la libération de Bordeaux.

Très traumatisant aussi pour la préfecture, le convoi des déportés politiques du 10 mai, trois jours avant le convoi des juifs, qui voit partir vers Compiègne et Neuengamme plus de huit cents personnes dont quatorze policiers. Comme en septembre 1942, c'est une ambiance de crainte, pour ne pas dire de panique, qui règne sur Bordeaux avec cette déportation massive ordonnancée par Dohse qui tient à la présider lui-même. Dans un tel climat, comment ne pas céder aux injonctions allemandes ?

Que dire en conclusion de ces terribles analyses, sinon constater que ni la préfecture, ni Sabatier, ni Papon, dans des registres différents correspondant à leur fonction et à leur personnalité différents, n'ont collaboré au processus de déportation, malgré une menace permanente sur leurs personnes et sur la population. Faut-il encore une fois rappeler les exécutions d'otages à Souges et les trains de déportations politiques vers Compiègne organisés par Dohse ?

Faut-il rappeler que quinze jours avant la libération de Bordeaux, Dohse ordonnait que cinquante otages soient fusillés parce que la Résistance avait fait exécuter son protégé, Grandclément ?

Le grand Rabbin Cohen s'est exprimé fort clairement sur la marge de manœuvre dont la préfecture et lui disposaient, comme la plupart de ceux qui devaient affronter l'occupant : *« L'épreuve de force avec les Allemands était possible une fois, pas deux. »*

Ni le KDS, ni la Gestapo de Bordeaux, ni la Kommandantur, n'étaient particulièrement sanguinaires, mais ils obéissaient avec discipline aux ordres reçus de Paris, quelle que soit la brutalité des représailles qui leur étaient imposées et Dohse, sous son aspect affable, pouvait se révéler extrêmement brutal.

Dans ce contexte, non seulement la préfecture, le service des questions juives et Maurice Papon ont réussi à écarter des déportations plusieurs centaines de juifs en les faisant avertir et en facilitant la politique de non inscription sur les listes de la synagogue, politique initiée par le Grand Rabbin Cohen, mais ils ont réussi à sauver cent quante personnes déjà arrêtées et promises aux convois vers Drancy.

Il faut enfin répondre par avance aux critiques qui objecteront l'absence de preuves formelles démontrant la relation entre les exécutions et le sabotage des déportations. Existe-t-il un seul cas où le RSHA d'Himmler, de Müller et d'Eichmann ait fait preuve de tolérance, lorsque la « solution finale » n'était pas mise en œuvre selon leurs directives ? La réponse est non, jamais. Il suffit de se référer aux exemples italiens et hongrois, avec l'arrivée à Budapest du Sondereinsatz-commando d'Eichmann, le 30 mars 1944.

En juillet 1942, Eichmann se plaint des maigres résultats obtenus à Bordeaux : peut-on imaginer que cet échec soit resté sans suite ? Impossible. Même remarque pour la fuite du grand Rabbin en janvier 1944 : la Gestapo a perdu la face et doit faire payer l'insulte. De même, trois mois plus tard, en mars 1944, Hitler dépossède l'amiral Horty de ses pouvoirs :

« Parce que la Hongrie n'a pas pris les mesures nécessaires pour régler la question juive. »

Il n'est pas possible de réécrire l'histoire, car les archives du RSHA existent et elles démontrent que Bordeaux n'était pas un îlot hors du temps et hors des injonctions d'Eichmann et d'Oberg.

CHAPITRE VII

MAURICE PAPON ET LA RÉSISTANCE

1 – LES TÉMOIGNAGES DES GRANDS RÉSISTANTS.

2 – L'ÉTONNANTE HISTOIRE DE LA RÉSISTANCE À BORDEAUX. LE TÉMOIGNAGE OUBLIÉ, MAIS ESSENTIEL, DE ROGER LANDES, CHEF DU SOE DE LA GIRONDE.

« C'est un service évident et une grande preuve de courage. »

Claude BOUCHINET-SERREULLES,
successeur de Jean Moulin,
à propos de l'hébergement par Maurice Papon
de Roger Samuel Bloch
(membre du réseau résistance NAP).

1 – Les témoignages des grands Résistants

La résistance historique s'est retrouvée pratiquement unanime pour soutenir Maurice Papon durant l'instruction du procès et durant les débats. Malheureusement en 1998 les survivants étaient rares, leur grand âge les rendent vulnérables et le combat qu'ils ont mené semble incompréhensible aux nouvelles générations. Donner sa vie pour son pays, c'est de l'histoire ancienne, être résistant et de droite est suspect, avoir le sens de l'État relève de la trahison, etc... Nous souscrivons au jugement de Conan : *« 50 ans après la guerre il n'existe plus que des bourreaux et des victimes, les combattants sont évacués de l'histoire, la guerre est devenue une abstraction malgré ses 30 millions de mort et la Résistance elle-même a contribué à la déportation des juifs comme le suggère Serge Klarsfeld... »* D'ailleurs, Maurice Papon est un faux résistant. Cette affirmation était une pièce importante de la construction « morale » d'un homme présenté comme opportuniste, carriériste, dénué de sentiments, n'hésitant pas à se donner des titres d'héroïsme que bien sûr il ne méritait pas. Qui pourra mesurer le poids de cette énorme campagne médiatique, de cette « chasse à l'homme » générale d'une violence inouie, sur le verdict des assises ?

Il nous faut, donc, une fois de plus, rétablir la vérité, pas à pas, sur la Résistance de Maurice Papon, même si, ébranlé par le faisceau des témoignages favorables, l'accusation et les parties civiles avaient, en cours de route, modifié leur dialectique : on pouvait avoir été résistant et coupable car les déportations de juifs exigeaient à leurs yeux une priorité de comportement inconditionnelle. Il est évidemment impossible de réécrire l'histoire et de savoir si des comportements différents de la part de Maurice Papon auraient permis de réduire encore l'ampleur des déportations. On peut cependant penser, au vu des analyses serrées que nous avons menées, qu'une attitude plus raide aurait certainement entraîné, au-delà du risque personnel, un remplacement immédiat de l'intéressé, simple préfet sans pouvoir, un redoublement d'exigences allemandes et certainement l'arrêt des sabotages, si insuffisants qu'ils puissent paraître aujourd'hui. Personne durant le procès n'a d'ailleurs indiqué ce qu'il aurait fait à la place de l'accusé et il n'est pas certain que Maurice Papon lui-même sache encore aujourd'hui s'il aurait pu œuvrer davantage et mieux sans être arrêté. Qu'a-t-on fait à Rouen, Dijon, Nancy, Angers, Paris, et dans chacune des régions de l'ancienne zone libre ?

Nous mesurons, dans notre analyse sur la Gestapo de Bordeaux, l'importance de l'emprise des Allemands sur la ville, son administration et ses habitants. Dohse, chef de la Gestapo, jouait avec la préfecture au chat et à la souris, l'étau se resserrait jour après jour et la marge de manœuvre de Sabatier, Papon et Garat se réduisait constamment. Il s'agissait d'une course contre la montre depuis novembre 1942 pour savoir qui tiendrait le dernier quart d'heure : la préfecture a tenu et la Résistance savait, que face à Dohse, il s'agissait de sauver la face puisque tous les réseaux étaient infiltrés par la Gestapo, sauf celui de Roger Landes, ce que Dohse déplore dans sa déposition. Si Dohse avait réussi à infiltrer, déstabiliser et même retourner la Résistance, par définition secrète, peut-on imaginer le degré d'infiltration de la préfecture, par nature publique, transparente et vulnérable !

La méconnaissance ou la mauvaise foi des parties civiles sur cette affaire dépasse l'entendement. On entendit Maître Blet demander à Maurice Papon s'il avait un pseudonyme et un numéro d'immatriculation ! Pour lui comme pour beaucoup, on s'inscrivait dans la Résistance comme à l'ANPE, ce qui impliquait une carte d'affiliation. Il est vrai que les Français adorent les papiers officiels et après la guerre, les Résistants de la dernière heure se sont attribués réciproquement et généreusement de remarquables certificats.

Est-il besoin de dire que je n'ai jamais trouvé dans les papiers de famille la moindre inscription aux réseaux de résistance de mes oncles fusillés. Le problème des vrais résistants était au contraire de ne conserver aucune trace de leurs activités car la Gestapo s'infiltrait partout : Alain et Jacques de Beaufort ont été trahis par des agents allemands introduits dans leur réseau. On peut affirmer sans paradoxe que, plus les certificats présentés étaient nombreux, plus le Résistant « de papier » était suspect.

Maurice Papon est un Résistant incontesté, non parce qu'il présente des certificats, mais parce que des témoins incontestés et prestigieux de son époque ont témoignés de son engagement. Face aux douze jurés de la Cour d'Assises qui n'ont ni connu l'époque ni vécu ses drames citons treize témoignages incontestables de Résistants ayant, eux, agi et subi :

– *Maurice Bourgès-Maunoury :* Délégué militaire du général de Gaulle pour la zone sud, Compagnon de la Libération ; Ancien Commissaire de la République à Bordeaux ; Ancien Président du Conseil. Il a toujours confirmé les engagements et les services de Maurice Papon vis-à-vis de la Résistance. Il dirigeait la délégation qui, en juillet 1988, a été reçue par le président Mitterrand. Au cours de cette audience, François Mitterrand a notamment déclaré : *« Cette affaire lui apparaît comme un règlement de compte politique »* (déjà cité).

– *Jacques Soustelle :* Ancien directeur des Services spéciaux du gouvernement provisoire ; Ancien Commissaire de la République à Bordeaux ; Ancien ministre. Dès le 18 mars 1946 il écrivait : *« Le travail de M. Papon dans la Résistance lui donnait à Bordeaux une autorité incontestée dans tous les milieux. »*

– *Marie-Madeleine Fourcade :* Chef du réseau Alliance ; elle est Présidente du comité d'action de la Résistance, Membre du jury d'honneur qui acquitta Maurice Papon.

– *Jean Morin :* Ancien directeur du personnel du ministère de l'Intérieur à la Libération, il préside l'association Résistance-Vérité-Souvenir qui se bat pour faire reconnaître l'innocence de Maurice Papon.

– *Guy de Saint Hilaire :* Chef du réseau Marco du SR Kléber. Dans ses écrits, il a toujours confirmé que Maurice Papon avait rendu de grands services à son réseau en tant que « haut correspondant ».

– *Révérend-Père Riquet :* ancien déporté. Le 10 février 1986 il écrivait : *« Ce sont les Résistants mêmes qui, début 1942, ont dissuadé Maurice Papon de donner sa démission. »*

– *Jean Jaudel :* Membre du réseau du Musée de l'homme, juif. Il a déclaré au procès : *« Toute la Résistance demande de ne pas tolérer que l'on condamne Maurice Papon. »*

– *Jean Mattéoli :* Président du Conseil économique et social ; Président d'honneur de la Fédération nationale des Déportés et Internés de la Résistance. Il s'est exprimé ainsi à Bordeaux : *« Le grand Résistant, Bourgès-Maunoury lui a répété à plusieurs reprises que Maurice Papon n'a jamais rien fait qui n'ait été accompli sous les ordres ou le contrôle de la Résistance. »*

– *Léon Boutbien :* Membre du réseau du Musée de l'homme, ancien déporté ; Président d'honneur des Médaillés de la Résistance, Grand Croix de la Légion d'honneur. *« Il proclame son indignation de voir Maurice Papon sur le banc des accusés. »*

– *Aimé Aubert :* Membre du réseau Alliance il affirme : *« Maurice Papon devait rester en place et je me sens autorisé à saluer le Résistant Maurice Papon. »*

– *Maurice Travers :* Responsable à Lyon du réseau Jade-Amicol. Il confirme l'appartenance de Maurice Papon à son réseau et met en cause Annie Leotin, le magistrat chargé de l'instruction : *« Trois heures pour me faire dire ce qu'elle voulait me faire dire, répétant à plusieurs reprises la même question. Si je n'avais eu de magistrats dans ma famille, elle aurait pris la porte. »* Le procureur général s'époumone contre cette mise en cause intolérable du magistrat instructeur, mais la question a été nettement posée : l'instruction a-t-elle été menée de façon objective ? Pour ce grand témoin, la réponse ne peut être que négative et c'est un des scandales du procès.

– *Alain Perpezat :* Responsable du réseau Jade-Amicol à Bordeaux. Il s'en prend au livre de Gérard Boulanger : *Un intrus dans la République*, qui voulait contester les états de résistance de Maurice Papon. Perpezat reconstitue la vérité sur les missions de l'accusé sans être démenti : *« En 1943, je m'aperçois que je recevais beaucoup de renseignements provenant de la préfecture de la Gironde et Souillac, le responsable du réseau pour Bordeaux me répond : "c'est Maurice Papon qui nous les fournit". »* Alain Perpezat replace aussi le drame des déportations juives dans son contexte : « *Il y a eu 1 600 juifs déportés à Bordeaux mais 5 000 Résistants ont été arrêtés : 283 ont été fusillés et 1 300 déportés dont 900 ne sont pas revenus.* »

– *Christian Campet :* Adjoint au chef de la deuxième brigade parachutiste britannique, s'exprime en ces terme : « *Dans les semaines qui ont précédé le débarquement, nous avons appris la présence à Bordeaux du représentant du général de Gaulle. Nous avons interrogé notre centrale à Londres qui nous a confirmé l'information et nous avons pris contact avec Cusin. Après, j'ai accompagné Cusin à la préfecture où il avait pris rendez-vous avec un de ses correspondants, Maurice Papon.* »

– *Maurice Druon :* Il va donner, avec panache, son sentiment sur le procès en proposant trois axes de réflexion :

« *À qui va profiter le procès ? À l'Allemagne, seulement à l'Allemagne.* »

« *Il y a une sorte de paradoxe à voir aujourd'hui les fils des victimes devenir les alliés objectifs des fils du bourreau.* »

« *Monsieur* (en s'adressant à Maître Zaoui), *nous ne sommes pas ici pour faire le procès de la France.* »

– *Claude Bouchinet-Serreulles :* Attaché au cabinet du général de Gaulle entre 1940 et 1943, il prend la succession de Jean Moulin après son arrestation. Il juge en ces termes l'hébergement par Maurice Papon de M. Bloch : « *C'est un service évident et une grande preuve de courage.* »

– *Jacques Maillet :* Après l'arrestation de Jean Moulin, il est nommé délégué du gouvernement provisoire pour la zone sud. Proche de Maurice Bourgès-Maunoury et de Gaston Cusin, il rapporte leurs dernières volontés : « *Les poursuites contre Maurice Papon constituent une injustice.* »

– *Roger Lhombreaud :* Président de l'association des anciens Résistants du groupe Century, il demeura à Bordeaux durant toute la guerre et fut réfractaire du STO. Il n'avait aucune idée du sort « funeste » réservé aux juifs.

– *Robert de La Rochefoucauld :* Parachuté à plusieurs reprises, pris par les Allemands, évadé du fort du Hâ dans des conditions extraordinaires, il rapporte les faits suivants : *« Papon était avec moi en 1944, il a beaucoup aidé Cusin, commissaire de la République. J'ai rencontré des juifs dans le maquis, prévenus par la préfecture qu'il y aurait des rafles. »*

Ces témoignages de résistants illustres, et il y en aurait bien d'autres, n'ont pas été pris en compte, pire ils ont été brocardés sinon méprisés, puisque les avocats des parties civiles se sont repliés vers une nouvelle dialectique : les actes de résistance constituent des phénomènes accessoires qui ne vous exonèrent pas d'actes criminels contre l'humanité. Dialectique redoutable car elle aurait entraîné, à la limite, la mise en accusation du général de Gaulle, de son gouvernement et pourquoi pas de Roosevelt et Churchill... pour avoir refusé de donner la priorité à l'action humanitaire sur les objectifs stratégiques visant à gagner la guerre.

Le débat a bien eu lieu et il fut décidé par les Alliés, au plus haut niveau, que le problème des déportations juives ne serait pas mis en avant comme objectif prioritaire [1].

L'imprescriptibilité peut être admise si elle impliquait en contrepartie que le jury soit constitué de personnes appartenant à la même génération que l'accusé et ayant eu à connaître les faits car elles seules sont à même de comprendre le poids et les contraintes de l'époque.

2 – L'étonnante histoire de la Résistance à Bordeaux. Le témoignage oublié mais essentiel de Roger Landes, juif anglais, chef du SOE [2] de la Gironde

Le témoignage de Roger Landes envers Maurice Papon amène à revoir cette image truquée de Bordeaux sous l'occupation et à expliquer l'incroyable histoire de la Résistance en Gironde.

---

1. À l'évidence, ce choix ne relève pas des possibilités de Maurice Papon ! Au reste, pouvait-on sérieusement vouloir mettre fin à ces déportations sans gagner la guerre ?

2. SOE : Organisation anglaise de renseignement dont la branche française était dirigée par le colonel Buckmaster et le commandant français Pierre Lejeune. Roger Landes dirigeait en fait la Résistance à Bordeaux. Il épura sans état d'âme les réseaux de Résistance infiltrés par la Gestapo, en faisant exécuter tous les responsables suspects.

Début 1943, la Gestapo sait qu'un mouvement important de résistance est en voie de constitution avec parachutage d'armes : en juillet 1943 plus de deux cent cinquante membres de l'OCM régionale dirigés par Grandclément chef de la région B (elle s'étend de la Loire aux Pyrénées) sont arrêtés. Granclément est retourné par Dohse (septembre). Après avoir livré ses armes, non seulement Grandclément collaborera avec les Allemands mais veut créer des maquis anticommunistes et en convaincre Alger ! Les deux émissaires de Grandclément, Joubert et Thinières rencontrent, le 5 janvier, de Gaulle qui les fait interner. Mais le mal est fait : de nombreux Résistants sont arrêtés en Gironde et ailleurs.

Très vite Londres et Alger s'inquiètent des conséquences de la trahison de Grandclément, et des ravages causés par l'action de la Gestapo qui a infiltré ses réseaux, détruit l'essentiel de la Résistance bordelaise. Le SOE envoie un responsable à poigne Roger Landes pour liquider les éléments suspects. Camplan (OCM) ayant déjà disparu en janvier sans laisser de traces, Landes fait abattre Basilio en mai 1944, puis Renaudin et Noël quelques semaines plus tard. Grandclément, son épouse et son garde du corps seront exécutés à leur tour fin juillet. Même le général Moraglia échappera de peu à un attentat.

La Résistance bordelaise est anéantie lorsque les Allemands évacuent la ville le 28 août. Dans un tel contexte on conçoit que le gouvernement d'Alger l'ait jugée comme « un nid de vipères » et ait conseillé au commissaire de la République Gaston Cusin de s'en écarter le plus possible.

On comprend aussi le dilemme de Maurice Papon, depuis juillet 1942, pris entre plusieurs feux croisés :

– le chef du SRPJ, Poinsot, policier français sanguinaire, qui avait fait arrêter trois membres du réseau Grandclément et les avait remis à Dohse qui avait ensuite découvert la liste complète du réseau ;

– un milicien, Lucien Déhan, chargé du SEC qui disposait du fichier des 230 000 Bordelais utilisé pour les cartes de ravitaillement, problème n° 1 de la population ;

– le machiavel Allemand, Friedrich Dohse s'appuyant sur la redoutable « Hauskapelle », organisation de supplétifs chargés des exécutions discrètes ainsi que sur les sept services de contre-espionnage et de police présents à Bordeaux.

Rappelons que la Gironde se révélera un des plus grands cimetières de la Résistance (huit cent six fusillés). Le caractère impitoyable du comportement allemand apparaît constamment et lorsque Maurice Papon obtient de faire remplacer la Feldgendarmerie par la gendarmerie française, il est spécifié que chaque gendarme répondra sur sa vie de chaque évasion. La préfecture est truffée d'honorables correspondants [1] de la Gestapo qui lui transmettent immédiatement les documents officiels.

L'approche prudente de Maurice Papon vis-à-vis de Roger Bloch (réseau Marco-Kléber) quand il l'a reçu s'explique fort bien : la moindre imprudence, le moindre malentendu impliquait son exécution immédiate par l'un ou l'autre camp. La Résistance ayant perdu tout crédit, Cusin, l'envoyé d'Alger, comprendra très vite qu'il peut s'appuyer sur un jeune sous-préfet qui a réussi à maintenir, contre vents et marées, un dernier rempart face au rouleau compresseur allemand. Roger Bloch le sait aussi et ne cessera de soutenir Maurice Papon qui l'a hébergé à plusieurs reprises pour lui faciliter ses missions à Bordeaux.

Quant à la contestation des certificats de Résistance de Maurice Papon, il faut se remettre dans le contexte de l'époque : les réseaux de Résistance étant tous noyautés par la Gestapo, qui était habilité à se porter garant de qui ? Le général de Gaulle connaissait évidemment fort bien la situation puisqu'il y avait été directement mêlé à Alger. Aussi, lorsqu'il arrive à Bordeaux le 17 septembre 1944, c'est pour prendre, séance tenante, des mesures disciplinaires draconiennes et sans appel à l'égard de la résistance locale.

– L'Anglais Roger Landes (Aristide) du SOE doit quitter le territoire français dans les vingt-quatre heures car le général ne tolère pas qu'un Anglais ait dirigé la Résistance française à Bordeaux ;

– Le colonel Gaillard (Triangle), délégué militaire régional issu du BCRA est renvoyé sur Paris ;

– Le général Moraglia (COMAC), arrêté à plusieurs reprises par Landes, a été remis à la disposition du ministre de l'Air par Cusin et sanctionné.

---

1. Michel Bergès en donne un exemple dans son entretien.

Seul Gabriel Delaunay président du CDL (il sera Préfet de Bordeaux de 1958 à 1970) échappe à la rigueur gaulliste, malgré certaines réserves socialistes sur la réalité de ses actions dans la Résistance.

Nous présentons cette lettre étonnante de Roger Landes à Gaston Cusin et Maurice Papon, écrite le 12 juillet 1980 dont nous avons extrait le passage suivant : « *Mes magnifiques Zoulous* [1] *auraient dû emprisonner, non pas ce pauvre Commissaire de la République, mais certaines personnalités* [2] *arrivées après la bataille qui se sont attribuées sans aucun scrupule votre travail fait entièrement dans la clandestinité et mis au point à la Libération sans l'assistance de l'Intelligence Service.* »

Pour Roger Landes, qui connaissait tous les rouages de la ville, qui a épuré la Résistance avec une main de fer en 1943-1944 et qui juge les événements vieux de 36 ans avec l'œil mi-détaché mi-ironique d'un étranger, le seul résistant qui trouve, avec Cusin, grâce à ses yeux s'appelle... Maurice Papon. Si par ailleurs on prend conscience que Roger Landes est juif et qu'il n'aurait donc eu aucune indulgence pour un responsable des déportations de ses coreligionnaires, ni pendant ni après la guerre, que signifie une accusation ignorant presque tout des événements de l'époque ?

1. Il s'agit des Somaliens qui assuraient la garde de Cusin, au Commissariat de la République. Rappelons que Landes fut expulsé vers l'Angleterre par de Gaulle le 18 septembre 1944.

2. Il s'agit de la polémique Chaban, Delaunay, Cusin sur la « libération » de Bordeaux. En réalité la ville fut évacuée par les Allemands sans que les résistants interviennent.

42 ST. ANDREWS DRIVE STANMORE HA7 2NB
01-952 2101

Le 12 Juillet 1980.

Très Chers Amis,

Pardonnez-moi d'avoir tardé à vous écrire. Ginette et moi avons été très touchés et heureux de votre présence à tous deux à la sympathique réunion du 14 Juin à Mont-de-Marsan.

Je constate avec plaisir que même après 36 ans, notre amitié et fraternité sont restées aussi grandes et sincères.

Nous avons beaucoup regretté que notre séjour en France ait été si court. Ginette avait à s'occuper de certaines affaires personnelles de sa tante, maintenant impotente, à Bordeaux. Il nous a été impossible de remonter sur Paris.

J'ai relu avec attention le discour de Gaston et l'interview de Pathé-Cinéma "Vingt ans de notre vie". Interview que j'ignorais. C'est dommage qu'à cet époque certains détails n'ont pu être mis au point. En 1950, Chaban avait enlevé à Maurice Duttarrat la joie de me remettre personnellement la Croix de la Légion d'Honneur car il avait exigé que ce serait lui et personne d'autre, me la remettrait à Bordeaux.

D'autre part mes magnifiques Loulus !!! auraient dû emprisonné non pas ce pauvre "Commissaire de la République!" mais certaines personnalités arrivées après la bataille, qui se sont attribuées sans aucun scrupule votre travail fait uniquement dans la clandestinité et mis au point à la libération sans l'assistance de l'Intelligence Service.

Tout ceci est maintenant passé dans l'histoire. J'espère que vous trouverez le temps d'écrire vos mémoires sur la libération de Bordeaux.

Ginette et moi espérons que vous êtes tous deux en bonne santé et que vous profitez du bon soleil (s'il existe) en Savoie.

Nous serons heureux d'avoir de vos nouvelles, et dans cette attente. Ginette se joint à moi pour vous embrasser tous deux très affectueusement.

Roger

CHAPITRE VIII

LES GRANDS TÉMOINS

1 – TÉMOIGNAGES DES PRÉSIDENTS DE LA RÉPUBLIQUE.

2 – TÉMOIGNAGES DE HAUTS DIGNITAIRES JUIFS.

3 – TÉMOIGNAGES DES PREMIERS MINISTRES.

« Mon cher Maurice... Me serait-il permis d'insister et de dire : il faut vouloir ce qu'on croit et réaliser sa foi. C'est un terrain sur lequel nous nous sommes déjà rencontrés dans un passé que je ne puis oublier et où vous tenez une bien grande place. »

René Mayer à Maurice PAPON.

1 – Témoignages des présidents de la République

Charles de Gaulle. – Le général de Gaulle arrive à Bordeaux le 17 septembre 1944 où il est accueilli par le nouveau commissaire de la République Gaston Cusin et par Maurice Papon, directeur de cabinet. Le général connaît fort bien la situation de la Résistance à Bordeaux puisqu'il a reçu fin 1943 les deux émissaires de Grandclément, retourné par Dohse le chef de la Gestapo, venus lui demander que la priorité soit donnée à la lutte contre le communisme avant celle contre l'Allemagne ! Cusin a été prévenu que Bordeaux est un « nid de vipères » et le nouveau commissaire explique au général le travail difficile de résistance qu'a mené son directeur de cabinet durant deux ans pour faire face à une occupation chaque jour plus oppressante.

Le général entérine la décision de Cusin mais ne supporte pas que la Résistance soit dirigée par un Anglais du SOE : Roger Landes [1] qui a épuré les éléments suspects de la Résistance et fait exécuter Grandclément et sa femme. Le jour-même il reçoit Landes pour lui signifier son expulsion immédiate. Quant à son adjoint Gaillard il est mis aux arrêts de rigueur avant d'être transféré sur Paris.

Rien n'échappait à la prodigieuse mémoire de Charles de Gaulle qui avait eu à connaître l'essentiel de ce qui s'était passé à Bordeaux. En 1958, il va confirmer Maurice Papon dans ses fonctions de préfet de Police de Paris où il le maintiendra durant 9 ans avec l'accord de J. Chaband-Delmas, député-maire de Bordeaux depuis 15 ans et de Michel Debré, petit-fils de Rabbin.

Au terme de cette longue mission, de Gaulle écrira en ces termes à Georges Pompidou le 10 novembre 1966 :

1. Voir par ailleurs la lettre témoignage de Georges Landes à Maurice Papon et Gaston Cusin.

« M. Papon n'a jamais cessé d'être à la hauteur des circonstances les plus difficiles,... il y a lieu de lui attribuer un emploi où il continue de mettre ses grandes qualités au service de l'État. [1] »

Imagine-t-on une seconde que de Gaulle ait accepté que l'on fasse un procès à Maurice Papon ? Mais allons jusqu'au bout : si de Gaulle avait témoigné au procès et confirmé sa confiance à Maurice Papon, aurait-il été entendu ?

Son fils l'amiral Philippe de Gaulle prend, quant à lui, nettement position :

« J'ai désapprouvé le procès Papon, inutile, hors d'âge et d'accusation inappropriée dans un contexte médiatique contraire à une bonne justice... et visant à culpabiliser les Français. [2] »

François Mitterrand. – Il s'est toujours opposé politiquement au général de Gaulle, cependant élu président de la République, il ne remit en cause les options du général sur les responsabilités de la France et des Français durant l'occupation.

Concernant le procès intenté à Maurice Papon, François Mitterrand accorde, le 13 juillet 1988, une audience à l'association « Résistance-Vérité-Souvenir ».

Étaient présents :

– Maurice Bourgès-Maunoury : Délégué Militaire du général de Gaulle pour la zone sud, Compagnon de la Libération ; Ancien Commissaire de la République à Bordeaux ; Ancien président du Conseil.

– Jacques Soustelle : Ancien Directeur général des Services Spéciaux du gouvernement provisoire ; Ancien Commissaire de la République à Bordeaux ; Ancien ministre.

– Jean Morin : Ancien directeur du personnel du ministère de l'Intérieur, à la Libération.

Le président de la République conclut l'entretien en ces termes :

« Cette affaire lui apparaît comme un règlement de compte politique, méthode qu'il condamne car il est bien surprenant que l'on ait mis près de quarante ans à découvrir la prétendue culpabilité d'un homme ayant occupé durant toutes ces années

1. Voir en fin de chapitre la lettre du général de Gaulle.
2. Voir en fin de chapitre la lettre de l'amiral Philippe de Gaulle.

les différentes fonctions administratives et électives qu'ont été celles de Maurice Papon.

Il s'entretiendra de cette affaire avec le Garde des Sceaux afin que celui-ci mette de l'ordre dans ce dossier. Mais, selon lui, des procédures aussi longues étaient attentatoires à la démocratie. [1] »

La position de François Mitterrand est sans ambiguïté, mais que dirait aujourd'hui Bourgès-Maunoury, Soustelle et Cusin, témoins majeurs de l'époque et témoins majeurs pour le procès, étant donné les fonctions qu'ils ont exercées, qui... n'ont pu témoigner parce que décédés. Leur témoignage posthume reste malgré tout sans ambiguïté et aurait dû peser très lourd.

François Mitterrand partit pour Londres en novembre 1943, en tant que dirigeant d'un Mouvement de Résistance des Prisonniers de Guerre rapatriés (MRPG), et qu'il revint début 1944 en France occupée comme responsable du nouveau MRPGD, avec un D comme Déportés. À aucun moment il ne donnera de consignes particulières concernant les déportations juives. Lorsqu'il rencontre le général de Gaulle en décembre 1943, il n'avait d'ailleurs fourni aucune information sur la question juive, malgré sa connaissance approfondie du régime de Vichy et sa subtilité politique. Pourquoi ce silence ? Parce qu'il n'imaginait pas, lui non plus, l'ampleur du drame juif.

2 – Témoignages de hauts dignitaires juifs

René Mayer (1895-1972). – Le nom de René Mayer n'a pratiquement jamais été évoqué durant le procès alors que les révélations sur les liens qu'il entretenait avec Maurice Papon sont à la fois éclairantes et significatives des réalités de l'époque. L'auteur a dû étudier l'ensemble de archives de l'accusation, celles de Maurice Papon et celles de l'association « Résistance-Vérité-Souvenir », pour reconstituer la véritable histoire de l'occupation à Bordeaux.

Le fil directeur est venu du livre d'Hilberg (*Les déportations des juifs d'Europe*), ouvrage de référence dont l'impartialité est reconnue par les organisations juives : le 29 novembre 1941, Vichy

1. Voir en fin de chapitre le compte rendu de cette rencontre fait par l'association «Résistance-Vérité-Souvenir ».

impose la création de l'UGIF, le Judenrat de France. Les hautes personnalités juives pressenties se réunissent en décembre et deux opinions se font jour :

– René Mayer et David Olmer penchent pour une lettre de démission collective et la non participation à l'UGIF ;

– Raoul Lambert veut tenter une coopération.

Après une semaine de tractations et d'hésitations, la création de l'UGIF fut décidée, mais René Mayer n'y participe pas : il part pour Londres, puis Alger et rejoint le général de Gaulle. Il deviendra ministre des Transports du gouvernement provisoire (1944-1945), puis ministre des Finances (1947-1948), ministre de Défense nationale (1948-1949), ministre de Justice (1949-1950), président du Conseil (1953), président de la CECA (1955-1957).

Ce curriculum vitae prestigieux montre d'abord combien le débat était difficile au sein même de la communauté juive pour savoir s'il fallait ou non coopérer avec Vichy et les Allemands. Raoul Lambert a choisi de rester : ce fut pour lui un chemin de croix qui se termina à Auschwitz où il fut gazé en novembre 1943, avec Helbronner le président du Consistoire.

René Mayer est parti pour Londres. Il arrive à Bordeaux en septembre 1944, quelques jours après le général de Gaulle. René Mayer connaît donc bien le drame des déportations juives lorsqu'il fait connaissance de Maurice Papon.

Il connaît tout de la Shoah lorsqu'il devient ministre de la Justice en 1950[1] et Premier ministre en 1953, et que Dehan, chef du SEC, et Poinsot, chef de la PJ, ont été jugés et fusillés. Que fait-il alors entre 1944 et 1955 ? Séduit par les qualités professionnelles et la rigueur morale de Maurice Papon, il obtiendra de Jules Moch sa nomination comme préfet de Constantine dont il est député, puis en fera son ami[2].

Imagine-t-on le haut dignitaire juif le mieux renseigné de la IVe république donner son amitié et sa confiance à un fonctionnaire qui aurait été suspecté de connivence dans les déportations de ses coreligionnaires ?

1. René Mayer suit de près les conséquences de la Shoah puisqu'il décide de libérer Xavier Vallat (commissaire aux questions juives entre 1940 et 1942), en 1950, pour raisons médicales.

2. René Mayer fera ensuite nommer Maurice Papon, secrétaire général du Protectorat du Maroc, avant l'indépendance négociée par Edgar Faure.

René Mayer connaissait par contre la lutte épuisante qu'avait mené la préfecture de Bordeaux pour limiter les déportations. Comment expliquer autrement le fait qu'il ait fait précisément nommer le préfet Sabatier conseiller d'État lorsque celui-ci doit quitter l'Allemagne... où il avait servi le général Koenig durant des années.

Le 27 juin 1965, il lui écrira :

« Mon cher Maurice... Me serait-il permis d'insister et de dire : il faut vouloir ce qu'on croit et réaliser sa foi. C'est un terrain sur lequel nous nous sommes déjà rencontrés dans un passé que je ne puis oublier et où vous tenez une bien grande place. »

Jules Moch – Son témoignage n'est pas déterminant mais significatif de ce que représentait Maurice Papon aux yeux d'un dignitaire juif, haut responsable du parti socialiste. Membre du second cabinet Blum en 1938, il rejoint Londres en 1942. Ministre des Travaux publics (1945-1947), ministre de l'Intérieur (1947-1950), ministre de la Défense (1950-1951), ministre de l'Intérieur à nouveau (1958), il tente de s'opposer à l'arrivée du général de Gaulle. Sa lettre écrite à Maurice Papon, lors de sa nomination comme Préfet de Police de Paris, témoigne de la confiance de la communauté juive socialiste de l'époque, communauté qui a connu, la guerre, la Résistance et les déportations. Jules Moch sait ce dont il parle et il s'exprime clairement : *« Je suis heureux de vous savoir à ce poste, vous saurez y remettre l'ordre nécessaire. »*

C'est le même Jules Moch, alors ministre de l'Intérieur, qui décore Maurice Papon de la Légion d'honneur, à titre exceptionnel car il n'a pas l'ancienneté requise, en faisant valoir les services rendus à la Résistance par l'intéressé.

Le Grand Rabbin Cohen. – Cette lettre écrite au préfet Sabatier en 1948 est connue, même si les parties civiles ont tenté d'en réduire la portée : *« Je n'ai pas oublié les temps maudits où vous avez failli être exécuté pour avoir présidé une assemblée générale à laquelle j'assistais avec mon étoile jaune de triste mémoire... »*

L'estime du grand Rabbin pour Maurice Sabatier témoigne de la solidarité dont la préfecture, malgré les risques encourus, a fait preuve avec l'UGIF, durant les années terribles 1942-1944, pour tenter de réduire le champ des déportations.

Dans le rapport de « situation » que lui demande le Préfet de la Gironde en novembre 1944, le grand Rabbin Cohen énumère les exactions allemandes commises à l'encontre de la communauté juive, mais à aucun moment il ne met en cause l'administration préfectorale. Lorsqu'en 1948, Joseph Cohen témoigne au procès Dehan, le chef du SEC, il évoque le travail en commun fait avec la préfecture pour limiter l'impact des déportations et déplore le départ de Garat fin 1943.

L'estime et la reconnaissance du Grand Rabbin pour Sabatier, préfet régional qui s'est toujours voulu responsable, s'adressait manifestement aussi à tous ceux qui avaient à ses côtés fait de leur mieux.

Michel Bergès, dans l'interview qu'il nous accorde, s'étend longuement sur les rapports de confiance qui se sont établis entre Joseph Cohen, la préfecture, et l'Intendant de police. Il explique la procédure subtile, établie en accord avec le Grand Rabbin et ayant permis de rayer du fichier juif plus de quatre cents personnes qui étaient en réalité juives. Résistance risquée et difficile, alors que les arrestations, déportations, exécutions exemplaires, faisaient partie de la vie quotidienne.

La LICRA. – La nouvelle attitude des hauts dignitaires juifs depuis 1958. En 1958, alors qu'il est nommé préfet de police, Maurice Papon reçoit une lettre de félicitations de la LICRA. Rappelons que son comité d'honneur regroupait Mauriac, Mendès France, Nehru, l'abbé Pierre, Sartre, Schumann, etc...

Durant 30 ans, les hauts dignitaires juifs ayant participé soit à la Résistance soit au gouvernement provisoire du général de Gaulle, ont soutenu, aidé ou témoigné de leur estime à Maurice Papon, quelles que soient leurs orientations politiques.

René Mayer, Michel Debré, Jules Moch, ces trois personnalités ont vécu les années de guerre, connaissent l'holocauste et sont parfaitement renseignés sur l'histoire de Bordeaux, de la lutte du Grand Rabbin Cohen, celle des procès d'après-guerre. Jamais ils n'ont mis en cause, de quelque manière que ce soit, Maurice Papon, bien au contraire.

Comment se fait-il que d'autres, qui n'ont connu ni la guerre ni ses drames, s'en fassent aujourd'hui procureurs ?

3 – Témoignages des Premiers ministres

Maurice Bourgès-Maunoury. – Il fut délégué militaire du général de Gaulle pour la zone sud, ancien commissaire de la République à Bordeaux et président du Conseil en 1957. Il était bien placé pour connaître l'histoire de Bordeaux et le rôle qu'avait joué Maurice Papon durant la guerre. Fondateur de l'association « Résistance-Vérité-Souvenir », il fait part le 13 juillet 1988 à François Mitterrand de son indignation sur la forme et le fond du procès. En novembre 1987, il demandait que *« cesse ce scandale indigne d'un État de droit ».*

Michel Debré. – Ce petit-fils de Rabbin, résistant de la première heure, est nommé chargé de mission auprès du général de Gaulle en 1944 et deviendra son Premier ministre de 1959 à 1962. Il sera ensuite successivement ministre des Finances, ministre des Affaires étrangères et ministre des Armées. Sa connaissance de la guerre, de l'après-guerre, de l'administration et de l'État est sans égale, en outre il est d'ascendance juive. Il va travailler directement avec Maurice Papon durant trois ans et lui écrira la lettre suivante en quittant son poste :

« Je rends hommage à vos qualités de chef et d'organisateur ainsi qu'à la façon dont vous avez su exécuter une mission souvent délicate et difficile mais en tout cas indispensable pour la sauvegarde de l'État. »

Pour l'ancien Premier ministre Michel Debré, collaborateur du général de Gaulle, Maurice Papon est un haut fonctionnaire exemplaire qui a toujours eu le sens de l'État : tout est résumé en quelques mots. Mais plus que les mots, la confiance et l'estime pour les qualités humaines, point sur lequel même ses adversaires le reconnaissent, Michel debré était exigeant : lorsque Maurice Papon devient ministre du Budget, lui demande de prendre son fils Jean-Louis à son cabinet pour le former à la politique.

Jacques Chaban-Delmas. – Qui connaît mieux l'histoire de Bordeaux que Jacques Chaban-Delmas ? Député-maire depuis 1946, plusieurs fois ministres, puis Premier ministre, il n'a jamais douté de Maurice Papon qui « a toujours été des nôtres ». Il a discrètement délégué son avocat, le bâtonnier Rouxel, auprès des Conseils de l'accusé, pour tenter de mettre le procès en perspective : le rôle des Allemands éclipsé par l'accusation, l'omniprésence de la Gestapo qui n'attendait qu'une occasion pour mettre fin aux tentatives de la préfecture pour sauver ce qui pouvait l'être.

Pierre Messmer. – Ce résistant, longtemps ministre de la Défense du général de Gaulle puis Premier ministre de Georges Pompidou, témoignera de façon digne mais sans ambiguïté, comme nous l'avons rappelé :

« *Je m'inscris absolument en faux contre les déclarations prononcées depuis 1995... Juridiquement cette thèse est contestable, mais moralement inacceptable pour l'immense majorité des Français... Ces déclarations sont intolérables pour les hommes et les femmes qui étaient entrés dans la France libre ou dans la Résistance.* »

Écrivant à Jean-Marc Varaut le 23 février 1994, Pierre Messmer précisait :

« *Il est clair que ce n'est pas lui (Papon) qu'il faut juger, puisqu'il n'avait aucun pouvoir de décision ; c'est le gouvernement de Vichy que sa politique de collaboration rendait complice de l'ennemi.* »

Ses témoignages prennent d'autant plus de relief que Pierre Messmer conserve l'image d'un Résistant illustre et d'un homme politique d'une intégrité reconnue.

Raymond Barre. – Au cours du procès sa déposition fut discrète mais il écrivit le 19 avril 1998 à Maurice Papon une lettre qui ne dissimulait pas ses sentiments :

« *Ai-je besoin de vous dire que j'ai suivi toutes les épreuves que vous avez traversées avec une grande tristesse ! Vous avez été un bouc émissaire. Et à travers vous, c'est la France que l'on entend salir !* »

LE GÉNÉRAL DE GAULLE

Paris, le 10 novembre 1966.

Mon cher Premier Ministre,

Au poste de Préfet de Police qu'il occupait depuis plusieurs années, M. PAPON n'a jamais cessé d'être à la hauteur des circonstances les plus diverses et, souvent, les plus difficiles. Dès lors qu'il est amené à quitter ces hautes fonctions, j'estime qu'il y a lieu pour le Gouvernement de lui attribuer un emploi où il continue à mettre ses grandes qualités au service de l'Etat. Il m'apparaît que c'est dans une mission diplomatique qu'il pourrait le faire dans les meilleures conditions.

Je vous prie donc de me soumettre, d'accord avec M. le Ministre des Affaires Etrangères, une proposition dans ce sens.

Croyez, mon cher Premier Ministre, à mes sentiments cordialement dévoués.

Monsieur Georges POMPIDOU
Premier Ministre
Hôtel Matignon
57, rue de Varenne
Paris 7e

SÉNAT

AMIRAL (CR) PH. DE GAULLE

SÉNATEUR DE PARIS

République Française

Paris, le 16 juin 1998

Cher Monsieur,

Je m'aperçois, dans un courrier personnel que je n'arrive plus à maîtriser, que je ne vous avais pas accusé réception à votre témoignage dans le procès Papon.

J'en suis d'autant plus contrarié que votre famille a fait partie de plusieurs réseaux de Résistance. Je vous prie de m'excuser de mon retard.

Comme vous le savez, j'ai désapprouvé le procès Papon, inutile, hors d'âge et d'accusation inappropriée dans un contexte médiatique contraire à une bonne justice.

Ce procès avait pour but de détourner l'attention publique des difficultés du moment et de servir différents « lobbies » visant à culpabiliser les français .

En définitive, il a desservi tous les intéressés.

Veuillez agréer, Cher Monsieur, l'expression de mon très déférent et meilleur souvenir.

de Gaulle

Monsieur Hubert de Beaufort

SÉNAT · 15, RUE DE VAUGIRARD · 75291 PARIS CEDEX 06

COMPTE RENDU

Audience accordée par Monsieur François MITTERRAND, Président de la République, à une délégation de l'Association "Résistance-Vérité Souvenir", le 13 Juillet 1988 au Palais de l'Elysée.

Objet de l'Audience. Informer le Chef de l'Etat du dossier " Papon " et lui demander de bien vouloir dans le cadre de ses compétences faire mettre un terme définitif à ce dossier qui traîne depuis sept ans.

Composition de la délégation.

- Monsieur Maurice BOURGES-MAUNOURY : Ancien Président du Conseil, Président de l'Association.

- Monsieur Jacques SOUSTELLE : Ancien Ministre, Vice-Président de l'Association.

  Monsieur Gaston CUSIN : Ancien Commissaire de la République à Bordeaux.

- Monsieur Jean MORIN : Ancien Préfet, Directeur du Personnel du Ministère de l'Intérieur à la Libération

- Maître Charles VERNY : Avocat, Vice-Président du Comité d'Action de la Résistance.

- Monsieur Laï KAMARA : Délégué Général de l'Association.

- Monsieur Nicolas PILLIET : Délégué Général de l'Association.

Monsieur Maurice BOURGES-MAUNOURY a demandé une audience au Président de la République pour une délégation de l'Association "Résistance-Vérité-Souvenir" afin d'exposer au Chef de l'Etat la nécessité qu'il y a à mettre le plus rapidement possible un terme aux procédures judiciaires engagées à l'encontre de Maurice SABATIER et Maurice PAPON pour "crime contre l'humanité", procédure annulée au bout de six ans pour vice de forme, et reprise aujourd'hui avec une nouvelle inculpation de Maurice SABATIER et Maurice PAPON pour "complicité de crime contre l'humanité ".

Déroulement de l'audience.

L'audience s'est déroulée en quatre phases successives:

- En premier lieu a été abordée la question du rôle de Maurice PAPON à la Préfecture de la Gironde de 1942 à 1944, et les raisons pour lesquelles il a été maintenu en fonction après la Libération en qualité de Préfet, Directeur du Cabinet du Commissaire de la République de BORDEAUX.

- En deuxième lieu a été exposée l'origine de l'affaire.

- En troisième lieu la question plus générale de la nécessité de limiter la durée des instructions a été évoquée.

- Enfin le Président de la République a répondu à ses interlocuteurs et leur a donné son sentiment.

Le rôle de Maurice Papon à la Préfecture de la Gironde.

Au cours d'un exposé liminaire Maurice Bourges-Maunoury a rappelé au Président de la République qu'il avait devant lui, en la personne de Gaston CUSIN, de Jacques SOUSTELLE et de lui même les trois commissaires de la République nommés à la libération par le Général DE GAULLE à Bordeaux. A cette époque, Maurice PAPON était depuis plus de deux ans Secrétaire Général de la Préfecture de la Gironde.

Comme tous les fonctionnaires nommés par Vichy, Maurice Papon a fait l'objet d'une enquête de la commission d'épuration du Ministère de l'Intérieur, commission dont Jean MORIN avait le contrôle en tant que Directeur du Personnel de l'Administration Préfectorale, sous l'autorité du Ministre Adrien TIXIER. Cette commission extrêmement sévère n'ayant relevé aucun fait à l'encontre de Maurice PAPON. Monsieur Gaston CUSIN connaissant son rôle dans la Résistance l'a promu Préfet et Directeur du cabinet du Commissaire de la République, nommination confirmée par le Gouvernement. Maurice PAPON remplira par la suite les mêmes fonctions auprès des successeurs de Gaston CUSIN, Jacques SOUSTELLE et Maurice BOURGES-MAUNOURY.

Tour à tour Gaston CUSIN et Jacques SOUSTELLE, et, en particulier, Jean MORIN, ont confirmé au Président de la République d'une part que rien à la Libération - période où les dénonciations de tous ordres allaient bon train - n'avait été reproché à Maurice PAPON, d'autre part qu'il avait activement participé à la Résistance et qu'en fait c'était sur les instructions diffusées depuis LONDRES qu'il était resté en fonction.

Gaston CUSIN a particulièrement insisté sur la mauvaise foi des accusateurs de Maurice PAPON qui soit étaient très jeunes au moment de ces évènements soit qu'ils n'avaient pas rempli dans la Résistance les missions qu'ils prétendaient avoir été les leurs. Il a expliqué au Chef de l'Etat qu'en réalité, à travers Maurice PAPON, c'est toute l'Administration qui était visée et que selon lui, l'association du Corps Préfectoral devrait intervenir dans cette cause.

L'origine et le déroulement de l'affaire.

A une question du Président de la République sur l'origine du déclenchement de cette affaire, Maurice BOURGES-MAUNOURY précise au Chef de l'Etat que celle-ci a éclaté entre les deux tours de l'élection présidentielle de 1981 dans le "Canard Enchaîné".

Plusieurs plaintes avec constitution de partie-civile ont été déposées après coup, et l'ont été a confirmé Jacques SOUSTELLE au Président à l'initiative de Maître Serge KLARSFELD, et ont abouti - sans enquête ni vérification fiable - l'inculpation de Maurice PAPON. Celle-ci a considérablement ému de nombreux résistants et en particulier ceux qui avaient été les chefs de Maurice PAPON. Tous ont demandé à être entendu par le juge d'instruction.

Au bout de six années d'instruction, l'ensemble de la procédure a été annulée pour vice de forme par la Cour de Cassation. Tout doit donc être repris depuis le début.

Monsieur Gaston CUSIN a particulièrement insisté auprès du Chef de l'Etat pour que les choses aillent cette fois plus vite, dans la mesure où les principaux témoins de cette période vieillissaient et disparaissaient peu à peu, et que reprendre une instruction pour plusieurs années présentait de nombreux dangers au plan de l'établissement de la vérité en même temps qu'elle était insupportable sur le plan humain.

La question de la durée des instructions.

Monsieur Jacques SOUSTELLE a pour sa part particulièrement insisté sur la durée de l'instruction qui est maintenant dans sa septième année. Il a rappelé au Chef de l'Etat que la Cour de Justice des Communautés Européennes avait indiqué qu'une période de cinq ans devait être considérée comme un maximum pour une instruction criminelle.

Il a demandé au Président de la République s'il pouvait être envisagé de faire entrer, sous la forme la mieux adaptée, cette recommandation dans le droit interne français.

La réponse du Président de la République

Après avoir attentivement écouté l'ensemble de ses interlocuteurs, le Président de la République a indiqué en premier lieu qu'il avait personnellement peu suivi cette affaire autrement qu'à travers la presse, car elle n'était pas de sa compétence, et qu'il ne pouvait bien entendu, du fait de la séparation des pouvoirs, effectuer la moindre intervention sur le magistrat chargé de l'instruction.

Ceci étant posé, il a expliqué qu'il ne connaissait Maurice PAPON qu'à travers ses fonctions administratives, et qu'il lui était toujours apparu comme un haut fonctionnaire de qualité et très compétent.

A la lumière de ce qu'il a entendu, cette affaire lui apparaît comme un "règlement de compte politique", méthode qu'il condamne, car il est bien surprenant que l'on ait mis près de quarante ans à découvrir la prétendue culpabilité d'un homme ayant occupé durant toutes ces années les diverses fonctions administratives ou électives qu'ont été celles de Maurice Papon.

Le Président Mitterand a assuré ses interlocuteurs qu'il s'entretiendrait de cette affaire avec le Garde des Sceaux afin que celui-ci "mette de l'ordre dans ce dossier".

Il a enfin déclaré que selon lui des procédures d'instruction aussi longues étaient "attentatoires à la démocratie".

27 Juin 1965

Mon cher Maurice,

Je vous remercie bien vivement de m'avoir envoyé votre « Nouveau Discours ». Vous savez combien me sont précieuses la qualité et la fidélité de votre amitié, et je me réjouis de toutes ses marques.

Je n'ai pas encore lu votre livre, que je garde pour mes vacances. Je vous ai dit que j'admirais votre courage : cela veut dire que je réalise tout ce que représente de concentration et de volonté – pour ne pas parler de l'essentiel, c'est-à-dire tout le reste – une œuvre telle que la vôtre.

Descartes disait, si j'en crois Maurois – et quelle belle photographie dans le Littéraire ! – « Il faut croire qu'on peut vouloir ».

Mon secret ici permet d'innover et de dire :

"Il faut vouloir ce que l'on croit, et réaliser sa foi...

C'est un terrain sur lequel nous nous sommes déjà rencontrés, dans un passé que je ne peux oublier, et où vous tenez une bien grande place.

Merci encore, et bien affectueusement à vous.

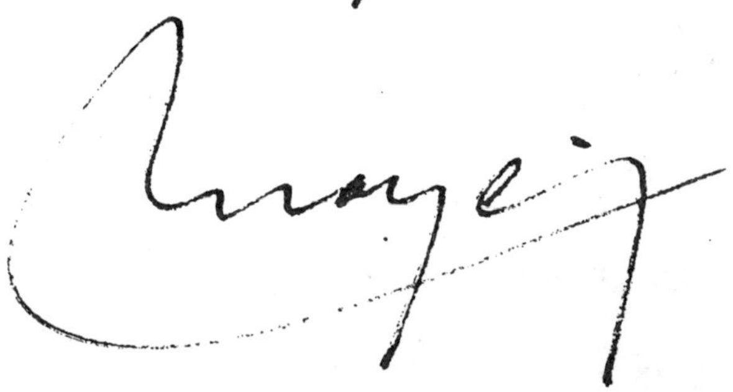

Le Grand Rabbin 12 · 15 Sept 1948
Bordeaux et Sud-Ouest
212 Rue

Monsieur M. Sabatier
Conseiller Administratif
Aux Armées

Cher Monsieur le Conseiller,

Voici venu ce jour où vous pouvez vous réjouir de la promotion du grand Rabbin de Bordeaux sans vous exposer aux foudres des représentants légaux de votre pays — je n'ai pas oublié les temps maudits où vous avez failli être "exécuté" pour avoir présidé une assemblée générale à laquelle j'assistais avec mon étoile jaune et tristement

mémoire. — Pour éviter l'affaire,
on avait — (on Laberne et ses acolytes)
invoqué contre vous votre origine algérienne
qui faisait de vous un "gaulliste-né".. —
Que l'évocation du déplorable passé ne
me fasse pas perdre de vue l'objet
de votre aimable lettre à laquelle
j'étais infiniment sensible, et
dont je vous exprime mes plus vifs
remerciements.

Veuillez recevoir Monsieur le Conseiller
l'assurance de mes sentiments distingués

J Cohen
[illegible]

CHAPITRE IX

ENTRETIEN AVEC MAURICE PAPON *

« Donnez-moi un seul exemple d'ordre de déportation signé Maurice Papon ! Je l'attends depuis le début du procès ! et c'est pour cela que vous développez des trésors de dialectique pour enrober une mauvaise cause avec de bons arguments. [1] »

Maurice PAPON.

* Les prises de vues ont été assurées par Thomas Goldet.
1. Cité par Éric Conan.

H. de B. – *Bien des questions restent posées, après ce procès fleuve de 6 mois qui laisse subsister une impression de profond malaise. Beaucoup de faits essentiels n'ont pas été analysés comme ils auraient dû l'être. C'est évident lorsque l'on examine à la fois l'ensemble du dossier, et la façon dont se sont déroulés les débats. L'émotion était très présente, ce qui est bien légitime. Mais, l'émotion, pour juger des faits qui remontent à 56 ans, n'aide pas à comprendre l'histoire mais elle brouille l'histoire.*

M. P. – Sur l'analyse que vous venez de faire, je ne puis que vous suivre. Il est évident que des choses essentielles ont été occultées et ce qui est plus grave, elles l'ont été volontairement : l'instruction a dévoilé ses carences et les faits ont été trop souvent travestis.

H. de B. – *À l'annonce de l'armistice : où étiez-vous et quelles étaient vos fonctions le 18 juin 1940 ?*

M. P. – Le 18 juin 1940, j'étais mobilisé en Syrie comme officier des « services spéciaux du Levant », commandant le poste de Ras el Aïn, circonscription située entre l'Euphrate et le Tigre et j'étais naturellement au pied du drapeau français.

Je n'ai pas entendu l'appel du 18 juin 40, bien que nous écoutions la BBC (je dis nous parce qu'il y avait une équipe d'archéologues américains avec lesquels j'étais lié d'amitié). Ce n'est que le lendemain ou le surlendemain que nous avons pris connaissance de la fameuse déclaration d'un général de Gaulle alors méconnu : les termes n'en étaient pas clairs, puisque, comme vous le savez, la BBC était systématiquement brouillée.

H. de B. – *Comment avez-vous quitté la Syrie et lorsque vous arrivez à Vichy, quelles étaient vos attributions ?*

M. P. – J'ai quitté la Syrie comme rapatrié sanitaire à la suite d'une forte crise de paludisme. Ce qui a hypothéqué ma liberté de décision parce que je ne saisissais pas clairement la situation. J'avais le souci de rejoindre les miens et de me rétablir. Quand je repense à cette époque, j'ai conscience que, si j'avais eu une bonne santé et donc une bonne lucidité intellectuelle et morale, j'aurais peut-être pris une autre décision. Malgré tout, jusqu'à mon rapatriement sanitaire fin octobre, je me suis référé aux espérances qu'avait levées le général de Gaulle.

H. de B. – *Vous arrivez à Vichy. Quelles étaient vos fonctions à ce moment-là ?*

M. P. – D'abord j'ai terminé ma convalescence, repris contact avec les miens et retrouvé tout naturellement le patron que j'avais eu au ministère de l'Intérieur à la veille de la guerre : Maurice Sabatier, dont on a abondamment parlé durant ce procès. Il m'a semblé naturel, dès lors que Sabatier me le demandait, de continuer cette collaboration interrompue par la guerre.

J'ai été Directeur du cabinet de Sabatier, lui-même à la tête de la Direction des affaires départementales et communales, dont il était Directeur-adjoint en 1939.

Ce service avait la charge du contrôle administratif et financier de la gestion des collectivités locales, départements et communes (ce que l'on appelait à l'époque la tutelle). C'était une lourde responsabilité consacrée en priorité au problème toujours difficile des finances locales. Maurice Sabatier assumait en outre la sous-direction de l'Algérie, en dehors de moi, avec un collaborateur issu de l'administration algérienne.

H. de B. – *Vous prenez alors contact avec le régime du maréchal Pétain et du gouvernement Laval. Que pensiez-vous à cette époque-là de la politique de Vichy ?*

M. P. – Deux considérations s'imposaient :

– La première résultait d'une réflexion qui m'étonnait, bien qu'elle fut logique. Je constatais que 80 % des Français étaient « maréchalistes » (avec la caution morale d'Édouard Herriot et de Jules Jeannenney) et entretenaient l'espoir que le vainqueur de Verdun, prémunirait la France des malheurs qu'elle a malheureusement connus. C'était le premier constat.

– Le deuxième élément de ma réflexion n'avait point varié depuis la Syrie : en termes géopolitiques, je restais persuadé que la guerre serait sans doute longue mais gagnée par les Alliés avec l'inéluctable entrée en guerre des États-Unis. Et c'est bien ce qui s'est produit.

H. de B. – *Vous allez rester à Vichy durant deux ans. Avez-vous eu l'occasion d'y rencontrer François Mitterrand, il y arrive en 1942 ?*

M. P. – Non, je n'ai connu François Mitterrand qu'après la guerre.

H. de B. – *C'est en 1940 que les premières lois anti-juives vont être appliquées. Elles sont initiées par Xavier Vallat, commissaire aux questions juives jusqu'en mai 1942. À cette époque, il est remplacé par Darquier de Pellepoix. Xavier Vallat était probablement considéré, au moment de la décision des grandes rafles, comme peut-être trop mou. Qu'avez-vous pensé de ces lois anti-juives ?*

M. P. – Les lois anti-juives ont certes été initiées par le Commissariat Général aux Questions Juives dirigé par Xavier Vallat, mais elles ont été surtout inspirées et peut-être en partie rédigées par Alibert qui devint par la suite ministre de la Justice et garde des Sceaux et a beaucoup milité dans cette direction antisémite. Ceci dit, lorsque ces lois ont été promulguées elles le furent dans le scepticisme. Nous étions chaque jour plus nombreux à ne pas croire à la victoire de l'Allemagne. Cette législation d'exception semblait présenter pour nous une sorte d'aspect précaire, une épreuve passagère qui n'aurait guère de suite. Nous nous sommes largement trompés puisque pendant ces quatre ans de guerre, malheureusement, cette législation a été appliquée avec ses conséquences dramatiques.

H. de B. – *De 1940 à 1942, il y a, à Vichy, une présence très marquante de l'ambasadeur américain Leahy. À partir de juin 1941, on assiste à une période tout à fait curieuse de cohabitation des Soviétiques et des Américains avec Vichy, alors que le troisième Reich était en guerre contre ces deux pays !*

Comment perceviez-vous le rôle et l'influence de l'ambassade américaine auprès du maréchal Pétain ?

M. P. – Il était difficile pour le fonctionnaire subalterne que j'étais d'apprécier l'influence de l'amiral Leahy sur la politique menée par Vichy, mais il semblait évident pour moi, comme pour beaucoup d'autres, et pour l'opinion d'une manière générale, que l'amiral Leahy apportait, en quelque sorte, la caution américaine au régime de Vichy. C'était un aspect qui n'a pas été assez souligné jusqu'ici car cela gêne beaucoup de monde.

H. de B. – *La politique américaine sera très pétainiste jusqu'au mois de novembre 1942 parce que les USA croyaient que le maréchal Pétain irait se mettre à la tête des troupes d'Afrique du Nord dès l'annonce du débarquement.*

M. P. – Cette abstention du maréchal Pétain, son absence à Alger, constituent un point de rupture dans l'histoire de la France occupée. Je crois que les Français, peut-être un peu naïvement, et avec une psychologie de paysan, suivaient cahin-caha le maréchal Pétain après l'armistice. Mais le fait qu'il soit resté sans réaction après l'occupation entière de la France a détaché de lui la plus grande partie de l'opinion. Encore une fois, novembre 1942 marque un point de rupture.

H. de B. – *Les Américains ont aussi tenté d'influencer la politique du maréchal sur le problème juif, mais avec une certaine ambiguïté et des prises de position déconcertantes. Au moment des premières déportations de juillet 1942, ils protestent et considèrent que ces déportations sont injustes. Mais ils ne perçoivent manifestement pas le drame des déportations : ils en voient l'injustice non le drame. On en voit nettement la preuve lorsque, en août 1942, le conseiller d'ambassade américain Tuck va protester auprès du maréchal Pétain... parce que l'on sépare les enfants des parents ! Cette protestation sème la confusion dans l'administration de Vichy, incapable de comprendre des prises de position contradictoires. Aviez-vous des contacts ou des connaissances à l'ambassade américaine ?*

M. P. – Absolument pas. Je n'avais de contact ni avec les

Américains ni avec aucune ambassade étrangère. Je dois vous dire que mes fonctions subalternes de l'époque étaient centrées sur les problèmes des collectivités locales. J'ignorais tout des affaires juives, à une exception près, à savoir une consultation juridique, sollicitée par la direction des Cultes et Associations, portant sur la formation de l'UGIF. Les parties civiles et le Ministère public ont voulu en faire une arme d'accusation. C'est stupide et d'une mauvaise foi totale.

Lors d'une séance tenue par le jury d'honneur et alors qu'était évoqué le placement des enfants juifs dans les familles girondines, le président Daniel Mayer m'a opposé l'argument suivant :

« *Qu'est-ce qui vous permettait de séparer les enfants des parents ?* »

« *Pour les sauver de la déportation* », ai-je répondu.

H. de B. – *Fin mai 1942, vous êtes muté à Bordeaux à côté du préfet Sabatier. Vous passez de la zone libre à une zone interdite. Comment vivait-on sous un régime d'occupation de zone interdite ?*

M. P. – C'était le jour et la nuit. Je ne veux pas dire qu'en zone libre on pouvait se sentir libre, étant donné l'imperium allemand qui s'exerçait au moins indirectement sur la conduite de la France et sur l'administration. Mais en zone libre du moins, on ne voyait pas d'uniformes vert-de-gris, on ne voyait pas d'éléments de la Wehrmacht et l'on n'était pas en contact direct avec la présence allemande. À l'inverse, en zone occupée, les troupes allemandes stationnaient, elles se déplaçaient, et par conséquent, que ce soit dans les trains, sur les routes ou dans les villes, les Allemands ne manquaient pas de rappeler constamment leur présence : les Français avaient la sensation physique du joug qu'ils subissaient de la part de l'occupant.

La zone interdite, quant à elle, se distinguait de la zone occupée par une rigueur accrue dans les règles en vigueur imposées par les Allemands. Ainsi on ne pouvait pas entrer en zone interdite sans avoir suivi une procédure d'agrément qui était plus sévère que le passage de zone libre à zone occupée. C'était surtout vrai pour Bordeaux, où se situait une base sous-marine allemande de première importance. La densité des troupes d'occupation dans cette région était telle, que l'on ne pouvait faire un pas dans

Bordeaux sans tomber sur un soldat allemand ou une unité allemande. Quant à l'accès au port, il était rigoureusement interdit, sauf aux ouvriers y travaillant et qui étaient dûment munis d'un laissez-passer.

H. de B. – *On trouve, en étudiant les ultimes conversations du préfet Sabatier avec le Révérend-Père Riquet, une expression qui m'a beaucoup frappé :* « télégramme chiffré ». *Il est bien évident que pendant la guerre, le chiffre permettait d'échanger les informations confidentielles qu'il fallait sortir du champ des circuits officiels. Il existait donc un chiffre au sein de la préfecture de Bordeaux et ce chiffre, évidemment, était indépendant des circuits administratifs pouvant être connus des Allemands.*

Pouvez-vous nous expliquer comment il fonctionnait et qui en était responsable ?

M. P. – Dans toutes les préfectures de France, et c'est encore vrai maintenant, à l'exemple de ce qui se passe dans les États-majors militaires de régions, il existe effectivement une liaison secrète par le moyen du chiffre, entre l'autorité centrale et l'autorité territoriale. En ce qui concerne l'autorité territoriale, le chiffre ne sort pas du cabinet du préfet. Il est traditionnel voire même réglementaire que la clé du chiffre n'appartiennent qu'au préfet ou par délégation à son directeur ou à son chef de cabinet. En ce qui concerne les secrétaires généraux de préfectures, chefs des bureaux administratifs, ils n'ont pas à connaître le chiffre et ne reçoivent que les informations que le préfet juge utile de tirer de ces messages chiffrés, concernant des instructions gouvernementales secrètes et non divulguées.

Dernier point, est-ce que ces messages sont restés vraiment secrets pendant l'occupation, c'est un autre problème étant donné l'espionnage systématique que pratiquaient les autorités d'occupation. Il aurait mérité d'être éclairci car, encore une fois, tout ce qui était important pendant la guerre était chiffré.

Je ne connaissais pas le chiffre. J'étais incapable de déchiffrer un message. C'était la prérogative du préfet ou de son collaborateur immédiat, c'est-à-dire le directeur de cabinet, Chapel. Lequel chiffre était enfermé dans le coffre-fort de Sabatier. Chapel qui avait le grade de sous-préfet exerçait un peu les fonctions de chef d'État-Major de Sabatier avec un cabinet très étoffé.

H. de B. – *Le préfet Sabatier avait exigé de pouvoir rentrer dans ses murs et de récupérer la préfecture jusque-là occupée par les Allemands. Il obtient satisfaction. Les effectifs de fonctionnaires se montent à l'époque à quelque trois cents personnes. En dehors des services spécifiques, il existait deux services annexes qui ne dépendaient pas directement de la préfecture mais qui se sont révélés des « collaborateurs » redoutables.*

Le premier service était la Section d'Étude et de Contrôle des affaires juives (SEC), dirigée par un dénommé Dehan, inconditionnel de la collaboration. Le second était la Police Judiciaire dirigée par un autre collaborateur : Poinsot. Ces deux services ont fait régner un climat d'incertitude et de terreur sur tout ce qu'ils estimaient comme pouvant gêner la collaboration franco-allemande.

Quels étaient les rapports de la préfecture avec Dehan ?

M. P. – Ce SEC était le bras séculier et local du Commissariat Général aux Questions Juives. Elle dépendait par conséquent dans un premier temps de Xavier Vallat et dans un deuxième temps de Darquier de Pellepoix. La base régionale du SEC était dotée d'un directeur qui a changé deux ou trois fois pendant l'occupation. Le SEC avait pour mission théorique de suivre le statut des juifs, mais en réalité elle dissimulait un instrument de police. Pour l'un des convois de déportations en 1943 ou 1944, à cause du sabotage de la préfecture pour neutraliser les injonctions allemandes, il y a eu une rafle organisée par les Allemands avec le concours direct du SEC. Cela montre bien le caractère collaborateur de ce service et de son principal responsable, Dehan. On en a peu parlé durant le procès, il est vrai qu'on a encore moins parlé des Allemands eux-mêmes. À certains moments, on avait plutôt l'impression que certains avocats, comme Arno Klarsfeld, défendaient les Allemands quand je les mettais en cause !

H. de B. – *Poinsot tenait sur lui une espèce de registre. Son action fut dramatique pour la Résistance : il s'est vanté d'avoir fait exécuter plusieurs centaines de Résistants.*

M. P. – Le partage était très net. Dehan représentait le Commissariat Général aux Questions Juives et conduisait la répression à l'encontre des juifs, tandis que Poinsot était spécialisé dans la poursuite des résistants, des gaullistes, des communistes : de ceux qu'il appelait les « terroristes ». Si les deux tâches étaient distinctes l'une de l'autre, les deux responsables étaient rémunérés par la Gestapo et l'Abwehr.

À propos de ces deux personnages, je voudrais répondre à une critique injuste sur l'épuration à Bordeaux. Elle s'est quand même déroulée au vu et au su de tous, puisque Dehan et Poinsot ont tous deux été jugés par un tribunal militaire, condamnés à mort et fusillés à la Libération. Un troisième homme sera également fusillé : le colonel Franck, chef de la Milice, à l'égard duquel on ne peut pas tout à fait tenir le même discours qu'à l'égard de Dehan ou Poinsot. Par contre, Cusin et moi-même avons tout fait pour qu'il n'y ait pas d'exécutions sommaires et arbitraires, comme c'est arrivé ailleurs.

H. de B. – *Poinsot et Dehan avaient-ils des rapports fréquents avec la préfecture ?*

M. P. – Le SEC et Dehan, en ce qui concerne la politique de répression allemande à laquelle ils étaient associés, avaient des rapports administratifs avec le bureau des questions juives de la préfecture, bureau mis en place par le prédécesseur de Sabatier pour faire face au problème né de l'application de la législation anti-juive. Il y avait effectivement des contacts, ne fut-ce que pour essayer de surveiller et de contrôler Dehan, afin de permettre au préfet d'intervenir. Nous voulions savoir ce que Dehan faisait, parce qu'il court-circuitait souvent l'autorité préfectorale. Quant à Poinsot, il dépendait théoriquement de l'Intendant de police, le colonel Duchon. La Police Judiciaire faisait partie de la structure de l'intendance de police formée par les trois grandes attributions policières : les Renseignements Généraux, la Police Judiciaire et les Services d'ordre et de sécurité. Cela n'a pas changé et ce sont les trois catégories policières actuelles.

H. de B. – *Il y a aussi à Bordeaux les organisations allemandes : Feldgendarmerie, Kommandantur et Gestapo. Quel était le degré de dépendance de la préfecture par rapport à eux ?*

M. P. – La Feld-Kommandantur contrôlait l'action administrative de la préfecture et des collectivités locales, au moins dans les termes de la convention d'armistice : l'article 3 de cette convention stipulait que l'administration devait être mise à la disposition de l'autorité occupante. Cela en théorie. En pratique, la Feld-Kommandantur était dirigée et administrée par un général de la Wehrmacht, le général Knoerzer qui n'était pas nazi. Les agents effectifs de la Feld-Kommandantur étaient d'une part un magistrat, le commandant Herboldt, et d'autre part, le lieutenant von Stroebel, l'équivalent en Allemagne d'un sous-préfet français. Ces deux personnages n'étaient pas nazis non plus. Ils étaient, de par leur éducation et par leur formation assez ouverts à la discussion, soucieux d'un minimum de règles de droit. Cela ne veut pas dire que l'on ne jouait pas au chat et à la souris avec eux, mais c'était dans une atmosphère qui n'était pas nécessairement, et par principe, défavorable aux intérêts français. Mais, encore une fois, le gouvernement de Vichy ne conservait que des apparences de souveraineté, surtout en zone occupée, et nos actions ne pouvaient, le plus souvent, que retarder ou saboter discrètement ou secrètement, les décisions prises par les Allemands.

Pour la Gestapo, c'était exactement le contraire. La Gestapo espionnait, surveillait les personnalités, les mouvements de Résistance en particulier. Avec la Gestapo et Dohse son chef, elle s'est efforcée durant l'occupation de Bordeaux, d'infiltrer ses agents dans toutes les organisations françaises officielles, préfecture y compris, bien évidemment, ce qui obligeait à être perpétuellement sur le qui-vive. On ignorait si la personne à qui l'on parlait était ou non un agent de la Gestapo. Gestapo d'autant plus redoutable qu'elle était dirigée par ce nommé Dohse, homme intelligent, parlant français, dynamique, entreprenant, machiavélique, et par conséquent très dangereux.

Quant à la Feldgendarmerie, nous n'avions pas de rapports directs avec elle. Elle était à la disposition soit de la Wehrmacht, soit de la Gestapo pour appliquer tel ou tel acte de répression.

H. de B. – *Le KDS compte en effet près de deux cents personnes dont une centaine de Français et elle était dirigée par Luther, on a un peu parlé de lui pendant le procès ainsi que de Doberschutz et Dohse. Quelles opérations ont été menées par la Gestapo à Bordeaux que vous avez pu connaître ou subir ?*

M. P. – Il y avait les fusillades d'otages, les rafles des Juifs, de plus, quotidiennement, les opérations étaient ponctuelles mais permanentes. On ne peut pas dire qu'il y ait eu une mise en scène spectaculaire dans les actions engagées par Dohse contre la Préfecture, la Résistance ou les communistes. C'était au jour le jour. Les arrestations et les exécutions à Souges s'opéraient discrètement. Les opérations qui ont mis Bordeaux en émoi furent les exécutions d'otages en 1941 et 1942 par les Allemands, celle de Grandclément par la Résistance, l'arrestation de Bonnier dit « Hypothénuse » qui fut torturé à mort par la Gestapo.

H. de B. – *Vos fonctions ne vous donnaient qu'une vision assez limitée de l'activité de la Gestapo. Vous ne perceviez pas son omniprésence. Cela m'est apparu durant nos entretiens et en relisant les minutes du procès.*

Avec le recul, que pourriez-vous déclarer aujourd'hui sur ce sujet ?

M. P. – Ce que vous dites est vrai sur le plan professionnel, c'est moins vrai sur le plan psychologique et politique. Sur le plan professionnel en effet, le secrétaire général, chef de l'administration et des bureaux de la préfecture, n'avait pas de rapport fonctionnel avec la Gestapo. Ces rapports étaient entretenus soit par le cabinet du préfet soit par l'intendant de police. Par conséquent ce plan-là n'était pas au premier rang de mes préoccupations.

En revanche, d'abord comme Français, ensuite comme fonctionnaire de la préfecture, j'avais bien conscience de ce que représentait la Gestapo, ne fut-ce que par les maux quotidiens qu'elle répandait par les arrestations, par les exécutions auxquelles elle procédait. Et les seuls rapports personnels que j'ai eu, c'était avec le redoutable Dhose qui m'a convoqué une fois pour me faire part de son inquiétude.. du fait que j'avais une attitude anti-allemande. Il m'a traité de gaulliste, ce qui n'était certes pas une injure dans sa bouche mais certainement une menace. Quant à la section de la Gestapo qui s'occupait des affaires juives, j'ai toujours pris soin de n'être jamais en contact direct avec elle pour réserver mon recul, mon libre arbitre. C'était Garat, chef du service des questions juives qui entretenait des rapports avec Luther et ses collaborateurs.

H. de B. – *Quelques jours après votre arrivée, les premières déportations touchant les juifs sont initiées par la Gestapo sur ordre du RSHA. Nous avons parlé du comportement contradictoire de l'ambassade américaine, mais l'UGIF elle-même ne saisit pas la finalité dramatique des déportations. Ses réactions sèment la perplexité dans la communauté juive. J'ai parlé pendant le procès de la méconnaissance qu'eut Helbronner (président du consistoire), pendant un certain temps, de la gravité des déportations car il ne veut pas retarder ses vacances. Lambert (directeur général de l'UGIF) lui aussi ne saisit pas l'ampleur du drame. Mais comment en 1942 ont été comprises ces premières déportations par Sabatier, Garat et vous-même ?*

M. P. – Elles ont été comprises comme des actes odieux et inhumains mais avec une relative surprise. Je dis relative parce que tout était annoncé dans « Mein Kampf » et on était instruit de la répression anti-juive que le régime nazi avait entrepris en Allemagne. L'ampleur prise par ces opérations a non seulement ému mais déconcerté, cela va de soi. Ce n'était pas les premières déportations ; hélas, mais il n'y avait pas ce sentiment d'horreur, né seulement en 1945, lorsqu'on a appris le sort réservé à ceux qui avaient été envoyés dans les camps.

Les camps de déportations existaient déjà et on connaissait de nombreux Français non juifs qui avaient été déportés. Les anciens déportés entendus au cours du procès l'on confirmé : c'était presque pour eux un soulagement d'être déporté... Ils n'imaginaient pas que les camps puissent être des camps d'extermination. Il y avait presque une sorte de tranquillité d'esprit sur l'avenir des déportations. C'est ce qu'ont exprimé M. Mattéoli et le docteur Boutbien qui furent déportés, eux aussi et bien d'autres.

Il est difficile de se remettre dans cette psychologie vieille de 50 ans et pourtant il faut constater que, lorsque les déportations juives ont commencé, on s'imaginait tout bonnement que les déportés seraient privés de liberté, mais qu'il y avait une sorte d'assurance sur la vie dans les camps de déportation. C'était le sentiment des juifs eux-mêmes. Cette cécité semble aujourd'hui invraisemblable, absurde, incompréhensible, c'était pourtant de cette façon que jouait la psychologie de l'époque et elle a joué, quoi qu'on dise, quels que soient les mensonges de mes adversaires, jusqu'en avril 1945.

En avril 1945, la découverte des camps a ouvert la porte à la terrible vérité.

H. de B. – *Le grand Rabbin Joseph Cohen, responsable de l'UGIF pour Bordeaux, a échappé à la déportation. Quelles furent vos relations avec lui entre 1942 et 1944, puis après la Libération ?*

M. P. – Entre 1942 et 1944, nous avions des relations constantes quasi-quotidiennes, surtout par l'intermédiaire de Garat qui était son correspondant et avait en charge le fichier juif. Le grand Rabbin et Garat ont dépensé beaucoup d'énergie, d'imagination et de courage pour manipuler ce fichier. Il en fut de même pour le registre de la synagogue : maquiller les registres dans un sens conforme aux intérêts des juifs. Cela fut une collaboration étroite et confiante.

Garat, quoique décédé, était dans la ligne de mire des parties civiles, avec une sorte de raisonnement très primaire pour m'impliquer : Garat = Papon. C'est bien facile mais sans signification. Il aurait fallu analyser le procès de Dehan devant le tribunal militaire, lorsque le grand Rabbin, appelé comme témoin, a évoqué tout ce passé de combats et de batailles quotidiennes pour sauver le maximum de ses coreligionnaires. En parlant de Garat qui avait quitté la direction du service en août ou septembre 1943, le grand Rabbin a déclaré : « Le départ de Garat a été une catastrophe. » Cette appréciation n'a semblé ni émouvoir ni convaincre la Cour.

Il faut le redire, les relations entre la préfecture et le grand Rabbin étaient constantes. Aucune initiative n'était prise par le service sans contact et entente préalables avec lui. Lorsque nous avons su qu'il était menacé, nous lui avons conseillé avec Maurice Sabatier, Préfet Régional, de prendre le large et Sabatier s'est entendu avec Monseigneur Feltin pour l'abriter au moins momentanément. Au cours du procès, les témoins cités ont nié cette action. Elle a pourtant eu lieu, comme on peut le lire dans les dépositions faites par Sabatier. C'est l'une des contrevérités développée au procès.

Après la guerre les relations furent suivies et il existe au dossier, notamment, une fameuse lettre du grand Rabbin adressée à Sabatier en 1948 rappelant les durs moments de l'occupation vécus ensemble et lui exprimant toute sa reconnaissance ! La Cour a omis de tirer les conséquences de ce message privilégié.

Alors dans la mesure où, *post mortem*, le grand Rabbin pouvait être un témoin décisif dans ce procès en exprimant sa confiance dans la préfecture, son témoignage gênait tellement les parties civiles qu'ils l'ont enfoui pour le neutraliser. C'est un des aspects « scandaleux » de ce « singulier » procès riche en mensonges organisés et en mauvaise foi.

H. de B. – *Le grand Rabbin a en effet témoigné au procès de Dehan. A-t-il témoigné aux procès des autres personnages néfastes de l'époque, Poinsot, Luther et Dohse ?*

M. P. – Poinsot sûrement pas. Luther c'est possible.

H. de B. – *Et Dohse ? Puisque Dohse assez paradoxalement a été condamné plus sévèrement que Luther. Il a été condamné à sept ans de prison et Luther à cinq.*

M. P. – Bien que Dohse, chef de la Gestapo, soit en principe subordonné à Luther, son ascendant sur la hiérarchie allemande était tel qu'il travaillait de façon indépendante. En fait, il était une tête au-dessus de Luther.

H. de B. – *La communauté juive avait créé le 30 décembre 1941 l'UGIF, organisme qui devait servir de tampon entre les Allemands et l'État français car les juifs estimaient que l'UGIF permetrait d'atténuer les drames qui les menaçaient depuis la défaite. Pensez-vous qu'elle y soit parvenue ?*

M. P. – L'UGIF n'est pas parvenu effectivement aux résultats que vous évoquez. Je crois que l'institution de l'UGIF, qui est une initiative de Vichy, fut un leurre pour la communauté juive en France, un traquenard dramatique puisque cela revenait à faire participer les juifs, à la politique anti-juive. C'est donc une part affreuse de l'histoire nazie qui a exploité la bonne foi des communautés.

H. de B. – *Quels étaient les rapports de la préfecture de Bordeaux avec l'UGIF ?*

M. P. – Ils passaient essentiellement par le grand Rabbin car Bordeaux est resté sans UGIF pendant longtemps et c'est le grand

Rabbin qui en faisait office avec toutefois le concours de Madame Ferreira. Après la fuite du grand Rabbin et le désarroi dans lequel a été plongée la communauté juive à ce moment-là, Madame Ferreira, désespérée, a malheureusement mis fin à ses jours.

H. de B. – *Votre procès aura été le plus long de l'histoire judiciaire et la Cour d'Assises de Bordeaux vous aura jugé coupable de complicité matérielle dans certaines déportations dont les enfants ont été victimes. Avec 56 ans de recul, pensez-vous que vous auriez pu limiter l'ampleur du drame et comment ?*

M. P. – Avec les 56 ans de recul et dans la mesure où une mémoire cinquantenaire est fidèle à la réalité des événements, je ne pense pas que nous aurions pu faire davantage que ce que nous avons fait. Nous avons, à chaque entreprise allemande, sauvé nombre de juifs de la communauté, sous divers prétextes. Le service des questions juives de la préfecture a servi d'office de négociation, de négociation obstinée, de négociation acharnée. Nous estimons, dans la mesure où la comptabilité est un mot qui accentue ce drame, que nous avons sauvé plusieurs centaines de personnes. J'ai cité lors du procès le chiffre de 1 180 personnes (juifs et non-juifs), ce qui méritait bien, je pense, de recevoir la dignité de « juste ».

H. de B. – *Le premier convoi a eu lieu le 18 juillet 1942.*

M. P. – C'était le premier convoi de juifs étrangers qui était constitué par les Allemands. Selon les injonctions que la Gestapo a signifié à la Préfecture, chaque fonctionnaire de Police était responsable de l'arrestation des juifs. Responsables sur leur personne. Par conséquent, il y avait un problème moral hélas qui se posait dans cette affaire. Ce que nous avons réussi en tout cas à obtenir, c'est que les enfants de moins de 16 ans et les hommes de plus de 45 ans soient exonérés du convoi. Nous avions obtenu gain de cause jusqu'au moment où des ordres de Berlin ont imposé à l'échelon bordelais de la Gestapo de réunir, soi-disant, les enfants aux parents.

Dans le convoi du mois d'août 1942, il y a eu ce douloureux problème des enfants placés dans les familles, mais les Allemands ont donné l'ordre que ces enfants soient rapatriés à Mérignac. Ils disposaient bien naturellement des adresses où les enfants avaient été mis à l'abri. Certaines familles ont donc ramené les enfants à Mérignac, d'autres les ont placés ailleurs et par conséquent les ont sauvés.

Le dernier triste épisode que je dois citer à ce sujet touche le grand Rabbin lui-même qui avait la garde, si je puis dire, de quatre enfants : la mort dans l'âme, il a dû les confier, hélas, aux Allemands. Cette triste décision, significative du désarroi de l'époque, est rapportée en toutes lettres dans le journal du grand Rabbin mais elle fut occultée lors des débats.

H. de B. – *Pouvez-vous nous parler du troisième convoi, celui d'octobre 1942 ?*

M. P. – Ce convoi est caractéristique. Voilà un drame que l'on ne peut reprocher ni à la préfecture ni à moi-même car la liste fournie par les Allemands comportait quatre cents noms. Or, sur ces quatre cents noms il y a eu seulement quarante arrestations. Ce n'est pas par l'opération du Saint-Esprit que l'on trouve quarante arrestations sur quatre cents menaces. Et les parties civiles n'ont pas voulu comprendre, ou admettre le travail qu'impliquait une telle différence. Nous étions à l'époque mieux organisé au vu des expériences de juillet et d'août pour prévenir les communautés du danger qu'elles couraient. Au cours de ces opérations le dénommé Slitinsky, animateur de cette campagne contre moi, a été menacé d'arrestation. Il est exact qu'il avait 18 ou 20 ans à l'époque, qu'il s'est échappé par les toits et qu'il n'a pas été arrêté. Slitinsky a fait grand cas de cette menace dont il était l'objet mais le pouvoir préfectoral qui faisait ce qu'il pouvait de son côté a pu libérer, en intervenant auprès de la Gestapo, sa sœur Alice Slitinsky. On a tenté de falsifier la vérité en disant que ce n'était pas à la préfecture qu'elle devait la liberté : les documents étant irréfutables ce fut quand même l'un des rares constats positifs qui se soit finalement imposé au procès. En un mot comme en dix, dans ce convoi d'octobre 1942, la seule pièce que l'on m'oppose est le fameux compte-rendu que j'ai signé.

H. de B. – *Pouvez-vous préciser ce que vous avez fait pour la sœur de Michel Slitinsky ?*

M. P. – Comme on a beaucoup parlé d'Alice Slitinsky, arrêtée au cours d'une rafle puis libérée, je voudrais revenir sur les conditions dans lesquelles cette libération a été obtenue puisque, autour de cet événement finalement heureux, son frère Michel Slitinsky a, vainement, essayé d'opposer des démentis à la vérité. Cela commence par une lettre de madame Slitinsky mère, effectivement malade qui demande la libération de sa fille. Elle s'adresse à la préfecture et non pas ailleurs. La préfecture répond à Madame Slitinsky mère, la lettre que voici :

« En réponse à votre lettre du 25.10 dernier, j'ai l'honneur de vous faire connaître que l'autorité allemande va donner son accord de principe à la libération de votre fille Alice. J'interviens auprès du service pour accélérer cette libération... »

Le service allemand des questions juives de la Gestapo, interpellé d'une manière instante par nos soins, nous adresse la réponse suivante :

« Au cours de l'examen de la situation qui a eu lieu le jeudi 22 octobre 42 au camp de Mérignac, Monsieur le lieutenant Dobertschutz a accepté que Slitinsky Alice eu égard à sa nationalité française et à l'état de santé de sa mère qui a besoin de soins constants, soit mise en liberté prochainement. »

Elle fût effectivement libérée dans les jours qui suivirent. Voilà la véritable histoire de la libération d'Alice Slitinsky quelles que soient les affabulations de son frère.

H. de B. – *Que s'est-il passé pour les convois de janvier et mai 1944 ?*

M. P. – En janvier 1944 oui, j'ai aussi établi un compte-rendu. Si un compte-rendu vaut injonction, si un compte-rendu implique responsabilité, alors oui, je suis responsable. Il semble pourtant évident qu'un compte-rendu relate des faits déjà passés. Faute d'autres arguments, la Cour d'Assises a retenu un élément d'information qui fut extrait de son contexte et n'impliquait aucune participation de ma part. Le Procureur général a d'ailleurs reconnu qu'un compte-rendu portant sur des faits révolus n'engageait pas la responsabilité du rédacteur, dès lors que celui-ci n'avait pas participé aux événements relatés.

Le convoi de 1944 fut constitué en représailles, suite à la fuite du grand Rabbin. Les Allemands ont procédés par eux-mêmes, ont pris des initiatives : le préfet régional s'est battu longuement pour gagner quelques jours, sinon quelques heures. Dans cette affaire-là, la bataille était perdue d'avance parce que les Allemands, exaspérés par les revers militaires qu'ils subissaient, devenaient fermés à toute négociation.

C'est encore une anomalie de ma condamnation car, dans cette opération, je n'ai joué aucun rôle : le préfet, parce qu'il y avait dans le convoi des juifs français en principe exonérés de toute arrestation, avait pris personnellement l'affaire en main. La négociation s'est passée avec son cabinet et je ne suis jamais intervenu, ni de près ni de loin, mais comme il fallait retenir quelque chose contre moi, on a retenu une communication téléphonique et une signature de compte-rendu : le procès verbal que Sabatier avait fait signer à ses proches collaborateurs, y compris ceux de la police, seule en jeu en cette circonstance comme dans les autres. Je répète encore une fois que la police n'était pas sous mes ordres, contrairement aux contrevérités que les parties civiles tentaient d'accréditer. Le colonel Duchon, intendant de police, colonel d'active nommé général à la Libération... n'aurait jamais accepté un ordre venant d'un sous-préfet de 30 ans. C'est en tout cas un fait établi et reconnu par Sabatier, les experts et le jury d'honneur.

H. de B. – *Revenons sur les convois de 1942 qui sont au cœur du drame de Bordeaux. Pourriez-vous préciser ce que vous avez pu faire ou ne pas faire ?*

M. P. – Vous avez raison de revenir sur ce convoi du mois d'août 1942 qui a été une date charnière dans la détermination allemande, des nazis, de mener à bien leur dramatique entreprise, après l'échec relatif des opérations de juillet qui avaient obligé les Allemands à annuler un train. Le convoi du mois d'août a cette caractéristique qu'il n'a pas été précédé d'arrestations. Les ordres de la Gestapo étaient de constituer des convois des juifs qui étaient d'ores et déjà internés. Internés à Mérignac ou internés ailleurs. Pourquoi étaient-ils internés ? La plupart avait été arrêtés par les Allemands eux-mêmes lors du passage de zone occupé en zone libre.

Nous n'avions aucune prise sur les événements puisqu'ils disposaient déjà des gens internés, mais parallèlement la préfecture tentait d'obtenir que les enfants et les vieillards échappent à la déportation.

La réponse de la Gestapo a été totalement négative et je dirai brutalement négative : les enfants que nous avions pu sauver au mois de juillet ont été réincorporés dans ce convoi à l'exception naturellement de ceux que l'on a pu cacher dans des familles comme je le disais à l'instant. S'était greffé sur cette opération un ensemble d'événements qui caractérisaient bien la politique allemande. Il y avait eu ces fameux accords entre Bousquet et Knochen sur les convois des juifs étrangers en contrepartie des juifs français qui devaient rester sur le territoire national.

Une réunion des préfets régionaux à Paris avait eu lieu sous la présidence de Laval, je crois me souvenir. Au retour de Sabatier, rapportant les injonctions du gouvernement et des autorités nazies, nous n'avons pu faire grand-chose, bien que le dossier retrace les interventions nombreuses faites pour essayer de garder les enfants. Tous ces efforts furent prodigués en vain, sauf pour une quinzaine d'enfants réfugiés clandestinement dans les familles.

Et puis, il y avait la politique de terreur comme nous l'avons vu. Suite à l'assassinat à Paris d'un de leurs officiers, les Allemands ont fusillé des prisonniers à Paris et ils ont fait de même à Bordeaux. Pourquoi Bordeaux ? Sous prétexte qu'il y avait une « réserve » de prisonniers. Je me souviens de ce drame. Cela se passait en septembre 1942. Maurice Sabatier, depuis trois mois préfet régional, s'est déplacé immédiatement au siège de la Gestapo au Bouscat et fut reçu par le commandant Luther. Les protestations indignées de Sabatier restèrent vaines : il a seulement obtenu un sursis, ce qui ne signifiait rien devant un tel drame, puisque soixante-dix Français innocents ont été extraits du fort du Hä et fusillés au camp de Souges. Le Préfet a obtenu pour eux des sépultures individuelles. Pourquoi 50 fusillés à paris et 70 à Bordeaux ? Nous avions le sentiment d'une menace, d'une espèce de vengeance. En fait, nous étions en pleine tragédie grecque, ces exécutions décidées par Oberg, le chef des SS pour la France étaient la conséquence (nous le savons maintenant) du sabotage de la préfecture dans les déportations de juifs. Eichmann avait été furieux de l'annulation du train.

H. de B. – *Le 8 novembre 1942, les Américains débarquent en Afrique du Nord, et les Allemands occupent la zone libre. Comment percevez-vous ce tournant de la guerre et cette occupation allemande qui va se durcir considérablement ?*

M. P. – Je dois vous dire d'abord qu'à l'annonce du débarquement des troupes américaines en Afrique du Nord et, si mon épouse était encore là elle en témoignerait, ce fut un cri de joie, parce que c'était la première étape de la Libération. On se doutait bien qu'à partir des côtes nord-africaines on préparerait la libération. Le pessimisme a fait place à l'optimisme malgré les inconvénients dus à l'occupation totale de la France. Je me remets dans l'état psychologique de l'époque. Ce n'est pas un jugement historique, c'est un jugement de sensibilité vécu sur place, sur le terrain.

H. de B. – *Le STO est institué en 1942 et plusieurs centaines de milliers de jeunes Français doivent partir travailler en Allemagne. Quelles différences faisait la préfecture et vous-même entre ces nouveaux transferts massifs, que certains considéraient même comme des déportations, avec les déportations politiques et les déportations juives ?*

M. P. – Il y avait une grande différence. Bien entendu on s'employait à saboter cette mobilisation puisque le STO participait à l'effort de guerre de l'Allemagne en envoyant du personnel français y travailler. Mais cela étant dit, le STO se distinguait des déportations juives d'une manière manifeste puisque celles-ci procédaient de l'appartenance à une communauté que l'on voulait officiellement « mettre à l'écart ». Comme pour les déportations politiques, il y avait toujours des interrogations : que deviendraient-ils ? Qu'en feraient-ils ? Il y avait aussi la menace qu'ils deviennent des otages.

Pour le STO, il existait une sorte de contrat avec les Allemands qui n'en faisaient guère cas, mais il y avait tout de même un contrat puisque certains personnels du STO venaient en permission en France. Et puis il y avait un attrape-mouche, mais à l'époque cela comptait : pour deux mobilisés au titre du STO, il y avait la libération d'un prisonnier. Les Allemands avaient été assez malins pour dorer la pilule. Et les Français oublient aujourd'hui les 1 500 000 prisonniers qui servaient d'otages.

H. de B. – *L'année 1943 voit l'occupation allemande se durcir et les exécutions d'otages se multiplier. Comment la préfecture fonctionne-t-elle et quelles étaient vos priorités dans une époque où la brutalité allemande devenait souvent intolérable pour la population ?*

M. P. – L'année 1943 a été dramatique. L'année 1944 le fut aussi mais elle a été plus courte parce que marquée par le débarquement et la Libération. Tandis qu'en 1943 on pouvait encore se poser des questions, malgré Stalingrad, malgré la campagne d'Italie. Les rangs de la Résistance ont été décimés pendant l'année 1943, surtout pendant la seconde partie de l'année et c'est l'un des funestes exploits de la Gestapo de Dohse. Le système qu'il avait mis en place, système de dénonciation, d'agents furetant partout, commençait malheureusement à donner des résultats. Il était très périlleux d'être dans la Résistance à ce moment-là. Il fallait nécessairement multiplier les précautions, observer le silence, déjouer les traquenards. On continuait la guerre sous une autre forme.

H. de B. – En effet, en septembre 1943, la Résistance bordelaise va être décapitée lors du retournement de son chef Grandclément par Dohse. Grandclément avait constitué l'un des plus grands réseaux de Résistance fort de 1 500 membres. Le jour où sa femme est arrêtée, il se livre à l'Allemand, et accepte de collaborer : il est retourné. Ses agents vont même voir le général de Gaulle à Alger avec un étonnant message : il faut donner priorité à la lutte contre l'URSS. C'est l'apocalypse pour la Résistance. Les réseaux sont infiltrés par la Gestapo, les arrestations se multiplient.

Comment la préfecture prend-elle en compte ces menaces et comment perçoit-elle l'effondrement de la Résistance et ces infiltrations de la Gestapo ?

M. P. – On a bien ressenti le changement. Même dans les simples relations administratives avec les Allemands, les exigences se multipliaient, le ton se durcissait et finalement les finasseries n'avaient plus cours. Les Allemands faisaient preuve de moins de naïveté, par conséquent ils étaient moins manœuvrables : on a bien senti que montait jour après jour une nouvelle épreuve de force. Et cette épreuve de force s'est close en 1944. Obligation était faite pour sa propre sécurité, et pour la sécurité de l'ensemble de la population, de multiplier les précautions, de durcir le silence, de faire attention à tout ce qu'on disait et à tout ce qu'on faisait. La préfecture jouait en quelque sorte le rôle de chien de garde vis-à-vis de la population. Cela, les juges l'ont oublié faute de l'avoir vécu.

Il n'y avait plus vraiment de marge de manœuvre. En ce qui concerne les otages, à Bordeaux en particulier ce fut terrible.

H. de B. – *Londres se rend compte que la Résistance à Bordeaux est à l'agonie. Le général de Gaulle le sait aussi, mais n'a pas encore beaucoup de moyens. Le SOE de Londres va envoyer Roger Landes épurer la Résistance bordelaise avec des méthodes aussi expéditives : tous les chefs de réseaux considérés comme suspects sont exécutés avec une détermination sans faille. Grandclément et sa femme seront eux-mêmes abattus.*

Nous voyons aussi apparaître début 1944 déjà en filigrane Cusin, le commissaire de la République, prévenu par de Gaulle que la Résistance bordelaise est un nid de vipère. Cusin sera nommé à Bordeaux, prendra contact avec vous et vous conservera avec lui. À Bordeaux, la Résistance n'est pas à même de libérer la ville comme à Paris, avec la division Leclerc. Les Allemands évacueront Bordeaux et il n'y aura aucune action de retardement pour la simple et bonne raison qu'il n'y a plus d'effectifs de la Résistance capables d'offensives significatives.

M. P. – Historiquement c'est exact mais les soldats de l'ombre, les Campet, Souillac, Perpezat, témoignent des risques pris à la Libération. Ce fut ensuite la campagne militaire entreprise pour déloger les Allemands de la pointe de Grave et de Royan avec le général de Larminat.

H. de B. – *Le général de Gaulle arrive le 17 septembre 1944, inquiet mais très au courant de la situation locale. Il faut rétablir la confiance et l'ordre républicain. Vous êtes présent à son arrivée, comment faites-vous sa connaissance, quelles mesures prend-il vis-à-vis de la Résistance, quels furent vos premiers rapports avec lui ?*

M. P. – Cusin m'avait chargé d'organiser la réception et le séjour du général de Gaulle. À la suite de Cusin, j'ai découvert ce grand homme dans tous les sens du terme. Le Commissaire de la République a présenté son cabinet, le personnel qu'il avait appelé auprès de lui et notamment moi-même, sans dissimuler que j'avais été secrétaire général de la préfecture sous le régime de Vichy mais que j'avais appartenu à la Résistance. J'étais pour lui, disait-il, un auxiliaire indispensable pour la connaissance de Bordeaux, du département et de sa région. C'est d'ailleurs ce que l'on ne me pardonne toujours pas : je savais ce qui s'était passé dans la Résistance. De faux Résistants, dont certains ont, malgré leur inactivité, rejoint le Comité Départemental de la Résistance, m'ont combattu parce que j'étais un témoin gênant et lucide de leurs manquements ou même de leur imposture. Delaunay, patron du CDR, ne fera son apparition qu'après le débarquement de Normandie et il le confesse dans une lettre.

Tout s'explique et tout est logique dans cette affaire. Je prends contact avec le général de Gaulle, le conduis dans sa chambre pour qu'il se détende en fumant une cigarette, avant d'apparaître au balcon de la préfecture où il prononce un discours historique. Après cette effusion populaire avec la masse des Bordelais, il reçoit les corps constitués et les services qui n'avaient pas été complètement décapités ou désorganisés.

La revue des corps civils s'est passé sans incident. Il a reçu ensuite les militaires qui avaient accompagné, de diverses façons, la Résistance et la libération de Bordeaux. Il s'est produit alors un incident historique. Lorsque Aristide, nom de guerre de Roger Landes envoyé du SOE, s'est présenté, le général de Gaulle a très mal pris qu'un officier britannique de l'Intelligence Service ait dû épurer et dominer la résistance bordelaise. Il lui a intimé l'ordre de faire demi-tour. Le même sort fut réservé à Triangle, Niçois qui s'appelait en réalité Gaillard et avait épaulé Landes dans ses actions. Gaillard solidaire de Landes a dû quitter Bordeaux. Après quoi les choses se sont calmées.

H. de B. – *Vous avez conservé des relations avec Roger Landes ?*

M. P. – Oui, nous nous sommes revus une fois. Lors d'un voyage à Paris nous l'avons revu effectivement avec Cusin, tout à fait décontracté et de fort bonne humeur.

H. de B. – *Les grandes personnalités juives auprès du général de Gaulle vous ont spécialement protégé, comme Sabatier. Je veux d'abord parler de René Mayer, intime de Lambert et de Helbronner, qui vous a soutenu comme préfet de Constantine et vous a épaulé pendant des années durant votre carrière. C'est ensuite Jules Moch qui se félicite de votre nomination comme préfet de police de Paris, la LICRA à la même occasion. C'est enfin Michel Debré qui vous soutiendra constamment dans votre carrière et vous confiera même son fils à former, à votre cabinet ministériel.*

M. P. – Mes rapports avec René Mayer furent exceptionnels : historiquement, intellectuellement et professionnellement.

Historiquement, parce qu'ayant fait sa connaissance à Bordeaux au mois de septembre 1944, lorsqu'il a fait sa tournée de la France pour situer la hiérarchie des problèmes de travaux publics et de transports. Il était venu en effet comme ministre de ce vaste département. Cusin étant commissaire de la République. Les contacts à cette occasion ont été non seulement faciles mais, je crois, réciproquement confiants.

Professionnellement, il m'a alors suivi dans ma carrière. Il a notamment demandé au ministre de l'Intérieur de l'époque, qui était Jules Moch, ma nomination dans le Constantinois, où il fallait résoudre une crise administrative et politique. C'est ainsi que j'ai été une première fois préfet de Constantine, René Mayer étant député de Sétif. Ce député de Sétif a influencé les gouvernements de la IVe république comme ministre des Travaux publics, puis ensuite comme Garde des Sceaux et enfin comme président du Conseil. C'est vous dire son importance et son influence. Et lorsque l'opportunité s'est présentée, il m'a proposé au poste de secrétaire général du Protectorat du Maroc. J'ai été le dernier secrétaire général d'un protectorat puisque au bout de cette expérience, il y a eu l'indépendance marocaine négociée par Edgard Faure.

Intellectuellement, des sentiments de confiance se sont renforcés avec René Mayer, et j'ai gardé des relations avec lui quand il a été nommé à la Haute Autorité du Charbon et de l'Acier (CECA), première étape vers le marché commun. Lorsque j'étais préfet de Police de Paris, je lui rendais souvent visite et, nous allions déjeuner chez lui avec mon épouse. Au-delà des liens intellectuels, j'avais des liens affectifs profonds avec René Mayer.

H. de B. – *Vous ignoriez le rôle fondamental que René Mayer a joué en décembre 1941, en décidant de ne pas participer à l'UGIF et en choisissant de partir à Alger. Mais il est clair qu'il connaissait très bien Helbronner et Lambert puisque leurs discussions ont duré, d'après les archives, plus de huit jours, pour savoir qui participerait et qui ne participerait pas à l'UGIF. René Mayer est parti à Londres puis à Alger avec une connaissance parfaite de tout ce que l'on pouvait connaître du problème des déportations à cette époque en 1941-1942.*

René Mayer était très informé. Pourquoi cet homme si brillant et si averti est-il resté réservé sur cette période si difficile ? Comment se fait-il qu'il ne soit pas intervenu auprès du général de Gaulle pour des actions ou des informations spécifiques sur les déportations juives ? Et comment se fait-il qu'en 1950, alors qu'il est garde des Sceaux, il ait pris la décision de faire libérer Xavier Vallat qui avait tout de même été à la base des premières lois anti-juives, même si il a été limogé en mai 1942 au profit de Darquier de Pellepoix ?

Autre et dernière surprise, vous avez bénéficié de sa protection et même de son soutien puisque, lorsque Sabatier n'est plus auprès du général Koenig, ce sera René Mayer qui va le faire nommer conseiller d'État. René Mayer était un homme qui savait tout sur les déportations sur Bordeaux et sur vous-même.

Avez-vous une explication concernant la position qu'il a prise en faisant libérer Xavier Vallat lorsqu'il était ministre de la Justice ?

M. P. – Sur ce point particulier, je n'ai pas d'interprétation personnelle à fournir. Mais pour répondre à l'ensemble des questions qui composent vos interrogations, combien complexes, je dois avouer avoir totalement ignoré le rôle de René Mayer pendant l'occupation et le problème qui s'est posé avec Helbronner, Lambert et l'UGIF.

Je pense que René Mayer était un homme fort intelligent qui avait également une grande intuition. Il a sans doute réalisé (c'est moi qui recompose un être disparu et ce n'est pas facile), que l'UGIF deviendrait un traquenard visant à faire participer les juifs à la sale besogne des Allemands. Voilà comment je vois les choses.

Il est presque accessoire de dire qu'Helbronner et Lambert rendaient visite au maréchal Pétain. Le journal que tenait le grand Rabbin signale qu'il y avait, parmi les grands dirigeants juifs, une certaine adhésion au maréchal Pétain. Pour des raisons fort honorables puisque le grand Rabin était un ancien combattant de Verdun comme Monseigneur Feltin chez les catholiques. Pour eux le maréchal Pétain était le vainqueur de Verdun et il conservait une espèce d'auréole sentimentale. René Mayer n'a pas adhéré à cette analyse, ce qui a dû peser sur sa décision d'éviter l'engrenage de l'UGIF.

Ceci étant dit, les relations de grande confiance, tant avec Sabatier qu'avec moi, de cet homme très informé, jusque dans les détails, prouvent qu'il ne nous prenait ni l'un ni l'autre pour des criminels ! René Mayer connaissait fort bien les efforts que nous avions déployés à Bordeaux pour sauver le maximum de ses coreligionnaires. Et sans doute cela a pesé dans les sentiments qu'il nous portait à l'un comme à l'autre.

L'histoire de René Mayer et les rapports que nous avons entretenu, sont restés absents de ce procès, ce qui est désolant, mais cela n'aurait rien changé, car ce qui pouvait m'être favorable a été occulté, étouffé, mis dans un tiroir par les parties civiles et le ministère public. Tout ce qui gênait l'accusation a été jeté à la corbeille par une meute de juges et d'avocats. Cela a été une attitude systématique, d'autant plus aisée que cette meute se savait soutenue par les pouvoirs publics : pour des raisons politiques, il leur fallait ce procès, il leur fallait cette condamnation.

H. de B. – *Quels rapports avez-vous eus avec les grandes personnalités de la Ve République, je veux dire par-là, Georges Pompidou, Jacques Chirac, Valéry Giscard d'Estaing et François Mitterrand ?*

M. P. – Avec Georges Pompidou, les relations étaient étroites et confiantes. Elles ne s'expliquaient pas seulement par le fait que nous avions l'un et l'autre fréquenté en même temps le lycée Louis-le-Grand, pour lui il est vrai dans une classe supérieure. Lorsque nous nous sommes retrouvés, au retour du général de Gaulle en 1958, les contacts avec lui devinrent fréquents puisque j'étais en charge de la préfecture de Police de Paris et qu'il dirigeait le cabinet du général à Matignon.

H. de B. – *À la même époque vous faites connaissance avec Jacques Chirac, quels sont à ce moment-là vos rapports avec lui et plus tard lorsqu'il a fondé le RPR en 1976 ?*

M. P. – Jacques Chirac était plutôt un collaborateur de Pompidou qu'un disciple du général de Gaulle. Néanmoins, étant donné mes rapports avec Georges Pompidou, lorsque Jacques Chirac a fondé le RPR, je l'ai activement aidé avec le concours de mon ami, aujourd'hui disparu, Robert André Vivien. Nous avons cru à ce moment-là qu'il reprendrait le flambeau du gaullisme. Il a fallu attendre quelques années pour s'apercevoir qu'il n'en était rien.

H. de B. – *Ensuite Valéry Giscard d'Estaing va succéder à Georges Pompidou, vous allez devenir ministre du Budget.*

M. P. – Après la mort de Georges Pompidou, j'ai personnellement participé à la campagne électorale de Jacques Chaban-Delmas tandis que Jacques Chirac soutenait Valéry Giscard d'Estaing qui avait pourtant contribué à l'échec du référendum de 1969, ce qui a provoqué le départ du général de Gaulle. Valéry Giscard d'Estaing m'en a tenu plus ou moins rigueur. Mais comme j'avais été pendant toute la mandature rapporteur général du Budget, il a pensé qu'il était opportun et utile à l'État de suivre les propositions de Raymond Barre pour ma nomination comme ministre du Budget. Je le suis resté trois ans.

H. de B. – *François Mitterrand succède à Valéry Giscard d'Estaing. Quels ont été vos rapports avec François Mitterrand ?*

M. P. – Mes rapports avec François Mitterrand, président de la République, ont été nuls. J'ai connu François Mitterrand auparavant, au Parlement notamment, et puis lorsqu'aussi j'étais Préfet de police à l'occasion de l'affaire de l'Observatoire.

H. de B. – *Contrairement aux personnalités juives qui connaissaient à la fois le drame des déportations et vos fonctions à Bordeaux et qui vous ont soutenu après la guerre, de nombreuses associations, depuis 1981, voient les déportations d'un œil différent et vous en jugent complice. Comment expliquez-vous ces différences d'analyse ?*

M. P. – Cette question est fort complexe. Je dirai, en parlant des leaders juifs que vous citez, que c'étaient des hommes parfaitement informés et très ouverts à mon égard. Comme ils connaissaient mon action pendant la Résistance à Bordeaux, nos rapports étaient placés sous le régime de la confiance et de l'estime. C'est Jules Moch qui m'a fait Chevalier de la Légion d'Honneur !

Ceux qui ont provoqué ce procès, il faut les chercher dans les rangs des communistes staliniens et de certains intégristes. Certains juifs par idéalisme ou de par leur situation sociale, furent staliniens après la guerre et ce sont ceux-là, avec Slitinsky en tête, qui ont allumé le brasier.

H. de B. – *Slitinsky, nous connaissons sa déposition, elle semble s'être diluée au cours du procès après avoir même été fortement mise en doute. Que pensez-vous de cette curieuse déposition, puisque c'était tout de même lui, l'un des acteurs majeurs ?*

M. P. – Effectivement c'était un agent majeur et il est exact que Slitinsky s'est effondré au cours du procès. Il a été confondu dans les variations qu'il avait faites de ses évasions, de ses actions de résistance. Tout cela a été réduit à néant et on s'est finalement aperçu de ce qu'il était. Cette révélation pourtant essentielle n'a eu aucun effet sur la Cour et sur le verdict rendu.

H. de B. – *En résumé, que pensez-vous de ce procès hors norme ?*

M. P. – Ce procès était effectivement hors norme et j'emploie volontiers quelquefois l'expression « surréaliste ». Ce procès était insolite par les objectifs qu'il se fixait, par les moyens qui ont été utilisés et finalement par les résultats qu'il a obtenus. Les griefs retenus sont pour le moins singuliers :

– avoir obtenu des wagons de voyageurs à la place des wagons de marchandises afin de rendre moins pénibles les conditions de transport ;

– avoir substitué des gendarmes français à la feldgendarmerie qui brutalisait les juifs.

Tout cela sur la demande du grand Rabbin !

En ce qui concerne les objectifs du procès, ils sont clairs : obtenir une condamnation pour illustrer en quelques sorte la déclaration du chef de l'État sur la « *responsabilité de la France et des Français dans le génocide perpétré par les nazis* ». C'était une nouvelle prise de position totalement opposée à celle du général de Gaulle et de ses successeurs. Il fallait donc qu'une décision judiciaire condamnant un ancien gaulliste, vienne à l'appui de cette déclaration politique.

H. de B. – *Pourquoi cette déclaration politique à votre sens ?*

M. P. – Pourquoi cette déclaration politique ? C'est en effet une énigme. Elle détruit les efforts soutenus par de Gaulle pour préserver la France des vicissitudes de Vichy, en songeant à sa grandeur, à son honneur, et aussi à ses malheurs. Or Jacques Chirac n'est pas un idéologue. Il a le sens du concret. Et l'insistance qu'apporte Serge Klarsfeld à se réclamer de lui, crée assurément un malaise, alors que cet activiste militant revendique, avec raison d'ailleurs, d'avoir imposé le verdict qui m'a frappé. Mais laissons de côté ces péripéties, qui ne sont que le dessus de l'iceberg. Le plus gros touche à l'histoire... ou plus précisément au sens de l'histoire que chacun ressent à son niveau et qui interdisait d'accuser la France, la France même défigurée par le masque du dramatique carnaval de Vichy. Il était aussi interdit de culpabiliser les Français qui ont durement souffert durant quatre ans.

La génération actuelle aurait-elle donc oublié ce qu'ont pu raconter grands-parents et parents sur les épreuves qu'ils ont vécu ? Ce que de Gaulle avait édifié à partir des circonstances, c'est aujourd'hui par terre. Et puis s'est greffé sur cette affaire curieuse, un règlement de compte initié par les communistes et se rapportant à l'époque de la Libération et au retour au pouvoir du général de Gaulle.

Les Français l'ont peut-être oublié, mais lors de la guerre d'Algérie (Pierre Messmer en a d'ailleurs parlé très clairement pendant le procès), il y avait une entreprise de déstabilisation visant le général de Gaulle. C'est la raison pour laquelle, lui qui était un homme lucide m'avait donné une consigne claire : « tenir Paris ». Car, qui ne tient pas Paris, ne tient pas la puissance publique et tout s'effondre, comme l'histoire de France en est riche d'exemples. L'idée d'un coup d'État à Angoulême ou à Montélimar semblerait en effet saugrenue.

H. de B. – *Quels furent vos rapports avec le général de Gaulle ?*

M. P. – Je n'ose dire ce qu'il pouvait penser de moi, encore qu'il l'ait exprimé officiellement à deux reprises :

– dans une lettre à Georges Pompidou, alors Premier ministre ;

– à l'occasion du vingtième anniversaire (1964) de la Libération de Paris, où il a fait l'éloge public du Préfet de police, alors que ce n'était pas dans ses habitudes d'encenser les serviteurs de l'État.

Je constate simplement qu'il m'a gardé durant neuf années et pendant ces neuf années, il y eut la guerre d'Algérie et des troubles à Paris et ailleurs, alors que nos soldats se battaient de l'autre côté de la Méditerranée.

Vous aviez raison de relever tout à l'heure le caractère insolite de ce procès. Insolite dans ses objectifs, je viens de le rappeler, mais insolite dans ses moyens. Figurez-vous que l'on a écarté un avocat général qui préparait des conclusions de non-lieu en ma faveur. Pendant le procès les Klarsfeld ont monté toute une intrigue pour déstabiliser le président de la Cour d'Assises et malheureusement y ont réussi. Ils dévoilent la parenté du président Castagnède avec l'une des familles victimes du convoi de décembre 1943 et exigent son départ, car le président aurait recherché mon acquittement !

Pendant l'instruction, il y a eu pression sur des témoins, comme en a témoigné Maurice Travers sommé par Annie Léotin de reconnaître que j'avais demandé une attestation de complaisance. Pendant le procès, il y a eu des témoignages biaisés comme celui de Michel Slitinsky et de J.-P. Bloch. Les institutions judiciaires, elles-mêmes, ont dû faire preuve d'imagination pour me mettre en accusation et obtenir condamnation.

C'est effroyable. Lorsque l'on fera à tête reposée, le bilan de ce procès, je pense que le qualificatif d'insolite sera bien insuffisant pour qualifier la manière scandaleuse dont les choses ont été menées, et l'injustice évidente dans la condamnation dont j'ai été l'objet, pour apaiser la hargne d'adversaires qu'on voulait, en haut lieu, ménager.

Ce procès a été aussi insolite dans ses résultats :

– D'abord, ce procès a révélé la vulnérabilité des institutions judiciaires. C'est grave pour un État de droit ou un État qui se dit encore de droit.

– Ensuite la pression des médias. J'ai été d'abord l'objet d'un pilonnage médiatique présentant un personnage méprisable et condamnable. Peu à peu l'évolution du procès a rendu les médias plus objectifs et les a amené à reconnaître qui j'étais : l'atmosphère a changé. Cela prouve qu'il ne faut jamais se décourager quand on lutte pour la vérité.

– Enfin ce qui restera dérisoire : la prétention d'avoir voulu faire de ce procès un procès historique pour l'avenir. Je prends date, même si je ne suis plus sur cette terre lorsque l'on étudiera d'un œil neuf l'enregistrement des débats : elle éclatera alors, la dérision qui s'attache à cette page qui déshonore la France.

Les conséquences pour moi sont moralement et matériellement très affligeantes, je n'ai pas besoin de vous le dire puisque ma femme y a perdu la vie. Et comme j'ai l'habitude du service public, je dirai d'un mot que là où l'honneur et la liberté d'un citoyen sont touchés, ce sont tous les citoyens qui se trouvent concernés. Un État de droit ne devrait pas provoquer un tel séisme judiciaire et moral. Il devrait en priorité tenir compte de l'intérêt national.

Il n'est que de constater les réactions de l'étranger vis-à-vis de ce procès. Au-delà de nos frontières, on se demande tout simplement si les Français sont devenus fous. Or les Français ne sont pas fous. L'abondant, le très abondant courrier que j'ai reçu m'assure de la solidarité de la France silencieuse, mais les fous se trouvent peut-être ailleurs. Et leur action politique n'est pas sans incidence sur l'équilibre des institutions judiciaires.

H. de B. – *Et politiquement ?*

M. P. – Politiquement, c'est désastreux pour les initiateurs de ce procès qui se voulait historique.

H. de B. – *Vous mettez en cause le président de la République, l'ancien Garde des Sceaux Jacques Toutbon, la communauté juive ?*

M. P. – La communauté juive n'est pas unanime.

H. de B. – *Le président de la République, le RPR ?*

M. P. – Le RPR n'y est pour rien, ce sont de vieux camarades. Ils ont subi. Mais je crois qu'en même temps ils ont jugé.

CHAPITRE X

ENTRETIEN AVEC MICHEL BERGÈS *

« On en était encore au temps des grandes illusions ! »

Grand Rabbin COHEN, *Journal*

* Les enregistrements video ont été assurés par Thomas Goldet.

H. de B. – *Michel Bergès, personne ne connaît mieux que vous ce qu'était la vie à Bordeaux de 1940 à 1944 : un port d'importance stratégique situé en zone interdite, avec une occupation allemande omniprésente, vous analysez très à fond, dans un travail historique en cours sur* Le pouvoir à Bordeaux, *les relations de la communauté juive avec la préfecture. Comment, au point où vous en êtes, percevez-vous l'analyse et la politique que menait le grand Rabbin Cohen durant cette époque, notamment dans les années 1942-1944 ?*

M. B. – C'est une question difficile. Parce qu'on ne peut l'appuyer que sur des documents établis, le grand Rabbin étant décédé. La communauté juive de Bordeaux d'aujourd'hui, pour une grande part, n'a pas vécu les faits directement. Beaucoup sont arrivés d'Afrique du Nord dans les années soixante et ne peuvent témoigner. Les personnes qui ont survécu au drame sont peu nombreuses, et la plupart refusent d'aborder ouvertement ce sujet chargé d'émotion.

En l'état actuel de ma connaissance du dossier, nous disposons, pour répondre, de divers documents. Les plus importants sont ceux de l'UGIF de Bordeaux. Cet organisme officiel, institutionnalisé par Vichy avec l'accord des SS, à l'instar de ce qui se passait dans de nombreux pays d'Europe, apparut à Bordeaux en juillet 1942. Côté nazi, il s'agissait de créer un organisme juif unique, placé sous contrôle, afin d'enclencher le processus de destruction des communautés nationales et locales, en commençant par les normaliser et les spolier. À Bordeaux, l'UGIF fut confiée aux bons soins d'une assistante sociale dévouée, Germaine Ferreyra, aidée par un membre du Consistoire, Albert Errera, responsable de l'Association cultuelle. Tous deux furent aidés par une poignée de personnes (dont M. et Mme Brunschwig). Le grand Rabbin Cohen supervisa le groupe dont la principale fonction était de distribuer des secours aux malheureux, et d'assister les coreligionnaires lors des rafles. La correspondance de cet organisme a été conservée dans les archives new-yorkaises. Elle apporte de précieuses indications qui ont été absentes de l'instruction et du procès Papon.

D'autres documents existent : l'ensemble de la correspondance entre le grand Rabbin et la préfecture de la Gironde, qui nous révèle une coopération fréquente et confiante. Un exemple inédit ? En décembre 1942, le secrétaire général de la Gironde demanda aux SS, sur intervention pressante du grand Rabbin, la libération du responsable de l'UGIF, Albert Errera, arrêté le 12 août 1942. Maurice Papon, qui envoya Garat négocier au KDS, plaida en ces termes habiles le cas d'Albert Errera :

« Affaire : Errera, David Albert, 14, rue Brun, Bordeaux, interné au Fort du Hä.

Objet : Entretien de mon représentant avec le lieutenant Doberschutz.

En accusant réception du bref entretien, qu'a eu mon représentant avec le lieutenant Doberschutz relatif à l'incarcération du juif mentionné dans la rubrique ci-dessus, j'ai l'honneur de vous rappeler rapidement cette affaire :

L'intéressé, qui est emprisonné par vos services depuis plus de deux mois, est placé dans le Secteur allemand du Fort du Hä, et possède la carte de légitimation n° 706 de l'Union des Israélites de France, organisme autonome et public, qui a été créé par la loi du 29 novembre.

Cette carte :

1) protège son détenteur et les membres de famille de toute mesure d'internement,

2) elle est délivrée avec l'approbation des Autorités d'Occupation, qui détiennent une copie conforme à Paris, 31 bis, avenue Foch.

Je vous serais reconnaissant d'avoir l'obligeance de me faire savoir si vous accepteriez de bien vouloir examiner la prochaine libération de l'intéressé. [1] »

---

1. Source : Archives départementales de la Gironde, classeurs de la correspondance active et passive de la Préfecture avec les services allemands du KDS de Bordeaux, 1942. Documents non cotés en 1981-1983, lors de ma consultation.

Celui-ci sera relâché effectivement le 16 janvier 1943.

Ce cas est très intéressant car il montre que cette libération, qui allait de soi compte tenu des règlements en vigueur, devait en réalité faire l'objet d'une négociation : les Allemands auraient pu refuser.

On dispose par ailleurs de documents montrant que le service des Affaires juives de la préfecture intercéda à diverses sollicitations de Joseph Cohen concernant notamment la dérogation à l'ordonnance allemande du 7 février 1942 sur la liberté de déplacement des juifs et leur assignation à résidence. Ainsi le 22 juin 1943, le grand Rabbin adressa la lettre suivante à Maurice Sabatier, au sujet d'une demande de déplacement pour se reposer en vacances et se rendre en cure :

« *Monsieur le préfet régional,*

J'ai l'honneur de m'adresser à votre haute sollicitude et de vous demander l'autorisation de prendre quelques jours de repos à Garris (B.-P.) chez M. et Mme Harguindeguey, menuisier. Par la même occasion, Monsieur le Doyen de la Faculté de Médecine, le professeur P. Mauriac, me conseille de faire, si c'est possible, une cure à Dax pour mes rhumatismes.

Dans l'attente d'une réponse favorable, veuillez agréer, Monsieur le Préfet régional, l'expression de ma vive gratitude et de mon respectueux dévouement.[1] »

L'autorisation fut accordée par le SS Nährich le 1er juillet. Cette lettre révèle les relations du grand Rabbin avec le préfet Sabatier, contraint cependant de négocier, comme pour tous les cas de dérogation, avec le responsable des questions juives du KDS. La zone interdite dans la zone occupée, c'était cela, quotidiennement. Le très maréchaliste Pierre Mauriac semble être en confiance avec Joseph Cohen. Le document livre aussi l'insouciance des hommes de l'époque, pour qui la vie ordinaire continuait, malgré tout, dans l'ignorance qu'ils étaient de ce qui se passait vraiment.

Se trouvent dans les correspondances de la préfecture d'autres démarches de cette nature. Quinze jours plus tard, Joseph Cohen intervint à nouveau auprès de Maurice Sabatier pour lui demander l'autorisation de se rendre à Roanne avec son épouse au chevet

1. *Ibidem.*

d'une de ses filles souffrante. Cette fois-là, Pierre Garat, chargé de contacter le KDS, essuya un refus catégorique [1]. Roanne se trouvait trop loin de Bordeaux, dans l'ex-zone libre. Ce refus est significatif de l'emprise allemande avec, pour l'administration française, l'obligation de respecter la légalité des occupants. Pas de possibilité de dérogation, à ce niveau, sans l'accord des SS !

Existent également des Mémoires du grand Rabbin de Bordeaux, dont des extraits significatifs (parfois sélectifs, hélas, par rapport au manuscrit original rédigé après la guerre) ont été récemment réédités. La lecture de ce texte est fondamentale pour répondre à votre question, on découvre que cet homme de culture, malgré son patriotisme, son dévouement, son intelligence, n'a pas vraiment pressenti le malheur qui allait s'abattre sur sa communauté. Son attitude personnelle a été parfois critiquée par certains membres de la communauté de l'époque après la guerre.

H. de B. – *Il ne comprend pas la réalité de la situation ?*

M. B. – Au début, du moins en 1940-1941, il ne voit pas venir le drame. Certes, il sait, mieux que tout autre, lui qui a accueilli activement à Bordeaux depuis 1935 des réfugiés juifs fuyant les pogroms de l'Est avec l'aide d'associations d'entraides, ce qu'est l'antisémitisme nazi. Il découvre par ailleurs très vite, dès l'été 40, les intentions de l'occupant qui impose progressivement à Bordeaux les mêmes interdits et violations du droit, dans la ligne de ce qui se passe en Allemagne depuis 1933. La vieille communauté juive bordelaise, bien intégrée dans la vie de la Cité depuis plusieurs décennies, ou plusieurs siècles pour certains, subit rapidement la dureté de la politique anti-juive. Face aux premières mesures de ségrégation et de spoliation, en 1940-1941, le grand Rabbin Cohen adopte une ligne de conduite caractérisée par deux grandes options dont finalement il ne se départira que le plus tard possible, sous la pression des circonstances.

En premier lieu, il va rechercher – et trouver immédiatement – la solidarité des autorités bordelaises en place, favorables pourtant à la nouvelle donne vichyssoise : le maire, Adrien Marquet, l'archevêque, Monseigneur Feltin, l'intendant de police Duchon

1. Voir page 223.

Bordeaux le 7 Juillet 1943

A Monsieur le Préfet Régional
Bordeaux

Monsieur le Préfet Régional

Vous avez bien voulu me faire accorder l'autorisation de prendre quelques jours de repos du 1er Juillet au [illegible] Août.

Malheureusement, ma fille aînée demeurant près de Roanne (Dt du Rhône) se trouve souffrante et notre meilleur repos – repos moral – serait de vivre auprès d'elle en ce moment. Aussi ai-je l'honneur Monsieur le Préfet Régional de solliciter de votre haute bienveillance de passer le temps qui reste à courir de permission déjà accordée auprès d'elle, avec Madame Cohen si c'est possible.

Dans l'attente de recevoir une réponse favorable, daignez agréer Monsieur le Préfet Régional l'hommage de ma parfaite gratitude et de mon respectueux et entier dévouement.

J. Cohen

[illegible]

213 rue Ste Catherine Bordeaux

(à partir de janvier 1942), puis le préfet régional Sabatier, mais aussi le pasteur protestant Monméja et l'abbé Bergey. La plupart de ces responsables sont des anciens combattants de 14-18, comme lui. Il établit des relations de confiance avec eux. Par contre ses relations avaient été mauvaises avec le préfet précédent Pierre-Alype, pétainiste outrancier, qui lui avait interdit sa porte. L'arrivée de Sabatier à la préfecture est donc un changement positif pour lui. Des témoignages irréfutables, négligés lors du procès Papon, l'indiquent clairement. Par exemple une lettre de Joseph Cohen à Maurice Sabatier, datant de 1948, dans laquelle le chef de la communauté israélite de Bordeaux parle de rencontres de solidarité : « *Je n'ai pas oublié les temps maudits où vous avez failli être exécuté pour avoir présidé une assemblée générale à laquelle j'assistai avec mon étoile jaune de triste mémoire, où, pour corser l'affaire, on avait (M. Labroué et ses acolytes) invoqué contre vous votre origine algérienne qui faisait de vous un "gaulliste né".* »

En second lieu, Joseph Cohen va se montrer légaliste. À la lecture des extraits publiés de son *Journal*, document qui ne fut pas pris en compte lors du procès Papon, on découvre un homme explicitement maréchaliste en 1940. Malgré des réticences initiales quant à sa participation administrative à la tenue du fichier juif, il joua le jeu du statut des israélites infligé par l'occupant et par Vichy. En décembre 1940, selon plusieurs témoignages, il encouragea ses coreligionnaires à se faire officiellement recenser. Comme beaucoup de notables juifs de l'époque, il pense qu'en respectant des textes pourtant dégradants et dérogatoires par rapport au statut juridique des personnes et des biens, et qu'en rappelant les sacrifices des anciens combattants israélites de 14-18 et de 39-40, la communauté obtiendrait une politique de moindre mal, différenciant plus ou moins les juifs français des juifs étrangers. L'ancien combattant de Verdun qui fut patriote, cocardier, retarde-t-il d'une génération et d'une guerre ? Il écrivit au maréchal Pétain, avec d'autres rabbins, il est habité par un respect marqué de l'autorité, il est intégré à l'appareil municipal bordelais et à la société locale (il est membre avec le maire Marquet de la Société Jeanne-d'Arc). Malheureusement il va devoir assumer les conséquences humaines des mesures nazies immédiatement appliquées en zone occupée à Bordeaux.

Sa « responsabilité » dans cette politique d'adaptation forcée doit être considérée en regard de la très faible marge de manœuvre dont il dispose en fait, de même pour les autres responsables de l'époque. De plus, il se retrouve assez isolé, de 1940 à 1943, pour diriger la communauté restée sur place, notamment les nombreux réfugiés étrangers arrivés à Bordeaux dans les années trente, qui n'avaient pas les moyens de composer ou de s'enfuir. La quasi-totalité du Consistoire de la ville, regroupant traditionnellement des notables, avait en effet quitté Bordeaux dès 1940 ou 1941, organisant un départ vers les États-Unis, l'Espagne, l'Afrique du Nord, la Suisse, la zone sud... Joseph Cohen, déterminé à rester sur place, se dévoua quasiment seul, avec Albert Errera, jusqu'à la création tardive de l'UGIF locale dans l'été 1942. Il resta cependant en contact, dans les limites de la zone nord, avec le rabbinat français (le grand Rabbin de France, Schwartz) et divers amis de Paris, membres du Comité de Défense des victimes du Nazisme (Pierre Masse, Louis Halphen...).

Pour comprendre son attitude personnelle, pendant l'année 1940-1941, on peut se référer à un document important, qui nuance la repentance des années quatre-vingt-dix, et apporte d'intéressantes précisions sur l'état d'esprit de la population par rapport au statut de ségrégation sociale et économique, de même que sur l'attitude psychologique des victimes dans la seconde ville de la France occupée. Il s'agit de l'extrait d'un rapport daté de juin 1941 et consacré à la situation des juifs de Bordeaux : ce rapport fut rédigé par un représentant de la communauté, transmis à l'American Jewish Joint of Distribution Committee de New York (organisme de sauvegarde américain), qui eut d'ailleurs une correspondance avec la préfecture de la Gironde lors des rafles de l'été 1942. Ce rapport est resté ignoré de l'instruction et des débats :

« (...) Deux traits généraux peuvent être relevés : une rigueur plus grande dans l'application des ordonnances allemandes et une atténuation pratique de leurs conséquences. Le surcroît de rigueur se manifeste dans le fait que presque tous les commerces juifs ont cessé leur fonctionnement, soit par fermeture, soit par cession. Mais les juifs lésés trouvent un appui moral dans leurs relations personnelles, puisqu'ils sont individuellement connus, ou matériel, en étant repris comme voyageurs, représentants, etc., par des amis aryens.

Bordeaux est non seulement la seconde ville de la France occupée, mais aussi, compte tenu des observations précédentes, la communauté juive la plus importante après Paris. Or, le recensement n'y a relevé que 2 000 familles juives.

Indiquons en quelques mots ce qui est la situation particulière sur chacun des points qui ont été précédemment examinés :

1° Il n'y a pas de sévices physiques ; seulement, au début, quelques bris de vitrines par des inconnus, quelques perquisitions domiciliaires ; au cours d'une discussion avec l'officier allemand, le chef de la communauté a été menacé, pour le cas où il n'obtempérerait pas aux exigences de l'occupant[1], *mais sans plus. Il n'y a pas eu d'arrestations ni d'internements de juifs français ou résidant à Bordeaux.*

Le fait que les mesures contre les Juifs sont directement imputables à l'occupant, à ses « exigences », à ses menaces, apparaît évident pour tous à l'époque.

2° Tous les commerces juifs sont fermés ou vendus à l'exception des succursales bordelaises des entreprises parisiennes dont le sort est nécessairement lié à celui de la maison-mère. L'administration elle-même a poussé à une liquidation rapide pour éviter les difficultés, l'occupant étant généralement plus tatillon en province qu'à Paris.

Beaucoup de ventes sont des ventes fictives, faites à des amis – les commerçants ont retrouvé des emplois de représentants voyageurs, grâce à leurs relations personnelles avec des aryens, ou vivent sur leurs économies (la plupart des familles bordelaises françaises sont anciennes et généralement aisées). Un certain nombre d'étrangers (ils constituaient peut-être la moitié de la population juive bordelaise), se font assister par les œuvres de bienfaisance (...).

3° Les relations avec la population aryenne demeurent excellentes. Les juifs ont conservé toutes leurs amitiés et leur doivent même – on l'a vu – des facilités pratiques diverses. Le grand Rabbin déclare qu'il n'a jamais reçu tant de saluts, de coups de chapeau, quand il se promène dans la rue ; l'abbé Bergey (ancien député modéré de la Gironde, personnalité cléricale importante) l'a embrassé lorsqu'il l'a revu, les rapports avec l'Archevêché demeurent courtois.

Il en est de même de ceux qui ont lieu avec l'administration française préfectorale ou municipale (le maire de Bordeaux,

1. C'est moi qui souligne.

M. Adrien Marquet, qui est une personnalité collaborationniste active, a expliqué aux dirigeants juifs qu'il souhaitait pour sa part sauver les juifs français par le sacrifice total des juifs étrangers). La Préfecture est d'ailleurs intervenues dans un sens modérateur dans l'application de la loi sur les fils d'étrangers aux professions médicales. C'est du côté, sans doute, du syndicat des médecins, pharmaciens, etc., que l'on a trouvé le plus de zèle à profiter des lois nouvelles pour réaliser l'éviction de quelques concurrents d'origine étrangère. Mais en dehors des rapports de concurrence, au lycée et à l'université, par exemple, il ne semble guère y avoir de changements, pour les lycéens et étudiants juifs, d'ailleurs rares. Dans les milieux populaires des écoles communales, il y aurait même un surcroît de sympathie (...).

La Petite Gironde *et* La Liberté du Sud-Ouest *ont été invitées à traiter la question juive, elles y consacrent cependant le minimum de développement et demeurent modérées.* La Petite Gironde *avait voulu donner sur Bergson un article qui a été interdit.* La Liberté du Sud-Ouest, *qui avait publié un article antisémite contenant des allégations inexactes sur l'activité d'un juif, a publié, à la demande du grand Rabbin, une rectification des faits, concernant ledit juif (...). Le journal le plus agressif est encore* La France du Sud-Ouest *qui marque probablement ainsi la sincérité de son ralliement.*

4° Si les dirigeants juifs ont dû quitter les œuvres laïques ou interconfessionnelles, les œuvres proprement juives par contre continuent à fonctionner sans encombre. Les Allemands n'ont pas demandé la constitution d'une communauté obligatoire, aucune discussion n'a même pas eu lieu à ce sujet. La vie sociale juive est très ralentie, chacun demeure chez soi, il ne paraît notamment pas s'être noués de nouveaux rapports entre les immigrés et les juifs français de vieille souche qui insistent très volontiers sur la grande ancienneté de leur installation dans la région.

Aussi bien – répétons-le – la situation réelle apparemment plus rigoureuse, ne peut pas être comprise, si l'on ne tient pas compte des relations personnelles des uns et des autres qui, pour un nombre restreint d'individus, arrivent facilement à corriger la situation légale. »

Ce texte constitue une photographie des réactions de la communauté juive locale, du grand Rabbin, comme de la solidarité instinctive de la population bordelaise : personne n'était vraiment préparé au drame de l'été 1942. On le sent dans le rapport en question qui se termine par cette phrase inquiétante :

« La sympathie de la population a résisté à toutes les propagandes allemandes, cependant persistantes de la radio, de la presse, etc., propagande qui d'ailleurs, n'a même pas aboli les sympathies et la confiance des juifs eux-mêmes.

Mais dire que le sort final des juifs de la zone occupée dépend de l'issue de la guerre, c'est énoncer une banalité. On peut ajouter que plus ce provisoire durera, plus l'action de l'occupant contribue à rendre matériellement et moralement difficiles les conditions dans lesquelles Israël attend avec confiance la fin de son épreuve. »

H. de B. – *Dès que commencent les rafles de l'été 1942, comment réagissent le grand Rabbin de Bordeaux et l'UGIF ?*

M. B. – Ils vont tenter de secourir leurs coreligionnaires, en envoyant des colis aux prisonniers du Fort du Hä et aux internés de Mérignac, en les visitant chaque semaine, en aidant les familles sans ayant droit. Ils subissent le drame des convois, et participent à la sauvegarde des enfants qui restent seuls alors que leurs parents ont été arrêtés. Non sans certaines difficultés financières, notamment l'hiver, en raison du départ de la plupart des juifs aisés de la ville. Le dévouement du grand Rabbin et de son entourage est exemplaire.

Des lettres de l'UGIF montrent que Pierre Garat refusa certains subsides à Germaine Ferreyra qui les demandait. Par contre d'autres documents indiquent que la préfecture facilita la gestion de l'Association cultuelle israélite de la Gironde. Certains frais qui auraient pu être supportés par les services préfectoraux, sur les dépenses des affaires de l'occupation, furent imposés à l'UGIF, mais les sommes saisies sur les personnes arrêtées par la police française, consignées au service des Affaires juives de la préfecture, furent remises à l'UGIF après intervention du Commissariat général aux Questions juives en septembre 1942.

Le lendemain de la première rafle, dans un de ses rapports du 16 juillet 1942, Garat apporte une précision :

« Dans l'ensemble, ces opérations, très pénibles, ont été menées par les Services de police, avec le plus grand dévouement et le plus grand tact.

Il semble que les internés et la communauté juive (entretien verbal avec le grand Rabbin) ont parfaitement compris l'origine de la mesure et apprécié que celle-ci ait été opérée par la police française. »

Dans une des parties non publiées des manuscrits du *Journal d'un Rabbin*, on peut lire, l'appréciation suivante :

« À Bordeaux, la rafle se déroula dans la nuit du 15 au 16 juillet, avec une brutalité inouïe. Des familles entières furent arrachées à leurs foyers et entassées pêle-mêle dans des cars, hommes, femmes et enfants en bas âge, tous conduits au camp de Mérignac, le nouveau Chef de Division des Questions juives de la Préfecture y avait assisté. »

La brutalité signalée ici stigmatise les SS : dans d'autres textes racontant la tragique nuit, notamment un long rapport de décembre 1944, Joseph Cohen fait bien de la Gestapo, de laquelle venaient les ordres d'arrestation, la seule responsable de la rafle. On sait, par l'analyse des documents et par l'apport d'un témoignage décisif que j'ai pu recueillir (celui de l'inspecteur Jean Milhat, du réseau Jade Amicol), que des soldats et des policiers allemands, munis de listes, participèrent activement aux arrestations de juillet 1942 (plusieurs exemplaires en furent demandés et des listes en allemand circulèrent avec des noms de personnes complémentaires ne faisant pas partie initialement des catégories d'étrangers à arrêter. Celles-ci furent d'ailleurs contrôlées intégralement pendant la nuit par le Kommandeur Luther et par le lieutenant SS Doberschutz. Le grand Rabbin n'assista pas à la rafle, mais il aida et encouragea humainement les victimes au camp de Mérignac, le lendemain, en leur promettant de s'occuper personnellement de leurs enfants, puisqu'on les séparait.

H. de B. – *On a reproché à Maurice Papon d'avoir « livré ces enfants aux SS » ?*

M. B. – Oui. J'ai moi-même commis l'erreur dans un droit de réponse au *Monde* du 19 janvier 1991. J'ai découvert, plus tard, que l'affaire était beaucoup plus complexe qu'elle ne m'était apparue alors.

Certains, peu complaisants avec les acteurs de l'époque qui, eux vécurent le drame de façon télescopée, en aveugles, considèrent aujourd'hui que tout ne fut pas tenté par la préfecture, par l'UGIF, ou d'autres autorités sociales, religieuses, civiles, voire par la Résistance, pour sauver ceux qui pouvaient être sauvés. C'est une vision simpliste de la réalité humaine de ce dossier. C'est peut-être aussi, chez certains, une présentation des faits inspirée par une tentative de manipuler l'émotion et la douleur des survivants. N'aurait-on pas pu, me suis-je moi-même souvent demandé, puisque c'était l'été, protéger les enfants en les faisant partir en colonies de vacances en zone sud, sans leur étoile jaune pour ceux qui avaient moins de six ans ? L'idée fut en effet appliquée pour certains par une assistante sociale rattachée à la mairie de Bordeaux, Madame Castaing, qui, le 13 juillet 1942, informa la préfecture qu'elle venait de placer douze enfants juifs français en colonie. Je rappelle que pendant ce temps, dans la seconde phase des préparatifs de la rafle du 15 juillet, la police et la préfecture prenaient les dispositions pour arrêter les personnes demandées par les Allemands. Le 16 juillet, Pierre Garat n'avait pas encore pris de décision quant à la sauvegarde des enfants (cf. rapport Téchoueyres du 10 juillet 1942 [1]).

Un autre geste de solidarité à l'égard des enfants juifs fut possible à travers des mesures prises par Maurice Papon lui-même après le bombardement du 17 mai 1943 à Bordeaux. Une assistante sociale de l'Office départemental d'Hygiène de la préfecture, Édith Cérézuelle, résistante protestante sous la direction de Jean Bernyer au réseau F2, eut un réflexe extraordinaire de sauvegarde. Le 15 juin 1943, juste après un raid meurtrier d'avions anglais qui fit près de 350 morts en quelques minutes, déterminée à sauver dix-neuf enfants juifs du drame de la déportation, auquel elle était particulièrement sensibilisée par son réseau familial protestant qui recueillit et aida des juifs persécutés, elle fit cette proposition courageuse et habile au préfet de la Gironde :

1. Source : Archives de l'Intendance de Police, que j'ai découvertes en avril 1985 et faites déposer, grâce à la vigilance de M. Jean Mettais et de M. le Préfet Cluchard, du service de la Zone Défense, aux Archives départementales de la Gironde, où elles furent sauvegardées avec l'accord de Jean-Pierre Bériac et de M. le Conservateur Jean Valette. Treize ans après, elles restent non cotées. Celles-ci n'ont pas été manifestement dépouillées dans leur intégralité par l'instruction commencée en 1987 et achevée en 1997.

« Monsieur le Préfet, J'ai l'honneur de solliciter de votre haute bienveillance l'autorisation d'un changement provisoire de résidence pour les enfants israélites dont les noms suivent :

Dray David, né le 5 février 1932 à Casablanca, Nationalité française,
Dray Léon, né le 12 février 1935 à Casablanca, Nationalité française,
Dray Jacqueline, né le 5 avril 1942 à Bordeaux, Nationalité française,
Dray Michel, né le 5 avril 1942 à Bordeaux, Nationalité française,
Chabbat Francine, née le 4 septembre 1931 à Mostaganem, Nationalité française,
Chabbat Roger, Isaac, né le 23 novembre 1933 à Mostaganem, Nationalité française,
Chabbat Claude, né le 5 juillet 1938, à Bordeaux, Nationalité française,
Chabbat Gérard, né le 13 juillet 1940 à Bordeaux, Nationalité française,
Husetowsky Maurice, né le 17 août 1929 à Bordeaux, Nationalité française,
Husetowsky Jacques, né le 6 janvier 1933 à Bordeaux, Nationalité française,
Husetowsky Henri, né le 16 mai 1936 à Bordeaux, Nationalité française,
Haddad Albert, né le 25 septembre 1926 à Bordeaux, Nationalité française,
Haddad Joseph, né le 15 mars 1930 à Bordeaux, Nationalité française,
Haddad Simon, né le 6 juin 1932 à Bordeaux, Nationalité française,
Haddad David, né le 4 mars 1934 à Bordeaux, Nationalité française,
Haddad Odette, né le 20 janvier 1937 à Bordeaux, Nationalité française,
Haddad Jacques, né le 3 août 1938 à Bordeaux, Nationalité française,
Haddad Esther, né le 19 août 1940 à Bordeaux, Nationalité française,

Haddad Jeanne, né le 30 janvier 1942 à Bordeaux, Nationalité française.

Ces enfants résidant à Bordeaux, nous désirerions les faire bénéficier des mesures de protection collectives prises à l'égard des enfants de notre ville. Nous ne pouvons préciser dès à présent le lieu de placement de ces enfants. Si l'autorisation de quitter Bordeaux leur est accordée, je m'engage à faire connaître leur nouveau lieu de résidence dès qu'il sera déterminé.

Dans l'espoir que vous voudrez bien accueillir ma demande favorablement, je vous prie d'agréer, Monsieur le Préfet, l'assurance de ma haute considération.

E. Cerezuelle,
Assistante Sociale. »

Édith Cérézuelle s'engageait donc personnellement dans cette affaire. Le 21 juillet, le préfet délégué Boucoiran, au nom du préfet régional, transmit la demande au KDS pour dérogation à l'ordonnance allemande du 7 février 1942. Miraculeusement, la réponse positive fut immédiate. Au nom du secrétaire général Maurice Papon et du préfet régional, le chef du service des Affaires juives informa Édith Cérézuelle de cette autorisation de quitter Bordeaux. Les enfants furent définitivement sauvés (sauf deux ou trois d'entre eux que les parents eurent l'idée malheureuse de faire revenir inopinément à Bordeaux en décembre 1943, au moment des rafles). Donc, avec du courage et de la présence d'esprit, des solutions de protection étaient parfois possibles. Que fut-il tenté dans l'inexpérience de la première rafle, pour les enfants de juifs étrangers arrêtés le 15 juillet ? Là, surgit le poids des illusions, les peurs, les espoirs, le légalisme ambiant et surtout, la tromperie machiavélique des SS, qui, dans cette affaire dramatique, firent croire, après les tergiversations de Laval au sommet, et l'accord donné par Himmler le 20 juillet 1942, que les enfants allaient « rejoindre leurs parents »...

H. de B. – *Même Tuck, le conseiller d'ambassade américain en poste à Vichy, va protester auprès de Laval parce que l'on sépare les enfants des parents, et beaucoup d'autres protestations s'élèvent contre cette séparation.*

M. B. – Dans un document important du 14 juillet 1942, constitué d'une note téléphonique de Legay prise par Pierre Garat, dont on possède la minute surchargée de mots écrits par Maurice Papon, on apprend que la préfecture de Bordeaux refusa d'appliquer la « concession » obtenue par Legay des SS de Paris, concession que le représentant de Bousquet suggérait de tenter localement : les enfants pouvaient aller rejoindre les parents[1]. Ce refus, de fait, était conforme à ce que les SS de Bordeaux avaient exigé depuis le 2 juillet : garder les enfants de moins de 16 ans, les confier à l'UGIF. Mais en août, le KDS de Bordeaux se ravisa.

H. de B. – *Pourquoi ?*

M. B. – Cette affaire montre clairement les contraintes et les incertitudes qu'avaient à subir les décideurs bordelais de la préfecture. Alors que sur place ils tentaient de garder les enfants, à Paris, le 14 juillet, ils sont lâchés par Laval et Leguay qui proposent d'eux-mêmes aux Allemands de livrer les enfants avec leurs parents. On sait que du 14 au 20 juillet, les SS de Paris tentent d'obtenir l'accord d'Himmler à ce sujet.

Mais, à Bordeaux, une séquence malheureuse interféra avec la tractation terrifiante de Laval. Le 25 juillet 1942, le sous-préfet de Langon signale au cabinet du préfet régional Sabatier que trois femmes, trois enfants et une grand-mère de 75 ans ont été emprisonnés dans cette ville par les Allemands pour tentative de franchissement de la ligne de démarcation. Aussitôt, le cabinet demande, au service des affaires juives, d'intervenir. Maurice Papon, le 31 juillet, livre par écrit son avis sur la situation en question : il suggère de tenter auprès du KDS de Bordeaux « ... La libération des enfants et de la personne âgée... » Le même jour, le chef de service, Pierre Garat, est convoqué chez les SS. En raison du manque d'effectifs de la police allemande à la ligne de démarcation, ceux-ci exigent qu'à l'avenir, les personnes en infraction arrêtées à cette ligne soient conduites au camp d'internement de Mérignac par la gendarmerie française.

1. Source : Archives départementales de la Gironde, dossiers non cotés des archives administratives du Secrétariat général, Service des Questions juives. Découvertes par Jean Cavignac et par moi-même en février 1981 au cinquième étage de la rue Daviaud.

L'affaire est immédiatement soumise au préfet régional qui doit trancher. Le 4 août, au-dessus de Maurice Papon, le chef de cabinet de Sabatier, Jean Chapel, donne directement l'ordre à Pierre Garat d'effectuer une démarche auprès des SS pour obtenir la libération des trois enfants et de la grand-mère incarcérés à Langon.

Le 6 août, convoqué par eux, Pierre Garat confirme aux SS que le projet régional a donné les instructions utiles à la gendarmerie. Une lettre de Sabatier du 8 confirme par écrit cet accord. Le préfet régional fait joindre des listes de personnes internées à Mérignac entre le 29 juillet et le 6 août. Sur celles-ci apparaissent les noms de nombreux enfants, arrêtés avec leurs parents à la ligne de démarcation. Sabatier tente l'impossible, il avance ce marchandage : « Je crois devoir, à ce sujet, vous renouveler la proposition faite verbalement au cours de l'entretien précité et tendant à ce qu'une mesure de libération intervienne en faveur des enfants ainsi que des vieillards. Je suggère que la libération s'applique à tous les enfants de moins de 21 ans, lorsque leurs parents ont été arrêtés avec eux. Dans ce cas-là, en effet, la responsabilité de l'infraction ne peut être imputée qu'aux parents. je vous serai obligé de vouloir bien me faire connaître la suite que vous croirez devoir réserver à ma proposition. Dès à présent, je vous indique qu'une partie des enfants libérés pourrait être recueillie par des amis de leurs familles, le surplus étant confié à l'Union générale des Israélites de France. »

H. de B. – *Ce document montrent à nouveau la coopération confiante entre la préfecture de Bordeaux et l'UGIF. Que vont répondre les SS à cette tentative humanitaire ?*

M. B. – Une fois de plus, les SS vont se montrer impitoyables. Ils ne vont pas apprécier que le préfet régional prétende négocier avec eux d'égal à égal. Aussi, le 21 août, le kommandeur du KDS, le Haubtsturmführer SS Luther, transmet par lettre son refus catégorique : le BdS de Paris ordonne que les enfants restent auprès des parents arrêtés et exige que les enfants des Juifs convoyés le 18 juillet soient ramenés. « Car ils doivent être envoyés à leurs parents. »

Voilà comment une proposition inspirée par le désir de sauvegarde humanitaire s'est finalement retournée comme un effet pervers contre la volonté de ses initiateurs. En raison de la brutalité de l'occupant et de sa versatilité, attisées par Laval, toute intervention en faveur de personnes individuelles ou de groupes pouvait prendre un aspect désastreux. Alors, fallait-il intervenir ou ne rien faire ?

Les Français, et tout particulièrement les fonctionnaires de la zone occupée, vivaient de tels dilemmes quotidiennement. Les interventions ne pouvaient être qu'« *intuitu personnae* », sans garanties aucunes. Elles ne dépendaient que du bon vouloir des SS qui décidaient impérativement et discrétionnairement de chaque dérogation. Ainsi, durant le même mois de juillet 1942, nous l'avons vu, une poignée d'enfants juifs est autorisée à se rendre en colonie de vacances en zone occupée comme ce sera le cas aussi en juillet 43, mais en août 42 la même chose est impossible...

Cette brutalité imprévisible et versatile est bien analysée par le grand Rabbin Cohen dans sa conférence publique du 2 décembre 1944 lors d'une cérémonie commémorative à la synagogue. Citant de nombreux exemples, il déclarait :

« ... *Pendant les quatre années d'occupation, la déportation a été, pour ainsi dire, notre triste partage. Sans le moindre prétexte, pour des motifs futiles, parfois sans aucun motif, ou pour des motifs diamétralement opposés, nous étions arrêtés, internés, déportés. Pour nous, la déportation devait être générale, totale, et si les chefs de la Gestapo avaient pris des formes et mis du temps en y procédant par paliers, c'est tout simplement, dans leur lourde et ombrageuse psychologie, parce qu'ils étaient tellement sûrs de gagner la guerre, qu'ils avaient pensé que nous n'aurions rien perdu pour attendre... C'est pourquoi, du début à la fin de leur abjecte besogne, nous avons observé chez eux l'absence de règles fixes et des applications littéralement déconcertantes.* »

Et le grand Rabbin de citer parmi les nombreux exemples, l'arrestation d'Israélites français dès le début des opérations qui ne devaient officiellement concerner que des Israélites étrangers. Cela a été le cas pour l'arrestation de Monsieur Uhry en juillet 42, autorisé par la Kommandantur à servir d'interprète, interné sans raisons puis déporté, pour celle de Myrtil Bloch arrêté, lui, parce qu'il avait refusé d'être interprète, celle de Madame Schwartz, pensionnée, mère d'un blessé et d'un disparu à la guerre, pour

ENTREPRISE DE TRANSPORTS

D. Dupuy

Bureaux
1, Rue Videau

42, Rue Kléber, 42. — BORDEAUX

Le 18 Juillet 1942

Monsieur le Préfet de Bordeaux et de la Gironde.

Préfet :- Le 16 au matin (7 heures), il m'a été confié, par les soins de la police, le jeune Joël Zangerwirth, d'origine Israélite.

J'ai l'honneur de vous informer, que cet Enfant n'est plus chez moi, il est logé et hébergé par Monsieur le Grand Rabin 213 rue Ste Catherine lequel a bien voulu se charger de la garde de l'Enfant.

Daignez croire Monsieur le Préfet à mes bien respectueuses Salutations.

Dupuy Pierre

celle du soldat Cyrulnic, mutilé de guerre ne marchant qu'avec des béquilles, pour celle du docteur Schinazi, père de neuf enfants, médecin des pauvres, celle de Joseph Benzacar...

Au sujet de la Rafle de juin 1942, le grand Rabbin Cohen décrivit en ces termes, au cours de la même cérémonie, le revirement dramatique du KDS de Bordeaux en juillet 42 :

« ... *Après avoir arraché à leurs foyers parents et enfants et semé la panique et la désolation dans plusieurs quartiers de notre ville, les gangsters de la Gestapo, dès le lendemain, se ravisèrent. Ils nous firent appeler par la préfecture pour nous notifier que seuls les parents devaient être déportés, quant aux enfants, ils les mettaient sous notre garde et à notre charge. Nous nous sommes empressés de nous mettre au travail et grâce à la réaction spontanée de notre généreuse population girondine, tous les enfants furent vite et bien casés. Mais, un mois après, une nouvelle décision survint. Les mêmes services de la préfecture nous firent connaître que suivant de nouvelles instructions de la Gestapo, seuls les enfants ayant des parents directs en Gironde pouvaient rester. Les autres devaient partir sans délai. Malgré tous nos efforts, nous n'avons pu découvrir de parents directs pour tous nos chers petits et beaucoup d'entre eux nous quittèrent. Oh ! qu'ils étaient contents, eux, de partir. On leur avait dit qu'ils allaient rejoindre leur maman !* »

En juillet, la préfecture accepta donc de gérer la séparation des enfants des parents. Dans son rapport du 10 juillet 1942, le commissaire Téchoueyres, dont on a trop sous-estimé le rôle lors de l'instruction et des débats, avait présenté le problème en ces termes, qui montrent le rôle omniprésent de Garat en la matière :

« *Les enfants de moins de 5 ans (seront conduits) à l'Hôpital des enfants. Les garçons et les filles de 5 à 16 ans seront groupés séparément à des endroits non encore déterminés (M. Garat doit prendre une décision sous peu).* [1] »

Puis, dans le rapport de Pierre Garat directement adressé au préfet régional et à l'intendant de police le 16 juillet 1942 (sans

1. Source : Archives de l'Intendance de police, entreposées aux Archives départementales de la Gironde, non coté. Souligné par moi.

en référer au secrétaire général, soit dit en passant), on lit, avec une erreur dans le comptage :

« En même temps que les parents, avaient été arrêtés 18 enfants (sic), *âgés de moins de 15 ans. Sur ce nombre 15 ont été placés directement pendant la nuit, chez des parents ou des amis (les enfants étant accompagnés par leur mère) et 8 ont été conduits à l'Hôpital des Enfants pour hébergement provisoire. 4 d'entre eux seront conduits le plus rapidement possible à Libourne où leur hébergement est assuré.*

Pour les 4 autres, M. le grand Rabbin a été invité à prendre toutes dispositions utiles.

Il se mettra directement en rapport avec mes Services où lui seront communiquées les identités des enfants à recueillir.[1] »

La préfecture contacta donc le grand Rabbin pour prendre en main le sort de certains enfants. Celui-ci s'acquitta des responsabilités qu'on lui imposait.

Un mois plus tard, sur ordre des SS, le 21 août, quinze enfants allaient être ramenés à l'annexe du camp de Mérignac, quai de Bacalan, convoyés vers Drancy le 26 août, puis déportés. Selon quelles modalités ce drame s'est-il enchaîné ? Là encore la réalité est moins simple qu'on ne pourrait le supposer.

L'UGIF de Bordeaux fut-elle, comme le suggère Maurice Rajfus pour l'ensemble de la France, une « souricière » ? Autrement dit a-t-elle une responsabilité dans le retour de certains enfants ? Cet organisme, ainsi que le grand Rabbin Cohen, disposaient en effet d'un mois pour dissimuler les enfants qu'on leur avait confiés, avec l'accord ou sans l'accord de la préfecture. Mais en fait, après les injonctions allemandes impliquant l'UGIF, et que Pierre Garat eut contrôlé officiellement le processus sous les ordres du SS Doberschutz (le 2 juillet), il devenait impossible, sous peine d'arrestation immédiate, de disséminer secrètement les enfants dans la nature.

En impliquant l'UGIF, le grand Rabbin et la préfecture, les Allemands rendirent les fuites impossibles. Garat et ses supérieurs hiérarchiques (Papon, Sabatier), étaient placés devant le fait accompli, sous contrôle SS. D'ailleurs, dès le 21 juillet, à

1. Source : Archives administratives du Secrétariat général, Service des Questions juives, non cotées. Archives départementales de la Gironde.

18 heures, Garat avait convoqué à son bureau toutes les personnes responsables de la garde des enfants, afin de leur fixer la marche à suivre. En cas de dissimulation, il y aurait eu, de la part des SS, des représailles. Et Joseph Cohen, par rapport à Garat, avait officiellement pris des engagements.

Les événements s'étant enchaînés rapidement, il était par ailleurs impensable, en juillet 1942, d'envisager psychologiquement qu'un mois après, les enfants laissés en Gironde, après tous les efforts d'organisation et d'adaptation qui avaient été tentés, soient à nouveau demandés pour être convoyés. D'autant que les SS de Bordeaux, nous l'avons vu, avaient décidé la séparation et laissé la préfecture gérer ce drame humain. L'opération de rapatriement des enfants resta empreinte de légalisme et d'acceptation réciproque. Pierre Garat obtint d'ailleurs la liste des personnes d'accueil et leurs adresses, communiquée en toute confiance par Germaine Ferreyra le 17 août 1942, soit quatre jours avant l'injonction des SS de ramener les enfants. Dans cette affaire, il faut éviter de lire les événements qui s'accélèrent, à l'aune du terrible dénouement que nous connaissons, mais que les acteurs de l'époque ignoraient. Ce qui est admis pour le grand Rabbin Cohen, pour l'UGIF, reste aussi valable pour la préfecture.

La seule solution eut-elle été de faire partir les petits en colonie de vacances, comme le fit Édith Cérézuelle en 1943 ? Ce dernier cas, au dénouement heureux, passa, nous l'avons vu, par l'acceptation des SS. Toute autorisation individuelle devait leur être demandée immédiatement au cas par cas. Ils les examinaient de façon tatillonne. Dans la réalité de l'occupation, à moins d'opérations illégales et risquées mettant immédiatement en danger les demandants et les personnes à protéger, tout dépendait de leur bon vouloir. De plus, en juillet 1942, une telle démarche ne pouvait être réalisée qu'avec l'accord du grand Rabbin. La solution de les confier à des personnes individuelles, voire à l'UGIF, à première vue « satisfaisante [1] » sur le moment, s'avérera dramatique par la suite. Une fois encore, il est facile de donner des leçons et de refaire l'histoire, soixante ans après. Durant le drame, à l'épicentre du séisme, parant à l'urgence, dans la préci-

1. Selon le terme d'une lettre de Germaine Ferreyra à sa direction de Paris.

pitation et surtout dans l'atmosphère poignante de la séparation, personne n'eut la présence d'esprit de faire quitter Bordeaux en bloc à l'ensemble des enfants, qui auraient pu être cachés dans des colonies de vacances de l'UGIF en zone libre. Mais les Allemands l'auraient-ils accepté, étant donné qu'il s'agissait d'enfants de juifs étrangers. Répétons-le : il était impensable de prévoir ce qui allait arriver un mois plus tard.

Remarquons la différence entre le scénario bordelais et celui de Lyon, que certains ont mis en parallèle. Là, en zone libre, le Cardinal Gerlier, sur l'impulsion du Révérend-Père Chaillet et de catholiques résistants, eurent la présence d'esprit de placer sous tutelle judiciaire plusieurs centaines d'enfants que les parents, avant leur départ, avaient confiés par lettre à une association catholique de sauvegarde. Le fait de faire intervenir une solution judiciaire, coupa l'herbe sous les pieds des fonctionnaires antisémites de la préfecture qui durent se plier au principe de droit qui veut que le judiciaire tient le civil en l'état. Il faut reconnaître que la magistrature s'engagea en donnant raison sur-le-champ (en quelques heures) à l'Archevêché contre l'appareil policier du gouvernement Laval.

Mais rappelons encore une fois qu'en juillet et août 1942, il n'y avait pas encore les troupes d'occupation allemandes à Lyon susceptibles d'encadrer et de suppléer les fonctionnaires français. Cette différence de situation plaçait les fonctionnaires lyonnais devant une bien plus lourde responsabilité que celle de leurs homologues de Bordeaux. Et lorsque les Allemands occupèrent la ville, en novembre 1942, leur première initiative fut d'arrêter et d'incarcérer sur-le-champ le Révérend-Père Chaillet (qui ne révéla jamais les adresses de sauvegarde des petits dans la montagne), et d'inquiéter en le menaçant, le Cardinal Gerlier. Cet épisode montre, *a contrario*, la différence fondamentale de marge de manœuvre selon que l'on se trouvait en zone libre ou en zone occupée avec l'instantanéité des représailles allemandes. On constate aussi la différence de psychologie et de capacité de réaction entre le Révérend-Père Chaillet et le grand Rabbin Cohen : d'un côté, le réseau catholique personnaliste du Rhône, lié à *Témoignage Chrétien*, et l'UGIF de Bordeaux de l'autre.

Écoutons le grand Rabbin de Bordeaux dans une partie de son manuscrit non publié dans l'édition récente des extraits choisis du *Journal d'un Rabbin*, complémentaire de l'extrait du discours du 2 décembre 44 cité plus haut, mais que j'ai remis à la Cour lors de mon témoignage du 19 janvier 1998 :

« À Bordeaux, la rafle se déroula dans la nuit du 15 au 16 juillet, avec une brutalité inouïe. Des familles entières furent arrachées à leurs foyers et entassés pêle-mêle dans des cars, hommes, femmes et enfants en bas âge, tous ensemble au camp de Mérignac, le nouveau chef de Division des Questions juives de la Préfecture y avait assisté. Dans la matinée du 16, ce dernier est venu m'informer que les Allemands n'avaient l'intention de garder que les parents, quant aux enfants, les parents auraient la faculté de les confier à des familles amies ou apparentées de leur choix, ou de les laisser à ma charge.

Je me suis rendu immédiatement au camp de Mérignac et après avoir réconforté de mon mieux les malheureux internés, je les ai rassurés sur le sort de leurs enfants en leur promettant de veiller sur eux et de faire pour eux, tant que durerait leur absence, ce qu'ils auraient fait eux-mêmes.

Un mois après, nouvelle visite du chef de Division des Questions juives, les Allemands s'étaient ravisés, me dit-il, ils avaient décidé de me retirer les enfants qui n'auraient pas de familles apparentées habitant en Gironde, afin de les envoyer rejoindre leurs parents là où ils se trouvaient. J'avais beau inventer des familles apparentées, on m'en reprit hélas un certain nombre surtout parmi ceux dont j'avais moi-même la charge. Grâce au fallacieux motif astucieusement présenté, les Allemands avaient même surpris la bonne foi des Dames de l'Assistance Sociale qui avaient accepté de se charger du ramassage des enfants. On en était encore au stade des grandes illusions. Est-ce que dans mon propre entourage on n'était pas allé jusqu'à m'objecter : que diraient les parents qui verraient arriver les enfants des autres et pas les leurs que vous auriez gardés ? À quoi j'ai rétorqué que si j'avais mes enfants parmi les déportés je ne leur aurai pas envoyé mes petits-enfants sans savoir leurs conditions de vie là où ils étaient pour les mêmes raisons dans la mesure du possible j'agirai de même.

Je n'oublierai jamais le cri joyeux de mon petit Michel Baskin que j'avais recueilli avec sa sœur dans notre maison de retraite de la rue Henri-IV. Quand les deux dames de l'Assistance Sociale étaient venues dire à ces adorables enfants pourquoi ils partaient, le petit Michel empaquetant ses bagages comme un grand s'écria : Jacqueline, nous allons voir maman (leur mère avait été prise dans la rafle du 15).

Le cri de cet enfant encore aujourd'hui me hante, il me saigne le cœur[1]. »

On sait par un rapport de Pierre Garat, que le grand Rabbin recueillit en plus des deux petits Baskin, Henri et Jeanne Plewinski (ramenés eux aussi le 25 août), les enfants Georges et Simon Gotlieb, qu'il sauva définitivement. Quant à Nelly et Lucienne Stolpnicki, elles furent prises en charge par Germaine Ferreyra qui les confia à Mme Descas à Salles. Enfin Jeanine et Michel Baskin confiés à Mme Tartaud, ils furent logés au foyer juif des vieillards de la rue Henri-IV.

Joseph Cohen put également sauver les enfants Gast et Jungerwirth. Il avait lui même accompagné l'inspecteur de police Fauriou, en juillet, afin de visiter les appartements des deux familles concernées. Joël Jungerwirth fut accueilli un temps par Joseph Cohen à son domicile. Les deux garçons allaient être aidés par un oncle et une tante. Tous deux pensionnaires au Lycée Michel-de-Montaigne en tant que pupilles de l'UGIF, furent autorisés par la préfecture, après accord obligé des SS, à se rendre chez leur tante, Mme Stolpner (selon les précisions de Germaine Ferreyra dans son courrier officiel), lors des vacances de 1943 en Lot-et-Garonne. Une lettre de Maurice Papon au KDS, en date du 8 octobre 1943, à la suite d'une demande de l'UGIF, plaida pour leur résidence définitive à Marmande. La réponse du SS Nährich le 18 novembre 1943 fut négative, avec cette injonction :

« Objet : Votre demande du 6 octobre et entretien de M. Dubarry.

En confirmation de mon entretien, je vous fais connaître que l'autorisation pour séjour définitif des personnes ci-dessus (Jungerwitch Joël et Gast Joël) dans le Lot-et-Garonne à

---

1. Source : Extrait du manuscrit du *Journal d'un Rabbin*, Archives privées, communiqué en décembre 1990 par Mme Cohen-Séat, avocate à Nice, à Me Gérard Boulanger, avocat au Barreau de Bordeaux. J'ai cité pour la première fois ce document dans un droit de réponse au *Monde*, en date du 19 janvier 1991, à la demande de M. Laurent Greilsamer.

Marmande, ne peut être accordée. Je vous prie de donner les instructions nécessaires pour leur retour et de me tenir au courant de l'exécution.[1] »

Les deux jeunes lycéens cachés grâce à Mme Guillot, amie de Joseph Cohen, et de familles dévouées, purent être sauvés. Les services de Maurice Papon firent-ils suivre le dossier aux autorités de Marmande ? Il n'y en a pas de trace dans les archives. Les deux sœurs de Joël Gast furent de même protégées.

Pierre Garat quant à lui, sous le couvert du préfet Sabatier, voire de Maurice Papon, aurait-il conduit des tractations avec le Kommandeur Luther, et obtenu une atténuation de la mesure ? Mais, autre hypothèse – les documents manquent à ce propos ! –, peut-être a-t-il décidé seul, comme lors de la nuit du 15 au 16 juillet pendant les opérations, de la réponse à apporter à l'ordre comminatoire des SS du 21 août demandant de ramener tous les enfants. Au cœur de ce drame, apparaît aussi l'impossibilité ou le refus de certaines personnes d'accueil, à qui on avait confié les petits malheureux, de les garder durablement. Par manque de moyens financiers, peut-être, par fuite des responsabilités, mais aussi peut-être, parce que certains enfants plus grands que les autres implorèrent ceux qui les gardaient... de leur laisser retrouver leurs parents.

Une première lettre de Germaine Ferreyra à la direction de l'UGIF, datée du 23 juillet, précise le dévouement du grand Rabbin Cohen à l'occasion, ce qui laisse supposer qu'il eut son mot à dire :

« *En attendant votre arrivée à Bordeaux, nous sommes totalement d'accord avec vous pour l'organisation d'un service social qui sera de toute première nécessité, car nous avons en ce moment beaucoup de cas intéressants et aussi pas mal d'enfants séparés de leurs parents internés. M. Le grand Rabbin s'en occupe sans répit, mais il faut hélas beaucoup de choses.* »

Une autre lettre du 14 août montre que le grand Rabbin et l'UGIF supervisèrent le problème dans son ensemble :

« *Comme vous le verrez par la situation ci-jointe, notre tâche a été grandement facilitée par les concours spontanés de nom-*

1. Source : Archives départementales de la Gironde, classeur de correspondance de l'année 1943, non cotées.

breuses familles dont la plupart sont étrangères à notre communauté. Vous apprécierez davantage ce résultat en sachant que, dans son ensemble, il est à tous les points de vue satisfaisant et surtout qu'il peut être considéré comme définitif.[1] »

Définitif ? On sait qu'une semaine après, il n'en fut rien. Les personnes qui s'étaient engagées, Joseph Cohen en tête, furent décontenancées par le revirement des SS. Il était d'autant plus difficile de revenir en arrière que, nous l'avons vu, Germaine Ferreyra avait communiqué la liste des familles d'accueil de près de quarante enfants à la préfecture.

Un document du 8 avril 1943, ignoré de l'instruction et des débats du procès contre Maurice Papon, suggère que Joseph Cohen fut consulté par la préfecture sur la question, après que celle-ci ait reçu l'ordre des SS. Il ne pouvait en être autrement, puisqu'il avait pris en charge la sauvegarde de tous les enfants avec l'UGIF. Le document parle même d'un « accord » du grand Rabbin pour la « remise » aux SS d'Anna et de Léon Grossang, âgés respectivement de 4 ans et 5 ans. Il s'agit d'une lettre dictée par Pierre Garat et signée au nom du préfet régional par Maurice Papon, adressée au chef du secrétariat social de la Maison du Prisonnier de la Gironde ainsi formulée :

« *En ce qui concerne le cas particulier de Mme Grossang, celle-ci a été transférée le 18 juillet 1942 du Camp de Mérignac au Camp de Drancy (Seine) sur ordre des Autorités allemandes, et a vraisemblablement fait l'objet d'une mesure de déportation.*

Sa situation de femme de prisonnier avait été signalée à l'Autorité allemande. Ses enfants ont été remis, après accord de M. Le grand Rabbin de la Gironde, à l'Autorité allemande lors du convoi suivant, afin de rejoindre leur mère.[2] »

Joseph Cohen s'employa à appliquer la consigne de garder en Gironde les petits ayant des familles apparentées. Il avoue même qu'il tenta d'en inventer, pour essayer d'en sauver le maximum. Certains purent être protégés définitivement. Mais il accepta, « la

---

1. Source : Archives de l'UGIF, Paris, CJDC.
2. Source : Archives administrative du Secrétariat général, Service des Questions juives, Archives départementales de la Gironde, non cotées. Souligné par moi.

mort dans l'âme », se trouvant encore « au temps des grandes illusions[1] », ainsi que Germaine Ferreyra, que certains puissent être ramenés le 25 août, dont au moins six parmi ceux confiés à l'UGIF : Jeanine et Henri Plewinski, Michel et Jacqueline Baskin, Anna et Léon Grossang. Dans son témoignage à Michel Cohen du 29 janvier 1998, Joël Jungerwirth montre qu'en fait, le grand Rabbin de Bordeaux plaida spontanément pour le maintien en Gironde (peut-être dans son for intérieur avait-il un pressentiment, comme l'indique l'extrait du manuscrit de son journal postérieur aux faits cité plus haut), quand les personnes d'accueil acceptaient de s'engager à garder les enfants avec eux :

« Au mois d'août 1942, nous fûmes informés, mes cousins et moi, que les enfants pouvaient ou plutôt devaient rejoindre les parents, à une destination mal définie. Nous n'étions pas en relation avec d'autres enfants de parents arrêtés le 15 juillet.

J'ai toujours le souvenir que cela nous fut présenté avec la possibilité de rester à Bordeaux uniquement pour ceux qui avaient des parents catholiques en zone occupée, ce n'était pas là un cas de figure courant pour une famille de juifs étrangers ou apatrides !

Mais c'était le cas pour mes cousins et moi, par notre oncle Abraham Stolpner.

Un élément intervenant aussi peut-être dans la position de mes cousins et moi est que nous avions été naturalisés à notre naissance par déclaration, nos parents aimant la France et voulant s'y intégrer et intégrer les enfants.

Ayant 10 ans à l'époque, j'ai le vif souvenir que je pensais plutôt à rejoindre mes parents. Mais les conseils du grand Rabbin Cohen, ainsi que la bonne volonté de notre oncle Abraham pour s'occuper de nous, ont conduit à la décision de rester, et d'attendre le retour des parents, retour auquel on croyait à l'époque, ne pouvant concevoir l'horrible réalité.[2] »

L'extrait précité du manuscrit de Joseph Cohen laisse pressentir un débat torturé, qui opposa ce dernier, vraisemblablement à Germaine Ferreyra. Rappelons-le :

---

1. Source : Manuscrit du *Journal d'un Rabbin*, document cité, *cf.* note 7.
2. Cité par Michel Cohen, dans *Mon père Joseph Cohen, grand Rabbin de Bordeaux de 1920 à 1975*, slnd, p. 40.

« Est-ce que dans mon propre entourage on n'était pas allé jusqu'à m'objecter : que diraient les parents qui verraient arriver les enfants des autres et pas les leurs que vous auriez gardés ? À quoi j'ai rétorqué que si j'avais mes enfants parmi les déportés je ne leur aurai pas envoyé mes petits-enfants sans savoir leurs conditions de vie là où ils étaient pour les mêmes raisons dans la mesure du possible j'agirai de même.[1] *»*

Selon les témoignages de Mme Vas-Deyres et de Mme Farges-Lajugie (recueillis par un journaliste de l'AFP en 1998, Denis Teyssou), Garat quant à lui aurait donné la possibilité aux personnes qui le désiraient de garder les enfants. Mais une note du chef de service des Affaires juives, inquiétante en apparence, datée du 26 août 1942, suggère une version différente :

« Le Préfet régional, préfet de la Gironde, autorise Mme Deyres, 8, rue de la Concorde à Bordeaux, à garder avec elle l'enfant Vas Georges, âgé de 5 ans, dont l'état de santé nécessite des soins assidus.

L'inspecteur de Police chargé de prendre l'enfant ne devra donc pas procéder à son arrestation.

Pour le Préfet Régional et p.o.

Le Chef de Service.[2] *»*

Ce document, qui met en avant l'état de santé de Georges Vas, sans certificat médical apparemment cité en appui, apporte une indication importante. Le document, rédigé au nom de Maurice Sabatier, est signé directement « pour ordre », sans passer par la voie hiérarchique du secrétaire général. Cela peut signifier, qu'en la matière, Garat agissait soit seul, de façon discrétionnaire, soit aux ordres directs en tant que chargé de « mission spéciale » du préfet régional. Ce qui resterait conforme à ce qu'indiquent d'autres documents montrant soit la signature de Garat, « sous-couvert du secrétaire général » ou « pour ordre », qui s'adresse parfois directement à l'intendant ou au préfet régional, soit la mention directe de son seul nom, en marge des minutes,

1. Extrait du manuscrit du *Journal d'un Rabbin.*
2. Archives administratives du Secrétariat général, Service des Questions juives, Archives départementales de la Gironde, non cotées. Souligné par moi.

par l'intendant, et non celui du secrétaire général (c'est le cas pour un document du 14 juillet 1942).

La police participa-t-elle au « ramassage » des enfants (pour utiliser les termes mêmes du rapport Téchoueyres du 10 juillet 1942) ? Ce document fut peut-être rédigé pour « se couvrir », en cas de vérification allemande (d'où l'utilisation du mot « arrestation » et la référence à l'inspecteur de police). On sait en effet, par l'intermédiaire du témoignage précité de Joseph Cohen, que des assistantes sociales vinrent chercher certains enfants au foyer de la rue Henri-IV, et que la préfecture téléphona au garde champêtre de Salles pour signifier le retour obligé des petites Stopnicki, avec l'accord vraisemblable de Germaine Ferreyra qui les avait elle-même placés chez Mme Descas. Sept enfants, Michel et Jacqueline Baskin, Jacques et Jacqueline Junger, Jeanne Schultz, Felicia et Anna Leyzerowicz, furent menés au camp de Mérignac venant d'une provenance mystérieuse (« Saint-Martin »). Le dernier, Michel Finkelstein fut saisi ou ramené de Bègles, où il résidait. La préfecture est concernée également par la signature de factures du service des Affaires juives concernant le remboursement à l'UGIF de frais de taxi venant de Salles (Mme Descas, qui les accueillait, ayant ramené elle-même les petites Stolpnicki). Cela indique donc que l'UGIF fut tenue au courant, voire impliquée dans le retour des enfants.

Pour ce qui est de la sauvegarde, il faut insister sur l'aide de parents, de voisins ou de connaissances qui se dévouèrent spontanément, à la demande des mères venues leur confier leurs petits dans la nuit du 15 au 16 juillet 1942. Avec ceux qui purent s'enfuir ou être protégés avant la rafle, vingt-sept enfants sur cinquante que l'on trouve dans les diverses listes de juillet, furent donc sauvés. Quinze furent ramenés le 25 août. Huit autres enfants seront arrêtés en novembre 1943, un neuvième étant sauvé par miracle malgré son arrestation lors de la rafle de janvier 1944 (le petit Boris Cyrulnick).

H. de B. – *Au-delà du cas dramatique des enfants, que vous venez d'évoquer, avec des documents précis qui montrent bien la solidarité et l'implication de tous dans ce drame, comment caractériser en général les relations entre le rabbinat bordelais, l'UGIF et la préfecture ?*

M. B. – Les relations du chef du service des Affaires juives de la préfecture avec le grand Rabbin furent fonctionnelles. Joseph Cohen se rendait souvent dans le service pour sauver qui il pouvait, pour négocier, pour arracher des concessions, mais aussi pour saboter le système répressif. Il eut sur Garat une influence certaine. Ce jeune chef de service engagé à l'extrême-droite, frais émoulu de la Faculté réactionnaire de Droit de Bordeaux, découvrit lui la dure réalité des rafles de juillet 1942 (il parle d'opérations « très pénibles »), le drame des convois, comme la situation au camp de Drancy, au mois d'août. Il fut aussi influencé par les consignes nouvelles de négociation pied à pied reçues du préfet régional et du secrétaire général à partir de juin 1942. Jeune pour une telle mission, rodé à la gestion d'un service qui appliquait effectivement la législation antijuive de Vichy, mais aussi échaudé par les rencontres avec les SS, Garat établit des relations suivies et courtoises, voire de confiance avec le Grand Rabbin. La preuve ? Lors du procès contre le responsable pro-nazi de la police des Questions juives, Lucien Déhan, Joseph Cohen témoignera devant le juge d'instruction le 19 février 1946 en ces termes :

« *Quand Garat est arrivé au début de 1941, il a fait preuve d'un certain sérieux dans son service, mais très rapidement, il m'a paru jouer le double jeu. Il a incontestablement rendu de très grands services, il est évident qu'il a dû lâcher du lest. Après son départ, il y a eu un terrible changement équivalent à une véritable catastrophe.* [1] »

La catastrophe en question concernait, en fait, la prise de pouvoir en matière de politique antijuive par le SEC du fanatique Déhan, véritable « complice de crime contre l'humanité », qui eut effectivement à partir de septembre 1943 des conséquences dramatiques pour la communauté juive de Bordeaux. Déhan fut logiquement fusillé après la Libération.

Donc, à moins de découvrir des documents d'époque contraires – que les accusateurs d'aujourd'hui n'auraient pas manqué de citer –, il apparaît que le grand Rabbin et l'équipe de personnes

1. Source : Archives du Tribunal militaire de Bordeaux, Archives de la Gendarmerie nationale, Affaire Lucien Déhan, confrontation du 19 février 1946 entre le grand Rabbin de Bordeaux, Joseph Cohen et Lucien Déhan, devant le juge instructeur, le lieutenant Noël Stienne.

dévouées qui l'entouraient, n'ont pas dénoncé l'administration française de Bordeaux en place au moment des rafles, comprenant bien l'origine des ordres que celle-ci avait été contrainte d'exécuter. Tous semblent avoir admis le sens des mesures prises, comme les modalités d'exécution et d'instrumentalisation de la police française, face à la pénible réalité des arrestations. L'absence de motivations antisémites de la part des fonctionnaires impliqués par les ordres comminatoires des SS, le « tact », et le « dévouement »[1] des policiers français lors des opérations, n'ont jamais été remis en question par un seul des responsables de la communauté juive de Bordeaux de l'époque : ni pendant les faits, dans des démarches de protestation auprès des diverses autorités morales et religieuses de la ville, ni après la Libération, auprès du commissaire de la République Gaston Cusin, comme auprès des diverses instances d'instruction qui enquêtèrent librement sur les méfaits des nazis et de leurs véritables complices, de 1945 à 1958. Lors des divers procès contre le KDS de Bordeaux ou contre les hommes du SEC, Albert Errera, au nom du Consistoire israélite, témoigna de vive voix, ainsi que Joseph Cohen. Faut-il d'ailleurs ajouter que lors du procès contre Maurice Papon, sans souci apparent de la contradiction, les parties civiles et le Ministère public n'ont pas hésité à citer des policiers résistants qui avaient pourtant participé, sous la contrainte, à des rafles et à des convois de juifs (les inspecteurs Jean Milhat, à travers son épouse, et Robert Lacoste) ?

Cela ne décharge pas bien entendu la responsabilité de ceux qui arrêtent, qu'il ne faut point confondre avec les personnes arrêtées et convoyées. Mais entre les deux, il y eut des relais. L'obéissance aux ordres de la part de la police reste indéniable, même si les documents affirment que les « opérations » furent menées « à contrecœur » et sous la contrainte, parce que placées sous le contrôle direct des SS. De même apparaissent dramatiques les conditions de vie des détenus au camp de Mérignac, l'attitude intraitable de certains gendarmes et gardiens lors des arrestations, ou des évasions. En témoigne, par exemple, l'enchaînement des personnes amenées depuis le camp de Mérignac

1. Ce sont les termes utilisés par Pierre Garat dans son rapport à l'intendant de police et au préfet régional du 16 juillet 1942. Ils seront repris par Maurice Sabatier dans son rapport du 18 juillet au gouvernement Laval.

jusqu'à Drancy, lors du convoi du 30 décembre 1943, sur injonction des Allemands qui redoutaient les fuites et participèrent eux-mêmes à la surveillance, comme pour les dix autres convois bordelais.

Certains policiers de terrain, malgré les menaces des SS, explicites depuis la première opération de juillet 42 en cas de fuite, eurent le courage, quand leur équipe n'était point accompagnée d'Allemands, de prendre des dispositions d'aide ou de sabotage, avant ou pendant les arrestations. Faut-il rappeler que près de 130 policiers et gendarmes ont été arrêtés, déportés, fusillés, dans le ressort de Bordeaux pendant l'occupation[1] ? Il y eut également des résistants de réseaux infiltrés (en particulier F2 de Jean Bernyer avec Germaine Lavier, secrétaire, placé auprès de l'intendant de police) qui, lorsqu'ils eurent connaissance des listes d'arrestations lors de certaines rafles, prévinrent le maximum de personnes joignables (des témoignages existent à ce sujet, qui n'ont pas été recueillis par l'instruction bordelaise[2]). Le départ avant la rafle est un objet qu'il faut aussi prendre en compte. Pour apprécier le sabotage possible par des policiers de terrain, il faut comparer les listes des personnes à arrêter, produites par les Allemands, et celles des personnes effectivement arrêtées. Il est évident que la marge était plus étroite au niveau des convois, les SS désignant eux-mêmes les personnes qui devaient partir, dans des séances particulièrement pénibles au camp de Mérignac.

Dernier élément. Lors des premières arrestations massives, le grand Rabbin contacta l'Archevêque, Monseigneur Feltin, pour intervenir au sujet des déportés. Ce fait, très important au niveau moral, fut totalement occulté au cours de l'instruction et du procès de Maurice Papon. On dispose de cet extrait d'une allocution de Joseph Cohen à Bordeaux, le 2 novembre 1944 :

« Grâce à son Excellence Monseigneur Feltin, que nous ne saurions jamais assez louer, ni assez remercier pour ses interventions courageuses pendant toute l'occupation, nous avions pu faire par-

1. Source : rapport de décembre 1944 du Secrétariat général à la police, *in* Archives de l'Intendance de Police, non cotées, Archives départementales de la Gironde.

2. J'ai recueilli à ce propos les témoignages d'Henri Cérézuelle et de Jean Bernyer.

venir une supplique au Vatican en vue d'obtenir l'autorisation pour tous les déportés d'apporter simplement leur signature en bas d'une carte postale imprimée par les soins de l'administration allemande elle-même. Le Saint-Père répondit "qu'il était étonné de toute la latitude que les Allemands laissaient à l'épiscopat français, que lui-même ne jouissait pas des mêmes privilèges, qu'il n'avait pas le droit de recevoir des nouvelles de tous ses prêtres et fidèles habitants en pays occupés." »

Dernier élément enfin concernant les rafles : le grand Rabbin Cohen demanda-t-il à Pierre Garat ou au préfet Sabatier d'humaniser, dans la mesure du possible, le sort des malheureux, en souhaitant que les escortes soient composées de gendarmes français, en préférant des autobus à des camions, ou des wagons de voyageurs à des trains de marchandises ? Nous ne disposons d'aucun document écrit qui le confirme. Simplement du témoignage de Maurice Papon. Sur ce point, rappelons que le « droit de complicité matérielle » pour crime contre l'humanité, qui ne retient ni l'intention ni le mobile dans la conceptualisation de la complicité en terme pénal, considère aujourd'hui, soixante ans après les faits, très négativement ce type de comportement. Si on appliquait ce nouveau droit rétroactif de façon stricte, on pourrait poursuivre également pour « complicité de crime contre l'humanité », non pas tout de même les rescapés de l'UGIF, mais les dirigeants de la Croix Rouge bordelaise qui assistèrent les victimes lors de la grande rafle de janvier 1944, les associations d'étudiants qui apportèrent leur concours, les responsables de la SNCF et de la gare Saint-Jean, les cheminots et les mécaniciens. Nonobstant la présence impérative des Allemands à tous les niveaux ! Je passe sur le concept de complicité pour « non-assistance à personne en danger », qui pourrait, lui, être appliqué à l'ensemble des autorités morales, religieuses, sociales, politiques de la cité, voire à toute la population bordelaise et aussi, pourquoi pas, à toute la Résistance locale, qui fut explicitement accusée par certains mythomanes de la mémoire de n'avoir rien fait à Bordeaux, sous l'occupation, pour sauver des juifs !

Il faut insister encore sur le rôle de l'archevêque, Monseigneur Feltin. La repentance tardive de maints prélats d'aujourd'hui pose rétrospectivement un certain nombre de problèmes. On ne peut déformer, voire ignorer, ce que furent les réactions de la hiérarchie catholique en France, au moment des événements. L'Église dénonça la politique antijuive du régime dès décembre 1940, puis dans une déclaration du 17 juin 1941 contre le « statut » infligé par Darlan. Puis par une lettre du 23 juillet 1941. Celle-ci est d'autant moins connue qu'elle fut publiée en plein Bordeaux occupée, par solidarité avec les juifs, par Monseigneur Feltin lui-même.

« Esprit catholique

Il ne suffit pas d'assister à quelques cérémonies culturelles pour se dire loyalement chrétien ; il ne suffit pas non plus d'être fidèle à l'esprit d'amour, que réclame l'Évangile, pour se dire catholique.

Jésus-Christ a fondé une société, l'Église, dont les membres doivent être animés d'un esprit d'obéissance pour mériter légitimement le nom de catholique.

Ce n'est pas, en effet, la participation à tel groupement social, l'adhésion à tel parti, la lecture de tel journal, qui donne le droit à ce titre ; on n'est vraiment catholique que dans la mesure où l'on observe simplement toutes les instructions données, dans l'ordre spirituel et religieux, par ceux qui ont reçu mission de les communiquer.

Cette Église, dont nous sommes les membres, n'est pas une société quelconque. Elle est un organisme vivant, dont l'Esprit divin est l'âme. Un regard, même superficiel, sur son histoire le prouve.

Le Christ, pour la fonder, ne s'est servi ni de la plume d'un Tacite, ni de la parole d'un Cicéron, ni du glaive d'un César. Il ne fit appel à aucun génie, à aucun prince, à aucun savant, à aucun riche. Il prit douze pêcheurs, qui jetaient leurs filets sur les bords du lac et c'est avec ces douze hommes sans naissance, sans fortune, sans lettres, pauvres bateliers d'une nation, placée sous la domination romaine, que le Christ opéra la révolution la plus universelle et la plus salutaire que le monde ait connu.

Il n'a laissé à ses Apôtres ni or, ni argent ; et ceux-ci n'ont été asservis dans leur activité, par aucune vue politique. "Rendez à César ce qui est à César" leur avait dit le Maître, et ils n'ont pas recherché les faveurs romaines pour réussir en leur entreprise.

Ils ne furent pas aidés davantage par la science qu'ils ignoraient et qui les méprise, ni par l'attrait que souvent pouvait sus-

citer la doctrine nouvelle qu'ils enseignaient et qui ne favorise aucune passion.

Ces ignorants, sans moyens humains, contrariés, persécutés, dès le début de leur mission, ne furent vraiment guidés et soutenus que par l'Esprit divin.

Depuis vingt siècles, cette société religieuse ainsi fondée, se maintient au milieu d'épreuves de tout genre, elle se répand à travers le monde dans une parfaite unité de doctrine.

En face de toutes les situations, sous toutes les latitudes, malgré toutes les passions humaines qu'Elle combat, Elle garde intacte la pureté de son enseignement évangélique. Elle le distribue par la seule persuasion, sans aucun moyen de coercition, respectant tous les cadres nationaux, toutes les sectes philosophiques, politiques ou économiques, qui ont souvent cherché au cours des âges à l'accaparer ; dominant tous les particularismes de races, de castes et de sexes, car suivant le mot de Saint-Paul, chez Elle "il n'y a plus ni juif, ni Grec, ni esclave, ni homme libre, ni femme, ni homme, tous sont un en Jésus-Christ".

Elle maintient de même son unité de gouvernement grâce à l'autorité du Souverain Pontife. Juge suprême des controverses, le Pape donne une solution aux difficultés intimes ; Il met un terme aux discordes religieuses ; Il exerce son autorité spirituelle sur le monde entier.

Depuis vingt siècles son pouvoir demeure seul immuable au milieu de toutes les autorités humaines qui varient, disparaissent et renaissent. Il gouverne la seule société, qui ait gardé intacte sa doctrine et sa constitution, malgré tous les bouleversements politiques, toutes les doctrines philosophiques, tous les courants d'idées et d'influence.

Cette simple constatation ne nous donne-t-elle pas l'assurance que l'Esprit divin anime cette société religieuse, dont nous sommes les membres ?

N'affermit-elle pas notre confiance ? Ne nous invite-t-elle pas à suivre fidèlement et docilement l'enseignement et la direction de l'Église ?

On ne peut pas, du reste, sans cette docilité, être et se dire vraiment catholique.

Maurice Feltin,
Archevêque de Bordeaux,
Évêque de Bazas. »

On peut citer encore la protestation de l'Église d'août 1943, lorsque Laval voulut retirer aux juifs naturalisés depuis 1927 leur nationalité. Quant à la réaction de la hiérarchie catholique après les rafles du 15-16 juillet, elle fut immédiate et sans appel, d'autant que la conférence des Archevêques et Évêques de France se tenait à Paris au même moment. Elle différencia de façon réaliste ce qu'il était possible de dire et d'écrire en zone occupée (une lettre rédigée en commun fut transmise secrètement, à Laval le 16 juillet, à Pétain le 22 juillet), et en zone non occupée. Là les réactions des Évêques retentirent dans des lettres pastorales lues en chaire toutes les semaines, dénonçant, de juillet à septembre 1942, le caractère antichrétien et inhumain des rafles, cela à Montauban (23 août), Toulouse (30 août), Marseille (6 septembre), Lyon (6 septembre), Albi (20 septembre). Monseigneur Eyt, archevêque de Bordeaux, que j'avais averti personnellement, avant le procès, de la complexité de cette affaire, a quant à lui, soixante ans après, « oublié » le rôle effectif de son prédécesseur Monseigneur Feltin en faveur des victimes israélites de l'occupation bordelaise. Ce dernier, tenant d'une action catholique spécialisée dans les années 1935, actif dans l'ACJF, fondateur de la revue *Sept*, fut arrêté à Bordeaux par le Sonder Kommando SS d'Hagen en 1940. Il fut interrogé pendant plusieurs heures, et ses archives saisies. Il sera même traité d'archevêque « judéo-gaulliste » par un journal fasciste bordelais en 1943, et s'engagera effectivement pour soutenir les persécutés juifs un an avant les rafles, à la demande du grand Rabbin Cohen, en publiant le retentissant article de solidarité que je viens de citer en première page de la *Liberté du Sud-Ouest*, face aux troupes allemandes. On continue à lui reprocher aujourd'hui, en refaisant une fois encore l'histoire, son discours lors des obsèques de Philippe Henriot (abattu par votre oncle, Alain de Beaufort, à qui cet acte de sacrifice résistant allait coûter la vie), alors que, me semble-t-il, dans un discours d'apaisement, il cherchait avant tout à empêcher le déchaînement de représailles de la part des miliciens prêts à venger leur chef de façon sanglante. On oublie aujourd'hui la violence à laquelle beaucoup de responsables de bonne volonté durent faire face avec les moyens dont ils disposaient...

De même, faudrait-il développer le cas de l'intendant de police, le colonel René Duchon, complexe à analyser. Celui-ci s'est justifié dans un Mémoire écrit en septembre 1944. Qui a lu aujourd'hui ce document ? On peut aussi rappeler que dans un témoignage de 1945, René Duchon, ancien de Verdun, officier de char fait prisonnier dans la campagne de Pologne en 1940, aussitôt évadé, qui avait un fils officier retenu prisonnier en Allemagne pendant toute la durée de la guerre, se battit à sa manière, aidé notamment par un membre du 2e Bureau qui travaillait à ses côtés (de La Houssaye). Il a révélé qu'il reçut, à plusieurs reprises et en secret, le grand Rabbin Cohen dans son bureau, en l'assurant de toute son aide. Joseph Cohen, dans la partie publiée des « extraits » du *Journal d'un Rabbin*, confirme ses rencontres avec l'intendant.

Mais au-delà des éléments justificatifs de telles rencontres (qui sont des « faits de représentation [1] »), nous devons objectivement nous interroger aujourd'hui sur son rôle officiel et effectif dans la répression. D'autant que certains documents montrent que son action fut loin d'être secondaire en matière de répression antijuive. Par exemple, lors de l'application forcée de l'ordonnance policière du 7 février 1942 en zone occupée, contrôlant le déplacement des juifs, ou de celle du 29 mai 1942 concernant l'imposition de « l'Étoile Jaune ». De même, lors des rafles, René Duchon assista personnellement aux opérations nocturnes [2]. Et lors de l'opération de janvier 1944, l'intendant assuma avec le commissaire Frédou la responsabilité d'exécution, sous contrôle des SS.

C'est bien la police, pilotée par son conseiller technique Frédou, assisté du commissaire Téchoueyres, qui, sous l'impulsion personnelle du préfet Sabatier donna les ordres de conception et d'exécution au niveau régional, dès le 2 juillet 1942, réalisant le processus d'arrestation et de suivi des convois. Cela en dehors de toute influence manifeste du secrétaire général de la Gironde. À ce propos, l'instruction et, en conséquence, les débats du procès, n'ont pas étudié à ma connaissance le dossier judiciaire du commissaire Frédou, arrêté et jugé à Bordeaux après la guerre, qui fourmille d'informations inédites et importantes

1. Ce que j'appelle « un fait de représentation » implique les éléments de perception d'information et de compréhension par les acteurs de leur situation. Ils peuvent se tromper mais on doit respecter leurs erreurs.

2. Cela est avéré dans la version du rapport de Pierre Garat du 16 juillet 1942 émanant des archives de l'intendance de police. Source : Archives départementales de la Gironde, non cotées.

(notamment une déclaration du préfet Boucoiran de plus de trois pages). Il semble d'ailleurs, au regard de documents nouveaux, que le rôle du divisionnaire Frédou, promu par Vichy au grade de contrôleur général, conseiller technique de Duchon, contacté par les SS pour des « entretiens préparatoires » dès le 2 juillet 1942, fut particulièrement important. Comme celui, en parallèle, du commissaire Norbert Téchoueyres, organisateur des rafles et des convois de 1942. En 1943, c'est toujours la police qui organisa les convois, de même que la grande rafle de janvier 1944, au cours de laquelle les gendarmes et les policiers français arrêtèrent plus de personnes que les SS eux-mêmes et le SEC (228 sur 317). Faut-il rappeler que dans une conférence du 20 février 1942 tenue à l'intendance de police pour organiser « la Police des Questions juives » en vue de l'application de l'ordonnance allemande du 7 février, Duchon et Frédou avaient désigné Pierre Garat pour superviser au niveau régional cette matière délicate, qui devait opposer les services officiels à l'organisme parallèle de la PQJ du Commissariat général aux Questions juives, peuplée d'antisémites outranciers faisant sans cesse allégeance aux SS ?

Une des lacunes les plus notables de l'instruction consista précisément à ne pas retenir le rôle de Pierre Garat avant juin 1942. De même fut totalement négligée l'affaire pourtant significative, de l'imposition de la terrible « étoile jaune », le 6 juin 1942. Or, avant l'arrivée même de Maurice Papon à Bordeaux, le préfet Sabatier, en poste depuis un mois, avait confirmé la décision de Duchon et de Frédou désignant Pierre Garat comme chargé de « mission spéciale » au niveau régional en matière d'Affaires juives. C'est bien Garat qui en outre fut le dépositaire du fichier remis par l'intendance de police qui l'avait distribué commissariat par commissariat, de l'étoile jaune (qu'il n'utilisera pas, comme par hasard, en juillet 1942 pour établir les listes d'arrestation ou contrôler celles élaborées par la police et les Allemands). Même si Maurice Papon réussit à infléchir le jeu de Garat, lors des rafles, on ne peut oublier quel fut le rôle zélé de celui-ci, entre février et juin 1942 (le grand Rabbin Cohen utilisant lui-même, on l'a vu, lors de sa déposition de 1946, l'expression : « il dut lâcher du lest »). Autrement dit, l'ensemble des accusateurs et des observateurs, n'a pas voulu admettre que Pierre Garat était avant tout le chargé de mission spéciale du préfet régional et du divisionnaire Frédou, non du secrétaire général, en matière d'Affaires juives. Pour Maurice Sabatier, Pierre Garat reste le spécialiste de la question, le chef de service qui conserve une certaine autonomie. Il est vrai que la justice ne peut enquêter sur des morts, c'est pourquoi elle s'est acharnée à prouver que le seul fonctionnaire vivant, donc punissable, de « l'équipe » (mais jusqu'à quel point peut-on parler d'équipe ?) était le grand ordonnateur du système.

H. de B. – *Maurice Papon, seul survivant à se mettre sous la main, a-t-il été condamné à la place des vrais « coupables », peut-on se demander en vous écoutant ?*

M. B. – La réalité de la coopération entre l'UGIF, le grand Rabbin et la préfecture de la Gironde ne peut effacer le problème de la participation forcée mais effective de la police française au processus répressif. Et les bonnes relations initiales entre le secrétaire général et son préfet régional, qui l'avait fait venir à Bordeaux pour faire « équipe », ne peuvent pas cacher l'évolution entre les deux hommes, dès 1943, ni la réalité des « affaires réservées » du préfet en matière de police, ni la partie essentielle prise dans le dispositif par la police elle-même. Ce qui ressort, à la lecture du dossier, c'est que les opérations massives d'arrestation et de convoiement, atténuées autant que faire se peut malgré l'application des ordres allemands, relève de la responsabilité unique et effective du seul préfet régional Maurice Sabatier, de l'intendant de police et du commissaire Frédou. C'est ce que montrent les documents, malgré une déclaration contraire de ce préfet mystérieux et rusé, lors de son interrogatoire en tant que simple témoin devant le premier juge d'instruction Jean-Claude Nicot en 1983.

Une parenthèse s'impose ici. Comment admettre qu'un magistrat instruisant à charge et à décharge ait pu laisser passer sans l'interroger ou l'inculper la déclaration stupéfiante de l'ancien préfet régional, selon laquelle, entre mai 1942 et août 1944, aucun juif français n'avait été arrêté dans son ressort ? Déclaration au cours de laquelle Maurice Sabatier chargea de façon particulièrement étrange son ancien subordonné. À lire ce témoignage, on ne peut que poser cette question : quels furent vraiment, sous l'occupation, les liens personnels et fonctionnels entre le préfet régional et le secrétaire général de la Gironde ? C'est sur le problème fondamental de l'inculpation très tardive du préfet Sabatier, en 1986, que la première instruction, qui avait duré quatre années, fut annulée. La Cour de cassation répara à l'occasion, sur le plan du droit, cette bévue judiciaire hallucinante.

H. de B. – *Selon vous, la préfecture régionale avait-elle une marge de manœuvre pour saboter le processus de répression contre les juifs de Bordeaux ou réfugiés en Gironde ? Et l'a-t-elle fait ?*

M. B. – L'acte d'accusation, comme la Cour de Bordeaux, ou le Ministère public, ont défini la collaboration forcée, sous le contrôle et l'injonction menaçante des SS, de la part de la préfecture et de la police, comme étant un acte de « complicité », c'est-à-dire de connivence objective et subjective. Cela exclut toute possibilité qu'ils aient tenté de résister, de saboter. Qu'ils aient exécuté les mesures en essayant des recours, qu'ils aient tenté de tromper l'ennemi, d'agir dans la très faible marge de manœuvre dont ils pouvaient disposer. Il est logiquement impensable, dans une « épistémologie » strictement accusatoire et manichéenne, de concevoir que l'on pouvait traîner des pieds, accepter d'obéir, tout en minimisant les résultats, en gagnant du temps, en détournant les mesures. Mais le nombre des victimes est là pour témoigner du contraire. Selon ce point de vue, il était donc impossible à la fois de collaborer et de saboter. Ou même de collaborer pour saboter. On a reproché à Maurice Papon, à son poste, de n'avoir rien fait, de ne pas avoir résisté, tout en affirmant qu'il était impossible de résister à un tel niveau d'actes de responsabilité. C'est en effet la conséquence logique du dilemme péremptoire : « ou l'on démissionne si l'on est résistant, ou l'on collabore. » De plus, cela est valable pour le secrétaire général seul. Mais, étrangement, ni pour le préfet régional (*cf.* son interrogatoire problématique par Jean-Claude Nicot en 1983 !), ni pour les policiers « résistants » qui arrêtent. Ce que l'on refuse d'accorder à Maurice Papon, on l'admet pour le préfet régional Maurice Sabatier comme pour les inspecteurs Jean Milhat ou Robert Lacoste dont pourtant on sollicite le témoignage à charge ! C'est admettre surtout, *a contrario*, qu'il était impossible d'atténuer le drame, de résister, de saboter. Donc qu'une résistance en poste était inconcevable. Il fallait résister ou démissionner. Pas de double jeu !

Ce raisonnement contredit les positions du gaullisme historique. Les autorités de Londres demandèrent en effet aux fonctionnaires de rester en poste, et surtout, de saboter sans se compromettre, de se méfier de tout le monde, et d'attendre sur place l'arrivée des libérateurs, en témoignant, en réalisant en secret des contre-dossiers, en sauvegardant autant que possible les intérêts de la population [1]. Nous savons, par des textes multiples, qu'obéir aux SS, en zone occupée, ne fut pas un grief suffisant pour être révoqué immédiatement en 1944. En effet, le général De Gaulle, Jean Moulin et René Cassin, dès 1941, avaient fixé par écrit les conditions de l'épuration du ministère de l'Intérieur au moment de la Libération du territoire. Ces textes, fondamentaux pour comprendre le hiatus entre la Résistance et les accusateurs d'aujourd'hui, ont été systématiquement occultés, tant par l'instruction, par la Cour, que par les divers témoins et défenseurs lors du procès de Bordeaux. Pour le gaullisme historique, qui distingua d'abord le gouvernement de Vichy de son administration, de même que la responsabilité administrative forcée de la responsabilité pénale (la barre punitive fut placée au niveau des secrétaires généraux de ministères pour les poursuites politiques en Haute Cour de Justice), avoir obéi aux ordres des SS, en zone occupée, avoir arrêté éventuellement, sous la menace allemande, des résistants, des gaullistes même, ne suffisait pas pour être épuré systématiquement. Il fallait avoir étalé des sentiments germanophiles, avoir fait du zèle (« cas de la police »), et adhéré à un des vingt groupements pétainistes ou collaborationnistes de façon ostensible. Il s'agissait aussi, pour le gaullisme, d'être conséquent avec lui-même. On ne pouvait pas demander à l'ensemble des fonctionnaires de rester en poste, et les épurer systématiquement ensuite. Les modalités d'épuration furent effectives, administration par administration, dossier par dossier, en 1944, mais point inquisitoriales. Ce réalisme, ce sens de la mesure, avait été discuté à Londres par les plus hautes autorités. On ne pouvait pas revenir sur cette stratégie générale. Les commissaires de la République ne firent qu'appliquer ces consignes sur le terrain. D'ailleurs, l'une d'entre elles, parmi les modèles écrits qui leur furent transmis avant leur arrivée en poste, leur suggérait de

1. C'est ce que montrent les consignes données à la Radio de Londres par le colonel Tissier, conseiller d'État en février 1942.

prendre comme directeurs de cabinet les secrétaire généraux de département. C'est ce que Gaston Cusin appliqua à Bordeaux [1] !

Le problème, dans le procès Papon, c'est que les grilles d'évaluation des actes et des représentations des hommes de l'époque ont été remplacées par des grilles d'interprétations nouvelles, anachroniques et incompréhensives. On a calqué sur la réalité un système de jugement moral et pénal déconnecté des mentalités et de la situation réelle de l'occupation et de la résistance. Il est significatif et remarquable que personne, à la Libération, notamment pas le grand Rabbin Cohen qui avait connu le détail des opérations de 1942 jusqu'à décembre 1943, ne protesta auprès du commissaire de la République contre l'équipe préfectorale. À l'exception, il est vrai, du cas de Pierre Garat, ancien chef du service des Affaires juives de la préfecture, nommé sous-préfet de Blaye, que certains accusateurs confondirent avec Lucien Déhan (Affaire Patularne, Reille, Naxara et autre, suscitée par les « enquêteurs » plus ou moins bien intentionnés du très politicien Comité départemental de la Gironde). La Résistance bordelaise aurait-elle pu être bernée dans son ensemble pendant plus de deux ans, communistes inclus ? À moins que l'on prétende qu'elle se soit désintéressée totalement du sort des juifs à Bordeaux comme dans le reste du pays ?

En outre, les documents du service des Affaires juives n'ayant pas été détruits, en 1944, ceux-ci servirent lors des instructions pour crimes de guerre, et aucun juge n'eut à retenir un quelconque grief contre l'appareil préfectoral, à l'exception d'une plainte contre trois policiers qui aboutit à un non-lieu en 1945. Cela en application des chefs d'inculpation retenus à l'époque, comme des grilles gnoséologiques et psychologiques des acteurs.

De fait, à Bordeaux, l'équipe dirigée par Maurice Sabatier s'efforça, avec une marge de manœuvre très limitée mais réelle, de « faire la part du feu », tout en subissant les ordres des SS. Il existe toujours lorsqu'on se trouve en relations d'interdépendance – la sociologie des organisations de Michel Crozier le démontre – une marge de jeu, d'incertitude, de négociation, même dans une situation comme celle d'une zone interdite de la zone occupée.

1. Voir à ce propos mon étude, *L'État incarné. Gaston Cusin à Bordeaux (1943-1945)*, Toulouse, CERP, Thèse d'État de Science politique, septembre 1994.

Le préfet régional, appuyé par le notable tacticien qu'était le maire Marquet, a eu la possibilité d'interventions, d'interactions, d'échanges, même inégaux, avec les SS. Il semble, au regard de certains documents, que la préfecture élabora une ligne de défense en connivence avec le maire Adrien Marquet et avec des éléments du gouvernement d'alors, à Vichy et à Paris. Les résultats, eu égard au nombre des victimes des ordres des SS et de leurs agents de la Police des Questions Juives, peuvent paraître insuffisants ou même dérisoires. Cependant, quelques éléments méritent d'être retenus qui permettent de mieux apprécier le problème : l'affaire des radiations, et les interventions pour dérogations aux ordonnances allemandes.

Combien de radiations ont-elles été effectuées par le service des Affaires juives de la préfecture de la Gironde ? Un document de février 1943, d'autant plus intéressant qu'il provient de la Police des Questions Juives, avance, pour le département, le chiffre de 400 personnes (mais il comptabilise aussi les personnes « décédées »), entre 1941 et cette date – chiffre qui n'épuise donc pas l'ensemble de la période 40-44. L'expertise de 1985, attachée à la première instruction, a cité le nombre de 139 personnes, « vraisemblablement inférieur à la réalité ».

Une des anomalies du procès de Bordeaux, au-delà du manque de mémoire de Maurice Papon sur des faits vieux de 56 ans, qui a rendu problématique la question de « l'oralité des débats », c'est que le processus de radiations a été occulté. Les documents, qui existent, n'ont pas été recherchés aux Archives départementales de la Gironde.

Certains ont fait croire que si Maurice Papon était incapable de citer des noms, de se prévaloir d'une politique de sauvegarde, c'est parce qu'il n'avait sauvé personne. On a prétendu qu'il n'était pas là pour sauver, mais pour arrêter, comme un bourreau ou un croque-mitaine. D'autres ont argué que le secrétaire général de la préfecture était jugé non pour les juifs qu'il prétendait avoir sauvés, mais pour ceux qu'il avait contribué à faire déporter. D'autres, habiles avec les faits, ont considéré que les juifs radiés du terrible fichier, en fait, se trouvaient être des non-juifs, inscrits globalement et par erreur par les chefs de famille lors du recensement de décembre 1940. Radier des non-juifs n'était donc pas un exploit, un acte de résistance, mais simplement une régularisation de situation, se sont-ils écriés ! D'autres, plus cyniques, ont constaté que les radiations effectuées par la police antisémite des questions juives, puis par le SEC[1] ou les Allemands, étaient plus « rapides » que celles tentées par le service de Pierre Garat qui dépendait de ces derniers dans cette procédure, et ne disposait par conséquent d'aucune marge de manœuvre. Le Président de la Cour a même, quant à lui, affirmé qu'une lettre du 19 mai 1943 concernant la prise en main des radiations par les SS à partir de cette date, ne se trouvait pas dans le dossier, alors que je l'avais livrée, avec d'autres pièces illustrant mon témoignage, le 19 janvier 1998 quelques jours auparavant ! Divers documents « à décharge » sur ce problème, comme le témoignage écrit du grand Rabbin Cohen dans son *Journal*, n'ont pas davantage été retenus.

En fait, le processus de radiation fut complexe et multiforme. La préfecture, au moins jusqu'à ce qu'elle se fasse repérer, eut, à son niveau, une marge d'intervention pour la part des radiations qu'elle pouvait gérer de son propre chef. Ce que l'on n'a point voulu admettre, c'est qu'une grande partie des « non-juifs » radiés du fichier, purent, alors qu'ils étaient juifs, être transformés en non-juifs, notamment en raison de leur âge ou de la mixité religieuse de leurs parents ou grands-parents. L'irrationalité contradictoire des deux législations, nazie et vichyssoise, permit de gérer au mieux un certain flou. Cela a duré des mois, jusqu'à ce que le SEC et les Allemands, qui supervisaient eux-mêmes certaines radiations, s'en aperçoivent. Il est inexact de présenter les conflits importants entre le SEC et la préfecture à ce propos, entre autres, comme de vulgaires querelles de compétence, de préséance, entre des services qui cherchaient à faire de la surenchère mais participaient en définitive à la même politique de répression. Cela n'est pas conforme à la vérité. Une lettre du 28 avril 1943 du SEC de Bordeaux au Commissariat Général aux Questions Juives de Paris, ignorée par l'instruction[2], que j'ai apportée lors de mon témoignage, l'indique clairement :

1. Le SEC, Section d'Enquête et de Contrôle du commissariat général aux questions juives, avait un bureau à Bordeaux. C'était une officine antisémite dépendant directement de Vichy et indépendante de la préfecture.

2. Le document se trouvait dans les archives du Centre de Documentation juive de Paris, où se rendit le Juge d'Instruction.

« J'ai l'honneur de vous signaler l'attitude de la Préfecture de la Gironde qui procède elle-même à des radiations assez nombreuses depuis quelque temps du registre des israélites. Votre Délégation de Bordeaux ne peut contrôler ces agissements, puisque les services préfectoraux refusent communication des dossiers. Elle a cependant connaissance d'un ou de deux cas de radiation dont le bien-fondé paraît douteux et espère pouvoir les soumettre bientôt. En outre elle remarque que les intéressés ont plutôt tendance à s'adresser au service juif de la Préfecture plutôt qu'à elle-même, ou à s'y présenter lorsqu'ils sont convoqués par elle ; ce qui paraîtrait indiquer dans les milieux juifs qu'on y trouve un accueil plus bienveillant. »

De plus, dans ce processus de radiation, dans la partie administrée par le service des Affaires juives de la préfecture, il apparaît à travers divers documents que le grand Rabbin Cohen était impliqué. Dans la partie publiée de son Journal, il décrit lui-même le stratagème consistant à déclarer comme « non-inscrites sur les registres de la Synagogue » les personnes dont on lui demandait de préciser, non si elles étaient juives, mais si elles étaient marquées ou non dans un fichier qu'il tenait lui-même. En avril 1943, le SEC découvrit ainsi que des Lévy étaient déclarés non-juifs ! Maurice Papon qui a écrit plusieurs lettres au grand Rabbin à ce sujet (elles se trouvent dans la correspondance du secrétariat général qui n'a pas été entièrement étudiée par l'instruction) fut explicitement suspecté d'utiliser indûment sa signature. Les antisémites du Commissariat Général aux Questions Juives (CGQJ) de Paris lui reprochèrent d'avoir commis de « graves erreurs » dans les nombreuses radiations entreprises entre avril et septembre 1943, malgré le respect de consignes contradictoires émanant du régime lui-même, de ce même Commissariat Général aux Questions Juives ou de décisions du Conseil d'État [1].

1. Ces faits sont consignés dans divers documents que j'ai communiqués à la Cour lors de mon témoignage du 19 janvier 1998 au procès. Ceux-ci, issus soit du Centre de Documentation juive contemporaine, soit des archives administratives du Secrétariat général, Service des Questions juives, existaient aux Archives départementales de la rue Daviaud et se trouvaient à la disposition de la première instruction. Les experts les ont consultés en 1985. On ne les a pas retenus dans les documents saisis par la seconde, après 1988. ➡

En plus du sabotage apparent du dispositif des radiations, il faudrait prendre en compte également les grappillages obtenus péniblement par Pierre Garat, après chaque rafle et chaque convoi (170 personnes environ, soit 10 % des convoyés), les exemptions importantes du port de « l'étoile jaune » (1 181 en février 1943), les obtentions de libérations individuelles (par exemple Alice Slitinsky en novembre 1942, ou Albert Errera, délégué de l'UGIF de Bordeaux en janvier 1943), de dérogations à l'ordonnance allemande de la zone occupée du 7 février 1942 (*cf.* les lettres précitées en faveur du grand Rabbin Cohen).

On est obligé, pour apprécier la marge de manœuvre et la responsabilité des autorités territoriales, de les distinguer du gouvernement de Vichy et des SS ordonnateurs, auteurs du crime.

H. de B. – *La fuite du grand Rabbin de Bordeaux, heureusement réussie, lors de son arrestation en décembre 1943 a-t-elle eu des répercutions sur les opérations allemandes contre les juifs ?*

M. B. – Humainement, comme historiquement, c'est une question difficile. Il faut là encore décomposer les événements en séquences, et établir les liens éventuels entre les différentes séquences, qui peuvent se télescoper de façon indépendante, malgré leur simultanéité dans le temps. *A priori*, se croisent dans l'affaire des rafles et des convois de décembre 1943 et de janvier 1944, qui concernent plus de 400 personnes, des faits criminels (les ordres des SS et du SEC), des actes individuels et collectifs avec des conséquences indirectes, non voulues, et des « faits de

Certains articles de presse ont tenté d'aborder la question des radiations. Alors que j'avais reçu courtoisement, comme il se doit, une enquêtrice très « partie civile » du quotidien d'opinion *Libération*, à qui j'avais montré les pièces à décharge citées ici, l'article de cette dernière, au titre symptomatique (« Le fou de Papon »), les occulta. Le personnage en question rédigea sur ordre un texte visant à me déstabiliser le jour de mon témoignage, prévu initialement le vendredi 16 janvier 1998. Ce texte déloyal de dénigrement personnel et de ragots, fut conspué par l'ensemble des journalistes observant objectivement le procès de Bordeaux, de même que par la direction du quotidien en question. Ce type de pratiques pose la question de la déontologie journalistique au cours de ce procès. Il n'est pas à l'honneur de la « militante » en question, qui, selon mes informations, est ressortie honteuse et torturée de cette affaire. Mes guillemets sont mis ici sciemment, car je considère que dans toutes les causes du monde, existent des militants honnêtes.

représentations », c'est-à-dire des considérations subjectives, affectives, relevant de l'opinion et des mentalités de ceux qui ont vécu le drame. Sans parler des projections de ceux qui l'analysent *a posteriori*, qui peuvent constituer de véritables interférences.

Le dossier d'archives sur cette affaire reste incomplet. De nombreuses anomalies surgissent. Une réponse très détaillée mériterait d'être apportée, s'appuyant sur des éléments nouveaux. Je ne développerai pas l'analyse ici. Trois séries de facteurs complémentaires sont intervenus, *de facto*.

Une cause indirecte, qui fut plus qu'un « prétexte » ou un fait de représentation partagé par certains, écarté par d'autres : la fuite du grand Rabbin.

Une cause directe, criminelle dans ses effets : la rage des SS locaux, bernés par une évasion audacieuse, rage alimentée aussi par l'ambition affichée à l'époque par l'agent allemand Lucien Déhan, qui mit en œuvre machiavéliquement l'arrestation du grand Rabbin avec son « ami » Mayer. Déhan, était, rappelons-le, repéré par la préfecture pour des actes illégaux autour du 15 décembre 1943. Il était surtout prêt à toutes les surenchères, et il ambitionnait de devenir délégué régional du SEC. Après les opérations, il sera limogé fin janvier par le préfet régional en personne, qui s'efforça de soutenir ses fonctionnaires à l'occasion.

Enfin, il faut prendre en compte la stratégie globale de la Gestapo au niveau français, qui avait décidé, sous l'impulsion du SS Brünner, d'arrêter et de convoyer vers Drancy le maximum de juifs restants, français compris. Les arrestations bordelaises de décembre 1943 et de janvier 1944 rentrent-elles dans un plan concerté ? L'instruction contre Maurice Papon, écartant certains documents, a défendu sans trop insister cette hypothèse en affirmant que des arrestations avaient eu lieu dans d'autres départements au même moment. Drancy reçut en effet, venant de province, 597 juifs français en octobre, 1 612 en novembre, 552 en décembre, 1 756 en janvier, la plupart en provenance de Nice. Par rapport à ces faits objectifs, la fuite du grand Rabbin resterait secondaire.

La réponse se trouve en fait dans les documents disponibles. Ceux-ci sont parfois contradictoires avec les témoignages *a posteriori*.

Sur le premier facteur, il importe de connaître la date exacte de la fuite de Joseph Cohen et d'en évaluer toutes les conséquences.

En protégeant ses enfants, notamment sa fille qu'il avait pris la précaution de faire fuir en zone libre avant la première rafle, le grand Rabbin, piégé par le fichier de l'étoile jaune, avait directement contrevenu à l'ordonnance allemande du 7 février 1942. Les SS vinrent l'arrêter une première fois le 18 novembre 1943. Il transigea avec eux, semble-t-il, en leur donnant des meubles. Mais le 16 ou le 17 décembre (la date reste toujours indécise), Déhan, en conflit personnel avec la préfecture, vint avec le SS Mayer l'arrêter à nouveau. Avaient-ils tous deux décidé de le faire dans un plan d'ensemble, ou bien de façon isolée ?

Le 16 décembre 1943, à une heure que l'on ne peut préciser, mais qui semble se situer en fin d'après-midi, une liste des juifs de toute la région fut exigée du représentant du service des Affaires juives (Jacques Dubarry ou Sabine Eychenne) convoqué à cet effet, sans que cependant les SS n'aient parlé de façon explicite, lors de l'entrevue, d'arrestations. Une lettre écrite du Kommandeur devait confirmer la requête à Maurice Sabatier. Elle ne parvint jamais à la préfecture qui fut écartée des opérations menées à partir de ce jour-là, étrangement.

Le 17 décembre – donc seulement le lendemain –, alors qu'il y avait urgence, le préfet régional chercha par lettre à obtenir les instructions à ce sujet de Paris. Aucune réponse ne parvint non plus. Une anomalie surgit, c'est que le KDS [1] ne donna aucune suite immédiate à sa requête comminatoire concernant les listes. Sans contacter la préfecture ou la police, il ordonna l'arrestation de 108 personnes saisies intempestivement dans la nuit du lundi 20 décembre, à partir de listes qu'il possédait déjà, ou que lui avait fournies le SEC, prête à toutes les surenchères. Or entre la demande de listes, devenue obsolète, et ces arrestations, se situe la fuite du grand Rabbin. Y a-t-il eu un lien entre les deux ?

Si l'arrestation de Joseph Cohen n'avait fait qu'inaugurer un vaste plan d'ensemble, pourquoi avoir commencé par lui avant d'obtenir les listes générales demandées le 16, et pourquoi avoir attendu cinq jours pour arrêter plus de 100 personnes autour de Bordeaux (et non au niveau de la région), au lieu de démarrer les opérations simultanément, le soir du 16 ou du 17 ? Dans ce cas, des arrestations massives auraient dû suivre immédiatement et non être

1. Kommando de la Police de Sûreté de Bordeaux.

effectuées au coup par coup dans la nuit du 20-21 et dans la journée du 22 décembre. Dans le cas d'un plan concerté avec les autorités parisiennes du BdS [1], il est étonnant qu'après avoir demandé des listes régionales à la préfecture, le KDS de Bordeaux ait tenu à l'écart la préfecture elle-même dans la suite des opérations.

Par ailleurs, aucune trace d'interactions n'a été découverte entre Machule, responsable du KDS de Bordeaux, et Brünner, responsable des questions juives au niveau parisien. Signalons encore qu'à cette date, les SS de Bordeaux étaient préoccupés par la fameuse affaire « Grandclément » et par celle du retournement de l'OCM [2] (affaire Joubert-Thinières). L'attitude incohérente des SS pourrait donc s'expliquer par leur fureur d'avoir été trompés sous leurs yeux par le grand Rabbin, et par leur hargne à tenter de le retrouver. Dès le soir même, et surtout le lendemain, ils se mirent en effet à rechercher ce dernier, sans résultat.

Un rapport du 31 décembre 1943 émanant du SEC de Bordeaux télescope en ces termes les dates en présentant les séquences comme une opération unique :

« *Dans la nuit du 20 au 21 décembre, les autorités allemandes ont procédé à l'arrestation de tous les juifs étrangers, sans exception. Ces juifs ont été internés immédiatement à Mérignac et ont été envoyés en un convoi de 130 environ à Drancy, hier, 30 courant au matin.*

L'arrestation du grand Rabbin avait été décidée mais au dernier moment, il a réussi à s'enfuir, ainsi que sa femme qui était en traitement à l'hôpital. Depuis, il nous a été impossible de les retrouver.

La Maison de l'UGIF de Bordeaux, 34, rue Henri-IV, a été fermée et la secrétaire, Mme Ferreyra, pour ne pas être arrêtée, a absorbé une dose de véronal qui a provoqué son décès.

Au départ du convoi du 30 décembre on enregistre deux tentatives de suicide (Mme Soldatsky et Mlle Bronstein). Elles sont en voie de guérison.

À la suite des arrestations, le Préfet nous a envoyé une lettre dont nous vous avons communiqué le contenu et la réponse faite. [3] »

1. Bureau de la Sûreté de Paris.
2. Organisation Civile et Militaire : réseau de résistance en zone occupée.
2. Source : Archives du Centre de Documentation Juive Contemporaine, Paris, rapports mensuel du 31 décembre 1943 de la Section d'Études et de Contrôle de la Délégation régionale du Commissariat général aux Questions juives.

Ici, la confusion vient du fait que le grand Rabbin ne fut pas arrêté le 20 au soir, mais le 16 ou le 17. De même, le suicide de Germaine Ferreyra et l'opération contre le foyer des vieillards de la rue Henri-IV n'eut lieu que le 22 décembre.

De façon contradictoire, le lien entre la fuite et les opérations du 20 décembre est posé en ces termes par un rapport des Renseignements généraux du 21 décembre 1943, qui parle « d'otages » :

« Des renseignements recueillis au sujet du nommé Cohen, grand Rabbin de Bordeaux, il résulte que celui-ci serait parvenu à prendre la fuite en compagnie de sa femme.

Il y a lieu de noter que dans certains quartiers de Bordeaux, 82 juifs ont été arrêtés dans la nuit du 20 au 21 courant. On suppose que c'est à titre d'otages que ces personnes ont été mises en état d'arrestation. »

Un second rapport des RG du 22 décembre précise de même :

« Les Autorités allemandes (224, avenue du Maréchal-Pétain au Bouscat), ont arrêté 108 juifs de nationalité ou d'origine turque, qui ont été internés au Camp de Mérignac le 21 décembre 1943. Ce total se décompose comme suit : 40 hommes, 38 femmes et 30 enfants (de 2 à 15 ans).

Le 22 décembre 1943, 26 autres juifs ont été également internés (...). À Bordeaux, on fait un rapprochement entre la fuite supposée du grand Rabbin et ces arrestations.[1] *»*

Au sujet de la fuite du grand Rabbin, l'Intendant de police lança aussitôt une enquête. Un rapport de renseignement du 21 décembre ajoute :

« Le nommé Cohen Joseph, né le 10 janvier 1876 à Tunis, marié, 4 enfants, grand Rabbin à Bordeaux, domicilié dans cette ville, 123, rue Sainte-Catherine, a disparu depuis le vendredi 17 décembre courant.

Ce jour-là, sachant qu'il était recherché par la police allemande, M. Cohen se rendit à l'hôpital Saint-André à Bordeaux, où il pouvait entrer à toute heure pour les besoins de son ministère.

Sa femme, qui se trouvait en traitement dans cet établissement, ayant été avertie par ses soins, vers 7 heures du matin, quitta

1. Sources, Archives de l'intendance de police, non cotées, déposées aux Archives départementales de la Gironde.

l'hôpital, sur sa demande, le 17 décembre, à 8 heures, avec un bulletin de sortie, régulièrement délivré.

Depuis ce jour, les époux Cohen n'ont pas reparu à leur domicile.

On présume dans leur entourage, que la police allemande serait parvenue à les arrêter.

Il y a lieu de noter que les scellés ont été apposés sur la porte du domicile des époux Cohen par les autorités d'occupation.

Des renseignements sont demandés à la Police allemande. Ils seront communiqués dès qu'ils parviendront à notre connaissance.[1] »

Les SS avaient-ils décidé aussi d'arrêter avant la fuite du grand Rabbin le couple des gardiens de la Synagogue (M. et Mme Baïs), et le malheureux réfugié chez eux (André Klotz), ou bien l'arrestation de ces trois personnes fut-elle la conséquence de leur fureur impulsive après la fuite ? En tout cas, Mayer et Déhan firent une première perquisition en soirée à la maison des vieillards de la rue Henri-IV, pour dire à Germaine Ferreyra que l'UGIF devait cesser ses activités. Cette visite nocturne émut la responsable qui transmit aussitôt le 17 au matin une brève lettre à l'UGIF de Paris l'informant de ces faits. Et dès le lendemain de la fuite, les Allemands firent apposer les scellés à l'appartement de Joseph Cohen à la Synagogue.

Le lundi 21 décembre, survint l'arrestation par les SS aidés par la police des Questions juives, de plus de 100 personnes, dont la plupart seront convoyées le 30 décembre avec des détenus de Mérignac. Le mardi 22, comme s'il s'agissait d'une vengeance, les vieillards de l'asile de la rue Henri-IV furent tous arrêtés avec les secrétaires de l'UGIF qui résidaient dans les locaux (M. et Mme Brunschwig) et Germaine Ferreyra. Cette dernière se suicida devant ses agresseurs en avalant une dose de véronal. Elle décédera le jour même à l'hôpital Saint-André, après une terrible agonie (son acte de décès en fait foi).

Les menaces contre l'UGIF le 17 et la destruction de l'antenne bordelaise le 22 constituent d'autant moins une stratégie nationale de la part des SS qu'une lettre d'Eglinger, le directeur de cet organisme, indique à Germaine Ferreyra, dans sa réponse à sa lettre du 17 décembre, que les SS du BdS de Paris avaient bien confirmé

1. Sources, Archives de l'intendance de police, non cotées, déposées aux Archives départementales de la Gironde.

l'UGIF dans ses fonctions. Pour lui, il ne pouvait s'agir que d'un « malentendu » local, qu'une visite de sa part à Bordeaux devait pouvoir régler définitivement. Eglinger ne connaissait pas encore, pas plus que Germaine Ferreyra, la fuite du grand Rabbin. Germaine Ferreyra, ne sera elle-même, semble-t-il, jamais mise au courant avant le jour de son arrestation qui sera celui de sa mort. De plus, l'UGIF continua bien à fonctionner et à recevoir l'aval des SS au niveau national. Donc les arrestations du 22 décembre ne peuvent qu'être liées à l'autonomie de décision du KDS de Bordeaux.

Le mot de « représailles », en relation avec la fuite du grand Rabbin sera utilisé dans une lettre alarmiste signée par M. Frédéric Léon, un des seuls témoins juifs directs du drame, adressée au directeur de l'UGIF de Paris, Eglinger, le 10 janvier 1944. Ce document mérite d'être cité ici :

« Le 10 janvier 1944. Monsieur, Resté à peu près seul à Bordeaux à m'occuper des pauvres, des malades et infirmes qui nous restent, je prends la liberté de vous écrire quoi qu'inconnu de vous, pour vous mettre au courant de la situation qui est faite à nos coreligionnaires. Vous êtes certainement au courant du départ de notre rabbin, départ qui a entraîné des représailles, arrestation du personnel de la maison du Consistoire, ainsi que des vieillards de la maison de retraite et de son personnel au complet. Votre déléguée, Mlle Ferreyra, honorée et estimée de tous n'a pu supporter d'envisager la déportation et s'est suicidée devant ceux qui venaient l'arrêter. Je passe sur les circonstances dramatiques qui ont suivi. La maison de retraite mise sous scellés et fermée, et les SS ont mis la main sur toute la comptabilité, les provisions et sur tout ce qui constituait l'avoir de ces vieillards, du personnel, ainsi des quelques fonds dont – je suppose – devait encore être en possession Mlle Ferreyra. Bien entendu tout ce monde interné pendant 8 jours au camp de Mérignac a été ensuite déporté dans des conditions angoissantes, sans qu'il nous ait été permis d'adoucir leur misérable sort en quoi que ce soit. Nous supposons qu'ils sont à Drancy... En même temps, la nuit, vers 4 heures, ont été arrêtés et déportés environ 135 personnes juives étrangères pour la plupart, dont 35 enfants, entre 6 mois et 10 ans. Le fait pour un fils d'avoir été demander ce qu'était devenue sa mère, âgé de 85 ans, et tombée en enfance, a suffi pour le faire interner. Inutile de vous dire dans quel état moral se trouva ce qu'il reste de communauté, je passe mon temps à les remonter et c'est bien difficile. M. Errera, le

seul membre du Consistoire qui nous reste, est actuellement dans une clinique pour une quinzaine, et je suis tous les jours harcelé par les pauvres qui demandent quant ils vont pouvoir toucher les secours que Mlle Ferreyra leur distribuait au nom de l'UGIF, et je suis bien embarrassé pour leur répondre, ne pouvant leur conseiller que de prendre un peu de patience. On nous avait annoncé la venue du secrétaire général de l'UGIF assisté d'un docteur allemand juif : mais comme nous n'avons rien vu venir, j'ai tout lieu de supposer que ces MM. n'ont pas reçu l'autorisation de voyager. Il y avait à Bordeaux deux Messieurs qui étaient délégués par l'UGIF pour aider Mlle Ferreyra, mais tous deux se rendant compte que la carte de l'UGIF, loin de les abriter, ne servait en somme qu'à servir d'otage en cas d'histoires causées par les coreligionnaires, ne veulent plus rien entendre et s'en désintéressent. La situation devient de plus en plus angoissante du fait des fausses nouvelles qui circulent, propagées par on ne sait qui, et qui affolent les gens. Pour ma part, je ne crois pas du moins pour l'instant à des arrestations ni à une déportation en masse, je pense plutôt que le cas échéant, on nous donnera 48 heures pour quitter la ville, comme on a fait à Bayonne, d'ailleurs, sauf le cas de représailles, on n'a jamais arrêté que ceux qui directement ou indirectement n'observaient pas les ordonnances (...). »

Lettre émouvante qui donne la parole aux victimes et suggère l'ampleur du drame qui se noua, que l'on doit à la réaction courageuse de Frédéric Léon (plus tard membre du CRIF et de la Résistance Juive).

Serge Klarsfeld, qui confond le 20 novembre et le 20 décembre, a cité un extrait choisi de ce témoignage dans son ouvrage *Vichy-Auschwitz*, en considérant que la fuite du grand Rabbin constituait un « prétexte immédiat », mais qu'elle avait effectivement pu rendre les SS furieux. Il écrit à ce sujet, prudemment :

« Ainsi que le rapporte à l'UGIF, à Paris, un des rescapés de cette rafle du 20 novembre (sic), *le prétexte immédiat de l'opération a pu être la rage de la section des Affaires juives de la Gestapo locale occasionnée par la fuite du grand Rabbin de Bordeaux. Au cours de cette rafle, la déléguée de l'UGIF s'est suicidée devant les gestapistes.*[1] *»*

---

1. *Cf.* Serge Klarsfeld, *Vichy*-Auschwitz, Paris, Fayard, 1986, tome 2, p. 138.

En l'état de sa documentation, Klarsfeld semble écarter l'hypothèse nationale de l'origine des rafles bordelaises. Il souligne en effet l'importance et le caractère inédit des arrestations de janvier 1944, autorisées par Laval alors qu'il s'agissait pour la première fois d'arrêter tous les juifs français de la cité. Comme le souligna un rapport policier du 15 janvier 1944, le cas fut unique à cette date en zone nord, et contrevenait au contenu même des « accords Oberg-Bousquet » passés en juillet 1942, stipulant que ne seraient pas arrêtés massivement les juifs français. Klarsfeld, pourtant attaché à charger la préfecture et la police française au niveau de leur responsabilité de janvier 1944, penche plutôt pour l'origine locale et circonstancielle des arrestations de cette période, écrivant en outre :

« Les dirigeants de la Sipo-SD de Bordeaux, son nouveau Kommandeur, Walter Machule, en tête, sont des nazis endurcis, prêts à faire du zèle antijuif, même sans pression particulière de Röthke et de Brünner. Aucun document d'ailleurs sur les grandes rafles de 1943-1944 à Bordeaux ne fait référence à des entretiens entre la Gestapo régionale et Röthke ou Brünner.[1] *»*

Cela n'est pas tout à fait exact. En effet, pour ce qui est des opérations de décembre, le SS Nährich donna cette justification tardive dans une lettre du 31 janvier 1944 au préfet régional qui lui avait demandé à plusieurs reprises des informations quant à l'origine de la mesure :

« Les arrestations effectuées dans la nuit du 20 au 21 décembre ont eu lieu sur l'ordre du Commandant de la Police de Sûreté et du service de Sécurité dans le ressort du Commandant Militaire en France. Je ne suis pas en état de faire d'autres communications au sujet de cette affaire.[2] *»*

Cette réponse pourrait bien être une fin de non-recevoir, un alibi convenu. Sur le fond, Klarsfeld a raison : aucun document émanant des SS de Paris n'a été retrouvé quant à l'origine supérieure des ordres.

1. *Cf.* Serge Klarsfeld, *op. cit.*, t. 2, p. 137.
2. Source : Correspondance entre la préfecture de la Gironde et les services allemands, classeur 1944, non coté, Archives départementales de la Gironde.

Mais quoi qu'il en fut, la fuite du grand Rabbin rendit les SS furieux. Cet événement en tout cas devint le motif explicitement invoqué par eux pour justifier la rafle du 10 janvier 1944. Les SS recherchaient, toujours à cette date, avec une hargne particulière le chef de la communauté israélite de Bordeaux. En effet, dans le onzième point des instructions, données à la police pour les arrestations du 10 janvier, on peut lire :

« *Depuis quelque temps le Rabbin de Bordeaux Cohen est en fuite. Il se tient encore à Bordeaux. Il est vraisemblablement réfugié auprès d'une famille juive quelconque. Arrestation dans tous les cas nécessaire.*
Signalement : âge, environ 65 ans, taille moyenne, trapu, porte habit noir, particulièrement caractéristique : une barbe blanche en collier. [1] »

L'extrait d'un mémorandum rédigé le soir ou le lendemain des événements par la préfecture, apporte cette information complémentaire :

« *M. Le Préfet Régional (demande au SS Mayer) des précisions sur les buts de l'opération. M. Mayer ne cache pas qu'il y a la plus grande urgence à retrouver le grand Rabbin qui, en fuite depuis une quinzaine de jours, doit se cacher à Bordeaux, chez un de ses coreligionnaires. Il ajoute que l'opération ne doit pas être conduite seulement par la police française, et que la police allemande en assume la plus large part, suivant possibilité de ses effectifs.* [2] »

Le même document confirme que les SS de Paris ne furent saisis qu'*a posteriori* par le KDS de Bordeaux qui ne mit nullement en avant, lorsque le préfet vint lui demander d'expliquer les motifs de la rafle, de quelconques ordres supérieurs. De plus, le Kommandeur était absent parce que malade, et le responsable supérieur des Affaires juives au KDS, Nährich, de retour de vacance vers 18 heures ce jour-là, n'était au courant de rien. Mayer, gêné par la venue de Sabatier en personne vers 18 h 30,

1. Source : Archives de l'Intendance de police de Bordeaux, non cotées, Archives départementales de la Gironde.
2. Source : Archives de l'intendance de police de Bordeaux, non cotées, Archives départementales de la Gironde.

commença à reculer. Au préfet régional qui lui déclara qu'une déportation de juifs était assimilable à un « prélèvement d'otages », il répondit qu'il ne s'agissait pas d'une déportation, mais d'un internement. Mayer voulait-il simplement arrêter des otages pour tenter de faire revenir le grand Rabbin ?

Il semble que jusqu'au soir, le processus n'ait été monté que par Mayer et Déhan, qui profitèrent de l'absence de toute hiérarchie au KDS pour réaliser leur vengeance. Dans la rédaction des instructions données à la police, vers 12 h 30, Mayer tenta de se justifier en faisant croire en ces termes que l'opération, de « sûreté générale », était couverte par Paris :

« Il y a lieu de répondre à toute intervention de la part des Services français qu'il s'agit de mesures de sûreté générale. Les demandes de renseignements écrites sont à transmettre en principe au chef de la police de Sûreté, Paris IV B. [1] »

Cela ne signifie pas que le BdS ait donné directement des ordres, mais qu'il les couvrait « par principe », *a posteriori.* Dans les arguments que Laval mit en avant afin de faire plier Maurice Sabatier le soir du 10, ceci fut précisé pour justifier ce qui était devenu « une affaire de gouvernement » :

« À 20 h 25, le chef du Gouvernement téléphone. Il indique que la question est importante, mais que l'opération a déjà été effectuée ailleurs ; il se fait donner quelques indications complémentaires, passe le téléphone à M. Darnand qui fait connaître que le Président et lui vont aviser, après s'être mis en rapport avec M. de Brinon.

À 21 h 05, M. Darnand téléphone, de la part du Chef du Gouvernement, pour dire que les démarches effectuées auprès des Autorités supérieures allemandes n'ont pas abouti ; qu'il s'agit d'un ordre formel de celles-ci, et qu'il convient de n'en pas différer davantage l'exécution, étant donné que l'opération devra être réalisée en tout état de cause. [2] »

1. Source : Correspondance entre la préfecture de la Gironde et les services allemands, classeur 1944, non coté, Archives départementales de la Gironde. Souligné par moi.

2. Source : Archives de l'Intendance de police, non cotées, Archives départementales de la Gironde.

Autre vengeance infligée aux victimes en raison de la fuite du grand Rabbin : l'enfermement des malheureux, en plein hiver, pendant deux jours, dans la Synagogue de la ville (et non au camp de Mérignac, comme habituellement). Puis, après le départ du convoi, le 12 janvier, on observe des actes de vandalisme détruisant l'intérieur de la Synagogue bordelaise, contre lesquels une autorité civile de Bordeaux (la mairie ou la préfecture) porta immédiatement plainte.

Par rapport à la thèse de l'origine locale, ou à celle de l'origine nationale des ordres d'arrestation, le mémorandum du 10 janvier 1944 apporte des éléments contradictoires. Cela renforce l'incertitude et plaide pour une causalité convergente de plusieurs facteurs échelonnés dans le temps. Le scénario suivant reste vraisemblable (mais il ne s'agit ici que d'une hypothèse) : le sous-lieutenant SS Mayer prit vraisemblablement l'initiative des opérations sans l'ordre de sa hiérarchie locale, aiguillonné par son ami Déhan qui souhaitait se venger de l'attitude de la police et de la préfecture à son encontre[1]. Quand le refus de Maurice Sabatier contrecarra ses desseins criminels, en raison de l'extension de l'affaire au niveau gouvernemental, les SS de Paris furent contactés et autoritairement, face au Gouvernement Darnand-Laval, ils assumèrent l'ordre parti du niveau bordelais. En tout cas, une cause indirecte, involontaire, un effet pervers, n'ont pas le même poids qu'une cause directe : ici le mobile criminel du KDS de Bordeaux couvert par la hiérarchie des SS de Paris.

Le grand Rabbin Joseph Cohen sauvegarda donc sa famille, assura, grâce à l'aide de personnes dévouées et de son fils, sa protection face à la menace. Cet acte, audacieux et compréhensible sur le plan personnel, eut indirectement des conséquences collectives. Cela fait partie de la situation dramatique de ceux qui étaient engagés en première ligne. Que faire dans des situations dont toutes les issues sont dramatiques ?

Ces faits ne peuvent effacer cependant la responsabilité par répercussion de Maurice Sabatier d'accepter que la police et la gendarmerie françaises participent le soir du 10 janvier à l'opération, après avoir reçu personnellement l'ordre de Laval. On

---

1. C'est ce que j'ai pu montrer à partir du dépouillement des archives de l'Intendance de police dans mon étude en cours, *Le pouvoir à Bordeaux (II). Le dernier départ. La politique antijuive (1940-1944)*, à paraître.

doit d'autant plus parler de la responsabilité du préfet régional, que, malgré sa première réaction de refus d'obéir (peut-être insufflée par certains membres combatifs de son équipe, tel Maurice Papon), dans l'après-midi du 10 janvier, la police semble avoir préparé l'opération comme s'il fallait se résoudre à l'exécuter, et que, dans la terrible nuit, ce sont les Français qui, je le redis, arrêtèrent le plus de juifs par rapport aux Allemands et au SEC (228 sur 317 !). L'analyse serrée des documents policiers montre par ailleurs que le dispositif côté français fut piloté par le commissaire Frédou depuis son bureau de l'Intendance de police.

Certains survivants ou descendants de victimes des rafles de décembre 1943 et de janvier 1944, faisant part de leur interrogation, parlent eux, de responsabilité morale du grand Rabbin de Bordeaux et de son manque de lucidité [1].

La famille de Joseph Cohen, aujourd'hui, s'insurge contre ce point de vue. Un de ses fils, impliqué dans le passage de son père dans la clandestinité, après le 17 décembre, plongé lui-même dans la résistance en zone libre (et donc peu au courant de ce qui se passait dans une ville où les SS recherchaient son père avec le concours actif du SEC) a témoigné au procès en sens inverse. Quant à l'affaire des enfants de juillet 1942, remis à la préfecture un mois après, Joseph Cohen n'a eu, affirme-t-il, aucune implication. Tous ceux dont il avait la charge ont été sauvés définitivement. Quant à sa fuite en décembre 1943, elle ne peut être retenue comme la cause immédiate des rafles de décembre et de janvier. En fait, Joseph Cohen, au-delà d'un dévouement exemplaire (« qui fait penser à Moïse » *dixit* Maître Daigueperse au cours du procès), fut, le 17 décembre 1943, une victime parmi d'autres, la première désignée, dans un processus d'arrestation d'ensemble. Pour la famille de Joseph Cohen, il ne faut pas confondre – ce serait « ignoble » – ceux qui arrêtèrent, dont la responsabilité collaboratrice ou l'indifférence au sort des victimes fut entière et reste établie par le verdict de Bordeaux, avec les victimes, le grand Rabbin en tête, arrêtées, pour la plupart convoyées puis déportées vers la mort. Peut-on décemment reprocher au grand Rabbin de s'être enfui ? Fallait-il qu'il se

1. Ces faits de représentation surgissent d'entretiens divers en 1997-1998, avec notamment Mme Marcelle Renouil, MM. Edmond Cardoze, Jean-Pierre Weil, Jaïs...

laisse arrêter et se livre en sacrifice ? Quant à Frédéric Léon, il se serait lourdement « trompé » *(sic)* en utilisant le mot de « représailles », qu'on peut lui pardonner.

Au-delà des documents eux-mêmes, d'autres versions contredisent ce plaidoyer. On peut citer ici la réaction qu'adressa Robert Brunschwig, fils des secrétaires de l'UGIF de Bordeaux, professeur à la Faculté des Lettres, au procureur général de la Haute Cour de Justice au moment du témoignage reconnaissant de Joseph Cohen lors du procès contre Adrien Marquet le 17 décembre 1947 :

« Je tiens à faire savoir à la Justice qu'en tant que fils et frère de juifs français installés de longue date à Bordeaux, arrêtés dans cette ville (mon père avait 84 ans) immédiatement après la fuite du grand Rabbin Joseph Cohen, et déportés à Auschwitz pour ne plus jamais revenir, je dénie audit grand Rabbin le droit de parler au nom des juifs de Bordeaux (...). »

Ce grand Rabbin, naïf et légaliste, pensa d'abord à sa propre sauvegarde et à celle des siens. Sa fuite reste compréhensible. Mais il fallait l'assumer. Sans avoir la présence d'esprit de faire avertir par téléphone ou par personne interposée les autorités ou ses proches associés de l'UGIF, alors qu'il resta clandestinement caché à Bordeaux jusqu'au 27 ou au 28 décembre environ, Joseph Cohen, par sa négligence, ou une trop grande prudence, et surtout par le fait que sa fuite déclencha la colère et une haine plus grande des SS, serait donc, comme l'affirme Frédéric Léon sous la pression du drame, responsable des représailles des SS, et surtout de la destruction de l'UGIF. D'où la colère de Robert Brunschwig. Le 22 décembre, parmi les vingt et une personnes arrêtées, on dénombre pour le personnel de l'UGIF, Juliette Mayer (58 ans) et sa fille Georgette (28 ans), la famille Brunschwig (Armand, 84 ans, Regina, 69 ans, leur fille, Henriette, 39 ans) et à l'Hospice, Paul Aron (81 ans), Aimée Daniel (73 ans). En fait, entre le 20 et le 22 décembre furent arrêtées à Bordeaux et à Libourne, cent trente-deux personnes, dont plus de 60 % de Français et 21 % de Turcs. Et en janvier 1944, la plupart des juifs français de Bordeaux, qui jusque-là se croyaient protégés, subirent le même sort, saisis à leur domicile.

Beaucoup ne comprirent pas que le grand Rabbin Cohen ait pu accepter de témoigner en faveur de Marquet, ministre de

Pétain, lors du procès contre ce dernier en Haute Cour en 1947. Ce Maire, que Lucien Rebatet, dans *Les décombres*, qualifie de « Maire le plus collaborationniste de France », était tout de même connu pour ses engagements, notamment dans son journal antisémite, *Le Progrès de Bordeaux*[1]. Dans son témoignage en sa faveur devant la Haute Cour, le grand Rabbin mit en avant des motifs d'aide strictement personnelle, qui lui fut offerte ainsi qu'à son épouse par Marquet qui selon ses dires, avait « protégé » celle-ci à l'hôpital municipal. Dans la période de l'après-guerre, Joseph Cohen s'efforça de justifier son « départ forcé » par rapport à sa communauté. Il mit en avant les encouragements à partir que lui avait sans cesse prodigués les autorités locales – dont l'Intendant de Police Duchon. Il ne tint pas rigueur à Marquet de la position ambiguë que celui-ci avait affichée envers les Allemands, des gages donnés à l'antisémitisme local ou nazi à plusieurs reprises.

Certaines rumeurs affirmèrent même (et l'affirment encore) que lors de sa fuite, Joseph Cohen aurait été recueilli par Mme Sabatier qui l'aurait amené dans sa voiture chez l'Archevêque de Bordeaux, Monseigneur Feltin, sur ordre du préfet régional, afin d'assurer sa protection[2]. L'intervention est confirmée par divers témoignages indirects de même que par les déclarations de Maurice Papon qui apprit par Dubarry que le grand Rabbin de Bordeaux était menacé et en fit part aussitôt à Maurice Sabatier. L'on sait de façon avérée que Monseigneur Feltin cacha à l'Archevêché les objets rituels du culte et certaines œuvres d'art de la Synagogue à la demande de son ami Cohen, jusqu'à la fin de la guerre. L'aide de l'archevêque est niée par les descendants du grand Rabbin qui opposent la version manuscrite du *Journal* de leur père ainsi que le témoignage de personnes qui participèrent à sa sauvegarde immédiate. Aucun d'eux d'ailleurs n'a confirmé que le grand Rabbin avait tenté de faire avertir son entourage immédiat des dangers imminents qui les menaçait. Peut-être l'archevêque de Bordeaux, ami intime du grand Rabbin, fut-il sollicité non pas lors de la tentative d'arrestation du 16 ou 17 décembre, mais un mois avant, lors de la pre-

---

1. Auquel participa sans état d'âme notamment le juriste Maurice Duverger, de juin 1941 à janvier 1943.
2. *Cf.* à ce propos l'article de F. Luizet dans *Le Figaro* du 17 novembre 1997.

mière alerte du 18 novembre. Il faut tenir compte qu'il y eut bien deux tentatives d'arrestation de Joseph Cohen et non une seule.

Quoi qu'il en fût, des israélites miraculeusement épargnés, proches du grand Rabbin avant 1940, ne fréquentèrent plus la Synagogue après la guerre en raison notamment de leur scepticisme quant à l'attitude peu lucide du chef de leur communauté dont ils avaient apprécié pourtant la grande culture, le dévouement et la générosité [1].

Ajoutons enfin que le grand Rabbin Cohen, pour ne point paniquer les survivants ou ceux qui espéraient encore, choisit, à la Libération, en accord avec les membres du Consistoire de la ville, de ne rien révéler de ce que les premiers miraculés, de retour à Bordeaux, lui avaient décrit sur ce qui s'était tramé dans les camps d'extermination « loin vers l'Est ». Le témoignage d'André Torrès, interrogé par Dominique Richard dans *Sud-Ouest* le 4 décembre 1997, est suggestif à ce sujet. Ce dernier, descendant d'une des plus anciennes familles juives de Bordeaux, arrêté par des policiers français lors de la terrible rafle du 10 janvier 1944, revint d'Auschwitz en août 1945. Ne s'étant pas porté partie civile lors du procès, il précisa au journaliste enquêteur :

« Lorsque j'ai raconté à des responsables de la communauté juive ce que j'avais enduré, ils ne m'ont pas cru. Ils m'ont demandé de me taire, pour ne pas désespérer les gens qui attendaient le retour d'un proche. J'ai gardé le silence et j'ai essayé de reprendre une existence normale. [2] »

De « se taire » ? L'impensable restait poignant tout autant pour les survivants restés sur place, emplis de culpabilisation, que pour les rares témoins revenus des camps de la mort. Par ailleurs nous savons que Joseph Cohen ne protesta jamais, auprès du Commissaire de la République Gaston Cusin contre les modalités de participation de l'administration préfectorale comme de l'administration policière au processus de destruction de la communauté dont il avait la garde, administrations auprès desquelles il trouva bien un certain soutien.

1. Témoignage enregistré d'Edmond Cardoze, 1998.
2. *Sud-Ouest*, 4 décembre 1997.

H. de B. – *Que pensez-vous de l'objet « procès », qui constitue un fait lourd de significations quant à nos conceptions contemporaines ?*

M. B. – Les historiens du futur seuls pourront répondre à une telle question. On ne peut aujourd'hui que proposer des éléments de réflexion concernant à la fois les fonctions politiques de cet événement, ses fonctions judiciaires, et aussi les problèmes qu'il a posés dans ses rapports avec l'histoire scientifique.

Le procès Papon fut marqué par la concurrence entre trois épistémologies. Celle de la politique, des médias, des militants de la mémoire et des Droits de l'homme. Celle de l'institution judiciaire. Celle, enfin, de la pédagogie et de la recherche universitaire.

Ces trois voies d'accès à la vérité sont-elles compatibles ? Sans séparer science et conscience, morale et vérité – sur un tel sujet c'est impossible, même pour le weberien que je crois être –, je dirais qu'entre elles, des divergences restent irréductibles au niveau de la forme, des méthodes et des objectifs publics. Sur le fond, cela va sans dire, il ne peut y avoir de désaccords profonds par rapport à ce que fut le régime de Vichy, à la nécessité de rendre justice et de demander justice, même cinquante ans après pour les victimes survivantes ou leurs descendants, et à la réflexion morale que nous devons porter quant au génocide des juifs perpétré par les nazis et leurs complices. On ne peut banaliser des faits dramatiques qui impliquent la mort de victimes derrière de simples questions de « forme ». Mais celles-ci méritent aussi d'être posées au niveau non plus de la morale mais du savoir. D'un savoir libre, coupé de toutes les stratégies de récupération, d'instrumentalisation, de manipulation. Ce n'est qu'à ce niveau-là que je crois avoir le devoir de me situer.

Les réactions de l'opinion et de ses relais ont été très contrastées par rapport au procès Papon.

Pour certains porte-parole, voire pour des victimes, justice a été rendue, « au nom du peuple français », à la mémoire du génocide des juifs. Certains pensent que Maurice Papon ne devait pas être totalement innocent, puisqu'une responsabilité et des éléments de culpabilité ont été retenus contre lui. Au cours de ce procès, le plus long de l'histoire judiciaire française, des « oubliés de l'histoire », des membres de la population civile, des obscurs, des victimes du nazisme, ont cru reconquérir une dignité perdue, bafouée par le régime de Vichy. Ils ont aussi effectué leur « travail de deuil », témoigné devant la Nation de leur souffrance, du caractère indélébile des stigmates de l'occupation, de l'absence insupportable de leurs morts sans sépulture. Ce fut une sorte de psychanalyse [1] collective d'un passé enfoui, peu glorieux, honteux, que l'on a voulu évacuer d'un coup. L'objet « procès », qui comprend non seulement la scène judiciaire mais aussi l'ensemble des textes – des discours – qui s'y rattache, notamment les publications afférentes, devait être au départ un grand moment de légitimation, de justice purificatrice, cathartique. Mais il s'est retourné comme un boomerang. Entre autres, les usages politiques de la souffrance d'autrui ont révélé une dimension ambivalente.

Certaines logiques de motivation et de mobilisation collective, au-delà de la douleur des victimes, ont réveillé les vieux démons politiciens, comme au plus beau temps des « procès de Moscou » : intérêts peu avouables, mauvaise foi, procédés déloyaux, montages intellectuel, calomnies, outrages, mauvaise interprétation des documents d'histoire, fabrication de fausses pièces par certains, caviardage d'informations et d'archives à décharge, sans parler des menaces contre les témoins et du mensonge sous serment... Une « politique de l'émotion » a prévalu. La diabolisation, les réactions affectives, le manichéisme, ont balayé l'analyse objective et sereine des faits. Au niveau symbolique de la mémoire collective, de son travail de construction, s'est superposée une couche idéologique multiforme – reconstruisant les faits.

Il serait intéressant, ici, d'analyser ici serait la tactique fracassante des Klarsfeld. Ces hérauts de la mémoire du génocide, *surfant* avec les médias, se sont érigés en relais, feignant habilement de se séparer du système. Ils ont affiché leur mépris à l'encontre des porte-paroles bordelais des victimes (*cf.* leur opposition cynique entre les « nains » et les « géants » de la mémoire !), de leurs confrères, des journalistes, des historiens, mais surtout, de la Cour, en cherchant à déstabiliser son Président.

Les stratégies de mobilisation furent décuplées par la caisse de résonance médiatique, engluée elle dans une épistémologie sui-

1. J.-F. Steiner exprime avec clarté ce qu'on peut en penser dans la postface de cet ouvrage.

viste, du sensationnel et du « fait divers », de l'émotion populaire, du mythe des « petits contre les gros ». Là, l'investigation céda le pas à un journalisme complaisant, « journalisme d'opinion », se contentant de répercuter les réactions de la scène judiciaire. Le procès, accompagné d'un mouvement de programmation-guidage, sans précédent dans les annales judiciaires, a pu rappeler, dans certains de ses rebondissements, un feuilleton télévisuel à l'américaine, et, dans son dénouement, les films de Costa Gavras, *L'aveu* ou *Mad City*. Il fut d'ailleurs perçu à l'étranger comme un acte d'autoflagellation franco-français peu compréhensible.

H. de B. – *Les procès politiques restent détestables. Le procès Papon voulait donner une leçon d'Histoire. Mais ce sera l'inverse, un scepticisme envers la justice, envers un drame tel que la* Shoah. *On a choisi une mauvaise victime à un mauvais endroit. Comment percevez-vous cette dérive sur le plan politique ?*

M. B. – Ce procès, à l'image de notre société du « spectacle », du virtuel et du simulacre, a pu refléter certains aspects du système culturel qui nous entoure. Né dans une ville étrange, étouffante, mais aussi grise, triste et feutrée, propice à l'intrigue, ce procès a échappé à son cadre. Il fut aussi l'écho des stratégies des « professionnels du son et de l'image » qui tentent de transformer le réel en un immense récitatif fantasmatique. Il préfigure peut-être une ère nouvelle, celle du pouvoir médiatique que décortique bien *Mad City*, face auquel même la Justice doit céder, s'adapter, se complaire voire se compromettre.

L'impression de malaise, ressentie par beaucoup, notamment vers la fin, peut s'expliquer par le décalage entre la réalité vécue par les survivants, et les recompositions de nos interrogations d'aujourd'hui. On assista à un processus collectif de réécriture de l'histoire, à un putsch symbolique, qui reflète aussi la trépidance de notre « société du vide », son rapport à l'imaginaire et au temps. Le procès s'est déroulé autour des émotions des hommes des années quatre-vingt-dix. De leurs peines, de leurs craintes, de leurs lâchetés. Qu'a-t-on fait des témoins directs, survivants ou mourants, fusillés par notre regard inquisiteur ?

Le procès s'est déroulé également à un moment important de la redéfinition de l'identité politique de la France. Il marque peut-être une fracture dans l'évolution de la culture politique française. L'affaire, lancée lors de la campagne présidentielle de 1981, avait pour intention, de la part du candidat Mitterrand qui en autorisa personnellement l'émergence, de tenter de récupérer les voix juives contre le candidat Giscard d'Estaing, par *Canard enchaîné* interposé, entre les deux tours de scrutin, le 5 mai 1981. Ensuite, très soucieux de sa légende, l'ami de René Bousquet, proche du pétainisme en 1942, qui avait donc lui-même un engagement passé à protéger, eut la sagesse florentine de tergiverser pendant plusieurs années sur cette affaire. Le flambeau électoraliste fut-il repris ultérieurement ?

Jacques Chirac se démarqua nettement de François Mitterrand en se solidarisant avec les victimes lors de la commémoration de la rafle du Vel d'Hiv en juillet 1995. Cela d'autant plus que le passé vichyssois de ce dernier était très controversé dans l'opinion et que l'ancien président de la République avait freiné par ministres de la Justice interposés les diverses procédures pour Crimes contre l'Humanité. L'opération « Papon », sorte de Phénix politico-judiciaire, constitua peut-être aussi pour le néo-gaullisme de la fin des années quatre-vingt-dix une façon de tenter d'écarter la vieille garde du gaullisme historique. L'affaire, après la décision du Garde des Sceaux Jacques Toubon de favoriser le procès[1], apparaissait risquée, car en jugeant Maurice Papon, ministre gaulliste en son temps, on pouvait mettre en accusation la Résistance – ce qui ne manqua pas d'être fait. Le procès allait en effet devenir pour certains celui de toute l'administration de l'époque, assimilée dans sa religion de l'obéissance aveugle et mécanique au régime de fait de Vichy, comme l'ensemble de la France[2]. Même si l'on se garda de faire le procès d'un système et si l'on considéra que les fonctionnaires « pouvaient démissionner » – ceux qui ne l'avaient point fait devenaient alors « tous coupables ». Accuser au niveau pénal un secrétaire général de département de la zone occupée couvert par la Résistance, « dans l'exercice de ses fonctions », revenait à tourner le dos à la ligne politique choisie à l'époque par Charles de Gaulle, Jean Moulin, René Cassin,

1. *Cf. Le Point*, 9 mars 1996, Affaire Papon. Les embarras de la Justice.
2. Avec l'assentiment explicite des plus hautes autorités de l'État des années quatre-vingt-dix, partagées entre soucis électoralistes et sentiments de solidarité avec les victimes.

par le Comité général d'Études et l'Assemblée Provisoire d'Alger. La Résistance avait en effet décidé, elle, répétons-le, de séparer l'administration française du gouvernement de fait de Vichy. À travers Maurice Papon, furent mis aussi sur la sellette le corps préfectoral et la police.

Au niveau de la redéfinition de nos identités politiques, l'événement coïncida effectivement avec l'édification de l'Europe actuelle. À travers les propos de certains, pendant les débats, on sentit le souci de diminuer la France, de montrer que les Français furent « tous complices », aussi coupables que les nazis eux-mêmes, dans la responsabilité du génocide juif, ne serait-ce qu'à cause de leur « indifférence ». D'où les actes de contrition imposés par en haut, et la stratégie politique et idéologique de « la repentance ». Il va sans dire qu'une condamnation à perpétuité d'un Maurice Papon « complice d'assassinat » eût comblé certains boutefeux de la communauté juive, qui tentèrent d'accélérer les compensations financières concernant les réparations légitimes des spoliations des biens juifs sous l'occupation. Passons sur les demandes de dédommagement pour les « faux-frais » du procès, déployées par des théories d'avocats le lundi suivant le verdict de Bordeaux, qui offusquèrent même certains porte-paroles des parties civiles, criant à la « mascarade » et jurant, mais un peu tard, qu'on ne les y reprendrait plus. Les comptes-rendus de presse, autant qu'ils puissent être fidèles à la vérité de cette audience irréelle, sont édifiants à ce propos.

Sur le plan politique, dans la suite logique des débats qui accompagnèrent le procès Barbie, on en est venu à minimiser et à dénigrer la Résistance, comme le gaullisme sentimental des Français. Personne ne prit vraiment la mesure des sentiments et des actes réels des Bordelais sous l'occupation. On fit passer à la trappe Jean Moulin, représenté dans cette affaire par son ami Gaston Cusin, commissaire de la République de Bordeaux, grand absent du procès. Oubliant l'attitude fluctuante des alliés, notamment américains, à l'égard de Vichy et de la question juive [1], de 1940 à 1943, on diabolisa l'ensemble de la politique française de la période, de façon indifférenciée, en perdant toutes les nuances

1. Pensons notamment à l'OSS américain qui récupéra des nazis comme Barbie dès 1944. Sur l'attitude des Alliés concernant le génocide des juifs, *cf.* de Walter Laqueur, *Le terrifiant secret*, Paris, Gallimard, 1981.

qu'imposent la recherche historique d'aujourd'hui, comme la distanciation nécessaire par rapport aux faits. Le procès Papon constitue un recul pédagogique que les spécialistes de Vichy ont souligné spontanément, comme ils avaient signalé déjà les limites des procès antérieurs de cette sorte, où l'on manipule l'information historique à des fins politiques [1].

Certains ont proposé même de nouvelles modalités de reconnaissance du génocide juif et une redéfinition de la responsabilité en la matière. Celles-ci impliquaient que des victimes anonymes d'un crime contre l'humanité abominable, qui ne furent pas des combattants, remplacent, en bloc, dans un nouveau Panthéon, les Résistants français ayant risqué et donné leur vie dans la lutte contre le nazisme. D'où, jusqu'à l'Assemblée nationale, les réactions des gaullistes historiques, et les remarques finales de Pierre Messmer réhabilitant ceux qui s'étaient « battus les armes à la main ». La question de la Résistance face au génocide se trouva au cœur des journées des débats de Bordeaux. La façon dont furent traités des témoins comme Alain Perpezat, menacé de mort avant d'être cité, ou encore Claude Bouchinet-Seureulles, successeur de Jean Moulin, au cours d'une audience choquante, en dit long sur la détermination de certains « reconstructeurs de mémoire ».

Ceux-ci affirmèrent, péremptoirement, que le fait d'avoir résisté contre le nazisme, au péril de sa vie, constituait un acte indépendant de la cause des juifs, victimes de l'idéologie et des pratiques criminelles d'Hitler et de sa bureaucratie militaro-policière. Combattre le nazisme n'impliquait donc plus que l'on avait lutté aussi contre l'antisémitisme nazi ! Cette sélection à l'envers, comme la séparation des victimes qu'elle sous-tendait (en oubliant les otages fusillés, les autres déportés et les morts des bombardements), soixante ans après, reste symptomatique. Certains encore « oublièrent », comme par miracle de « la Mémoire », que les SS et le SD se trouvaient présents à Bordeaux dès 1940, avec la Wehrmacht, transformant ainsi l'administration française en instrument d'une politique imposée de fait par les Allemands, au-dessus du Gouvernement de Vichy lui-même. Je ne parle pas de ceux qui donnèrent un *satisfecit* aux Allemands ou à la police antisé-

1. C'est que montrent les deux ouvrages suivants : Henry Rousso, *Le syndrome de Vichy, 1944-198...*, Paris, Le Seuil, 1987 ; Éric Conan et Henry Rousso, *Vichy, un passé qui ne passe pas*, Paris, Gallimard, 1996.

mite du Commissariat aux Questions juives [1], pour mieux charger les fonctionnaires français en poste à Bordeaux ! À tous ces néorévisionnistes de l'histoire, on peut opposer cet entrefilet de *La France de Bordeaux et du Sud-Ouest* paru en pleine occupation allemande le vendredi 14 août 1942, ainsi formulé :

« Notre guerre est aussi celle du judaïsme.
Buenos Aires, 13 août (AFIP).
Le Président Roosevelt, M. Knox, ministre de la Marine des États-Unis, et M. Ickes, ministre du Commerce, ont envoyé aux Associations juives des lettres de vœux à l'occasion du 12 août, date à laquelle commence la nouvelle année juive. M. Roosevelt a souligné dans son message que la guerre actuelle était aussi celle du judaïsme tout entier. »

Beaucoup de Résistants français se sont sentis humiliés par le procès Papon. Contraints de se justifier, ils comprirent l'enjeu symbolique des débats et tentèrent de faire passer leur message à la jeune génération conviée à assister à titre pédagogique aux séances « pour l'Histoire ». Et quel message ! La Résistance française aurait-elle failli ? Était-elle antisémite ? Avait-elle pour fonction de « sacrifier » les juifs, de hiérarchiser et de trier les victimes du nazisme ? Des résistants, voire les Alliés, auraient-ils été « indifférents », insensibles au sort des juifs, le général de Gaulle en tête ? La Résistance aurait-elle refusé de bloquer ou de faire sauter les trains de déportés juifs ? Aurait-elle pu le faire (sans tuer des centaines de victimes !) avant la mise en place des « plans » de sabotage au moment du débarquement ? A-t-elle évité de détourner les siens de la mort, c'est-à-dire des convois de 800 ou de 1 000 déportés politiques partant vers l'Allemagne ? Ne fallait-il pas s'engager dans le combat, ne pas attendre, en « victime exemplaire », d'être sacrifié sur place ? Connaissait-on vraiment en France, sur le terrain et dans la clandestinité, la « solution finale », ce secret le mieux gardé de la guerre ? Malgré les informations inquiétantes rapportées par les photographies des Mosquitos de la RAF au-dessus des camps

1. Comme Michel Slitinsky dans son dernier livre venant au secours de Déhan pour mieux écraser Maurice Papon, accusation sur laquelle il a été totalement confondu à l'audience lors de son témoignage le 21 janvier 1998.

d'extermination et par la Résistance polonaise juive à partir de 1943, qu'était-il possible de faire tant que l'on ne maîtrisait pas le terrain des opérations ? Si le grand Rabbin Cohen, concerné au premier chef par les rafles et les convois de Bordeaux, en tant que responsable moral et spirituel de sa communauté, avait su ce qui se déroulait dans les camps de la mort, aurait-il écrit au Pape, avec Monseigneur Feltin, pour demander à l'administration allemande de transmettre à ses frais des cartes postales avec la signature des déportés et le nom des endroits où ils se trouvaient ?

Venons-en à la question politique fondamentale de « l'Affaire Papon ». Les pièges de ce procès que pouvaient laisser pressentir les questions posées lors des débats antérieurs dans l'Affaire Barbie, durant laquelle la Résistance commença à être discutée, nous laissent perplexes *a posteriori* sur les motivations de son initiateur véritable, malgré ses tergiversations de surface, François Mitterrand. Il commença son premier septennat par déposer habilement une rose au Panthéon sur le tombeau de Jean Moulin en mai 1981. Puis il retarda sciemment les procédures judiciaires de poursuites pour crimes contre l'Humanité après les avoir provoquées. Voulut-il, par là, jonglant avec l'histoire, dresser un bûcher en exutoire de son passé obscur, ou bien retourner au gaullisme historique la monnaie de sa pièce ? L'opération « Papon » ne visait-elle pas, comme une bombe à retardement, à diviser définitivement les gaullistes entre eux ? Sans faire parler les morts, disons que ce sujet relève peut-être – si tant est que cette matière existât – de la psychiatrie politique. Pourquoi, sinon, parlerait-on de « syndrome » ? Les malades politiques sont-ils les jeunes Français d'aujourd'hui, qui n'ont pas vécu les faits, ou les manipulateurs intéressés de cette guerre symbolique tardive ?

Finalement, le « syndrome de Vichy », qui renaît à chaque décennie, semble avoir été bien plus que le reflet des strates d'une mémoire collective anonyme pavée de bonnes intentions militantes[1] : un instrument politique alternatif entre droite et gauche, visant à travers des discours pamphlétaires d'invectives

1. Je ne partage pas là l'optimisme d'Henry Rousso, qui interprète en terme de « mémoire collective » le « syndrome de Vichy », détaché selon lui de toute « grille d'interprétation politique ». Cf. Henry Rousso, *Le Syndrome de Vichy*, op. cité, p. 318.

et d'injures réciproques, des politiciens polémistes des deux camps, compromis pendant l'Occupation. Ce fut aussi un instrument électoral efficace, tentant de cristalliser l'opinion publique contemporaine, par des messages de ralliements multiformes, bien au-delà des survivants des faits. En termes de mobilisation collective, ces entreprises dispensatrices de « messages-cibles » et de « clips » dans la lignée des « années-pub », furent censées raviver les réflexes des Français contre les dangers de l'extrême droite. Plus de cinquante ans après les faits, on se trouve ici très éloigné, tout de même, du seul souci, légitime en soi, de réclamer enfin justice pour les descendants des victimes.

En raison des dérapages d'analyses de ce « dernier procès de Vichy », après six mois de débats, beaucoup doutèrent de l'utilité de l'opération, d'autant que la responsabilité personnelle de Maurice Papon apparaissait de moins en moins évidente par rapport à ce dont l'arrêt de renvoi l'avait accusé, à mesure que le procès avançait. La justice quant à elle, cernée par la politique, devait avoir le dernier mot...

H. de B. – *Que pensez-vous justement de l'évolution judiciaire au cours du procès Papon ?*

M. B. – Le procès Papon est aussi révélateur d'un certain fonctionnement de l'institution judiciaire.

D'abord le jugement final de la Cour d'Assises de Bordeaux devait être par définition non motivé, conformément à l'ancienne règle de la Cour d'Assises. Pourquoi avoir fait durer le procès six mois, alors que les délibérés et le verdict obéissaient à un automatisme réducteur ? On se trouve en présence en effet d'une liste de questions stéréotypées, au cas par cas, reprenant symptomatiquement les mêmes formules, écartant toute analyse des faits impliqués et tout contexte. Des accusations ont été réduites considérablement, sinon écartées. En clair, cela signifie que l'on accusa en toute impunité Maurice Papon d'actes qu'il n'avait point commis.

Ensuite, le principe, traditionnel en Cour d'Assises, de « l'oralité des débats » n'a pas toujours été respecté, semble-t-il. Six mois avant l'événement, le Président, comme ses deux assesseurs, aidés par des auditeurs de justice étrangers à la Cour, furent détachés de leurs obligations ordinaires afin d'étudier le dossier et de prendre connaissance des pièces d'archives[1]. Avant donc que les audiences orales ne commencent. Cela était d'autant plus explicable que le dossier ne reposait plus que sur les documents, les principaux témoins ayant disparu. La pléthore de témoins n'ayant pas vécu les faits pouvait-elle combler ce manque afin d'assumer un semblant d'oralité formelle des débats ? À propos de la violation de ce principe, on pourrait encore insister sur l'interruption des séances à cause de la maladie passagère de l'accusé pendant près de quinze jours. On pourrait aussi épiloguer sur le fait que des avocats des parties civiles avaient rédigé des ouvrages en livrant publiquement des parties sélectionnées du dossier avant le procès, sur la publication de l'arrêt de renvoi dans le quotidien *L'Humanité*. Que dire enfin sur les liens entre des magistrats, voire des membres du Ministère public avec des avocats des parties civiles, liens ostensibles dans le Palais, contre toute équité des débats.

Cette affaire est révélatrice de la façon dont le droit pénal ordinaire a été adapté à une réalité complexe. Cela, tant dans la caractérisation juridique des faits reprochés à Maurice Papon, que dans leur analyse et l'application à un verdict.

La première difficulté surgit au niveau de l'instance bordelaise. Le premier acteur décisif, le Ministère public, saisi en 1998, après l'annulation d'une première instruction, de plaintes contre Maurice Papon, déposa son Réquisitoire définitif le 19 décembre 1995. Le texte, rédigé par l'Avocat général Defos du Rau, fut signé par le Procureur général Henri Desclaux. Second acteur, le juge instructeur Madame Léotin, Conseillère à la Chambre de mise en accusation de la Cour d'Appel de Bordeaux, déposa le 18 septembre 1996, un arrêt concluant au renvoi de Maurice Papon devant la Cour d'Assises. Ces deux instances furent dans l'obligation de définir juridiquement des chefs d'accusation et d'instruire à partir de ces définitions.

Le premier problème juridique formel apparaît au niveau de la qualification des faits. On retint initialement contre Maurice Papon cinq chefs d'inculpation : « *Complicité d'arrestations illégales et séquestrations ; complicité de meurtre avec préméditation ; complicité de violence contre les personnes, sans motif légitime,*

1. Cette information passible de cassation est parue dans *Sud-Ouest* le 11 mars 1997.

dans l'exercice ou à l'occasion de ses fonctions ; complicité d'attentats à la liberté ; complicité d'enlèvements par fraude ou violence, d'entraînement et de déplacements de mineurs de plus ou de moins de 15 ans, avec cette circonstance que les événements, l'entraînement et les déplacements ont été suivis de mort. » Malgré des hésitations du Ministère public au moment du Réquisitoire, après l'examen des faits, ces cinq chefs d'inculpation, finalement, ne furent pas retenus. Sur certains convois, les magistrats écartèrent la complicité d'arrestation et de séquestration, en raison de la non participation de Maurice Papon, de même que la complicité de violence contre les personnes dans les convois, à Drancy et au niveau de la déportation, de même que la complicité d'assassinat et le meurtre avec préméditation. Le Réquisitoire, conserva la complicité pour enlèvement et détournement de mineurs dans d'autres convois. L'arrêt de renvoi le rejeta. La lecture de ces chefs d'inculpation pose un problème. C'est là que commence le mystère juridique de « l'Affaire Papon ».

Le concept de complicité ne pouvait être défini qu'à partir de l'article 60 du Code pénal d'alors. Celui-ci implique que le complice agit sciemment en aidant les auteurs d'un crime. Le texte de la Loi vise en effet « *ceux qui auront, avec connaissance, aidé ou assisté l'auteur ou les auteurs de l'action, dans les faits qui l'auront préparée ou facilitée, ou dans ceux qui l'auront consommée* ». Cela impliquait que Maurice Papon, responsable de ses actes, avait volontairement, et en connaissance de cause, prêté son concours à une entreprise criminelle. La complicité doit être motivée, intentionnelle. Elle constitue la clé de voûte de la qualification. Mais un problème surgit immédiatement. De quels actes, pénalement parlant s'agissait-il ? Et pourquoi, alors que l'on avait accepté cette définition de la complicité *a priori*, avoir abandonné, après dix années d'instruction, les chefs d'inculpation de complicité de meurtre avec préméditation, de complicité de violence contre les personnes sans motif légitime dans l'exercice ou à l'occasion de ses fonctions, de complicité d'attentat à la liberté, de complicité d'enlèvement par fraude ou par violence de mineurs de plus ou de moins de quinze ans ? Ces fluctuations ne sont-elles pas symptomatiques de la difficulté de pénaliser les actes d'un fonctionnaire public relevant du droit administratif et des règlements en cours sous l'occupation allemande, règlements auxquels était soumise de fait l'administration française ?

Les magistrats bordelais ont eu à résoudre un dilemme juridique. Au début de leur investigation, ils ont utilisé les articles 114 et 341 du Code pénal de l'époque, en cours de 1942 à 1944, respectant ainsi le caractère non-rétroactif de la Loi. Citons intégralement l'article 114 qui vise les « attentats à la liberté » :

« *Lorsqu'un fonctionnaire public, un agent ou un préposé du Gouvernement, aura ordonné ou fait quelque acte arbitraire ou attentatoire soit à la liberté individuelle, soit aux droits civiques d'un ou de plusieurs citoyens, soit à la Constitution, il sera condamné à la peine de dégradation civique.*

Si néanmoins, il justifie qu'il a agi par ordre de ses supérieurs pour des objets du ressort de ceux-ci, sur lesquels il leur était dû obéissance hiérarchique, il sera exempt de la peine, laquelle sera, dans ce cas, appliquée seulement aux supérieurs qui auront donné l'ordre. »

L'article 341 dénonce en ces termes les « arrestations illégales et les séquestrations de personnes » :

« *Seront punis de la peine de réclusion criminelle à temps de dix à vingt ans ceux qui, sans ordre des autorités constituées et hors les cas où la loi ordonne de saisir des prévenus, auront arrêté, détenu ou séquestré des personnes quelconque.*

Quiconque aura prêté un lieu pour exécuter la détention ou séquestration, subira la même peine. »

Les magistrats bordelais ont d'abord accepté d'appliquer à Maurice Papon les articles 114 et 341 du Code pénal. Le premier texte, incontestablement, concerne les fonctionnaires ou assimilés. Le second, à l'inverse, vise les citoyens ordinaires, auteurs de crimes d'arrestations illégales et de séquestrations, à l'exclusion des fonctionnaires publics. Comme d'autres articles du Code, le 114 protège l'exercice de l'autorité. Il stipule que le fonctionnaire qui a agi « *aux ordres de ses supérieurs pour des objets du ressort de ceux-ci, sur lesquels il leur était dû l'obéissance hiérarchique* », ne peut être puni. Mais le 114 avait un défaut : il se montrait trop indulgent en infligeant la dégradation civique insuffisante pour qualifier pénalement un crime contre l'humanité. Au regard de l'ensemble de la jurisprudence des articles

114 et 341, notamment celle de la Cour de Cassation, jamais le droit français n'avait jusque-là amalgamé les deux articles. Cela est d'autant plus logique que le 114 vise exclusivement les fonctionnaires et assimilés dans l'exercice de leur fonction. L'argument avancé pour écarter l'article 114 dans l'arrêt de renvoi de la Chambre de mise en Accusation de la cour d'Appel de Bordeaux stipule que les violences subies par les victimes, difficiles à préciser, ne constituaient qu'un « délit correctionnel insusceptible de fonder un crime contre l'humanité ». Décidément, l'article 114 ne convenait pas. De même, sans justification, pour le chef d'inculpation d'enlèvements, entraînements, détournements ou déplacements de mineurs de plus ou de moins de quinze ans suivis de mort (p. 144 de l'arrêt), chef d'accusation qu'avait pourtant retenu la première instruction annulée en 1987 par la Chambre criminelle de la cour de Cassation. L'accusation ne respecta pas la Jurisprudence au début de l'instruction. Elle revint en arrière à la fin. Soit Maurice Papon relevait du 114. Soit du 341. On écarta le premier article, réservé aux seuls fonctionnaires, trop indulgent, pour conserver le second, qui ne les concernait pas. Premier abus de droit ?

Les magistrats de Bordeaux se trouvèrent donc contraints, selon la logique juridique choisie, de traiter Maurice Papon en non-fonctionnaire, ou plutôt en fonctionnaire ayant agi « sans ordre des Autorités constituées » et « hors les cas où la Loi ordonne de saisir des prévenus ». En effaçant l'article 114 – le seul juridiquement applicable – et en retenant l'article 341, le fonctionnaire devenait ainsi un criminel de droit commun ayant pratiqué des actes d'arrestations illégales et de séquestration *de son fait personnel.* Intérêt de cette formule : on retrouvait l'intention et le mobile dans la définition de la complicité. Mais, pour en arriver là, on devait effacer le contexte réel de l'exercice des fonctions. Face à un dossier qui prouvait l'inverse au niveau des faits : ordres comminatoires et menaçant des nazis, ordres et textes dits « Lois » émanant des « Autorités constituées » de Vichy, enfin, existence au-dessus du fonctionnaire Papon, d'une double hiérarchie préfectorale, il fallut contourner l'obstacle. Comment ? Tout simplement en posant des postulats laissant croire que, « au regard du droit » le prévenu avait accompli des actes relevant de son seul « libre-arbitre », non autorités par la loi, qu'il avait fait du zèle, dépassé les autorités en agissant activement « sans attendre les instructions ». Ce qui est manifestement contraire à la vérité, comme toute cette contre-enquête le montre. De plus, l'aide apportée volontairement aux Allemands n'était pas couverte par les lois françaises. Elle était donc « illégale ». Pas une fois l'arrêt de renvoi ne prit en considération la réalité de la signature par la France de la Convention d'Armistice de même que les textes réglementaires de la zone occupée, voire la législation exceptionnelle du temps de guerre, qui s'imposait de fait. L'article 3 de la Convention stipulait explicitement : « *Le Gouvernement français invitera immédiatement toutes les autorités et les services administratifs français du Territoire occupé à se conformer aux réglementations des autorités allemandes et à collaborer avec ces dernières.* » Toute l'instruction, c'est-à-dire l'examen des faits, fut dirigée par cette théorie juridique générale supposant la disparition du fait de la guerre et de l'occupation comme vous l'avez par ailleurs montré dans les chapitre précédents.

Des postulats secondaires vinrent étayer cette thèse étonnante.

Premier postulat : loin d'être un fonctionnaire subalterne, le secrétaire général de la Gironde était en fait un « préfet-bis », le véritable préfet de la Gironde ! En lui-même, il constituait une « autorité supérieure ». Il disposait de pouvoirs de police, au-dessus des autorités régionales. Homme de confiance du préfet Sabatier, il signait à sa place. Sabatier, c'était Papon, et Papon c'était Sabatier. Un tandem ! Cette délégation de signature impliquait délégation d'autorité. Cette lecture est contraire à un arrêt du Conseil d'État du 28 juin 1957 montrant que la délégation de signature, toujours faite *intuitu personnae*, n'est qu'une modalité d'organisation d'un service et non la modification d'un ordre de compétence et une délégation de pouvoirs. Le préfet délégué de la Gironde, Boucoiran, supérieur hiérarchique direct de Papon, l'appareil régional (le préfet régional Sabatier, le directeur de cabinet Chapel), les préfets des autres départements de la Région (Landes et Basses-Pyrénées), les sous-préfets, les policiers régionaux et départementaux n'intéressaient pas l'instruction, obnubilée par les actes *in rem et in personna* du seul Papon. Les autorités politiques de Vichy (Laval, Legay, Bousquet), *a fortiori* les Allemands, ne constituaient que des éléments lointains, secondaires. Cette logique insensée fonctionna à plein. L'arrêt de renvoi dévoile ainsi la nécessité d'isoler le fonctionnaire Papon de la chaîne de ses autorités hiérarchiques de tutelle, en insistant sur la dimension personnelle, arbitraire, de l'abus de pouvoir du coupable :

« *Maurice Papon ne peut par ailleurs se prévaloir ni de l'ordre ou de l'autorité de la loi, ni de l'ordre de son supérieur hiérarchique, l'illégalité d'un ordre en matière de crime contre l'humanité étant toujours manifeste, ni enfin d'une responsabilité propre de ses subordonnés* » (p. 151).

Cela revenait à prétendre que Maurice Papon n'avait reçu aucun ordre du Gouvernement et de sa hiérarchie préfectorale, mais seulement et directement des SS, sans passer par son préfet régional ! Même sans avoir adhéré à l'idéologie nazie ou collaborationniste des ultras de Vichy, sa participation *a priori* à des opérations d'arrestation, de séquestration et de convoiement constituait à elle seule un acte intentionnel et motivé de complicité de crime contre l'humanité. Ce fonctionnaire avait accepté de « prêter son concours » dans l'arrestation de femmes, d'enfants, de vieillards et d'hommes innocents. N'était-il pas libre de refuser et de démissionner ? L'ordre d'arrêter étant « illégal, l'origine de l'ordre et les modalités de son exécution s'effaçaient devant cette illégalité, au regard de la législation de l'après-guerre (argument rétroactif explicite). *Exit* ainsi la qualité de fonctionnaire du Gouvernement de Vichy. Que Maurice Papon l'ait été devenait secondaire. Il avait appliqué des ordres nazis ! Vichy n'était pas une organisation criminelle au regard des textes de Nuremberg, mais l'Allemagne Nazie en était bien une, alors il n'y avait plus de problème. L'adhésion personnelle à un plan concerté d'arrestation inhumaine se suffisait à elle-même. Il restait à insister sur le rôle personnel de Maurice Papon, ce « super-préfet » de Vichy séparé de Vichy et de sa hiérarchie, et complice de crimes contre l'humanité. D'où ce qui suit.

Second postulat : Maurice Papon avait une responsabilité et une autonomie personnelle de décision au niveau du Service des Affaires Juives de la préfecture – indépendamment de ses activités normales de secrétaire général de département et de la supervision d'une dizaine d'autres services des affaires de l'Occupation. « Papon, c'est Garat, Garat, c'est Papon. » Cette direction impliquait qu'en tant que « technicien compétent et efficace », « sans état d'âme », il avait décidé seul de tous les problèmes délicats en matière d'arrestations, de fichier, de convoiement. Il avait contribué à toutes les mesures répressives (notamment l'élaboration des listes d'arrestation et la logistique des convois) « avec le maximum d'efficacité », sans intervenir pour tenter de sauver des victimes qui auraient pu l'être. Il suffisait pourtant de demander par téléphone aux SS qu'ils les libèrent ! Sans attendre les instructions de ses supérieurs, il avait fait étalage de zèle. Le fait de signaler à Paris ou à Vichy le cas de personnes indûment arrêtées dans des rapports devenait secondaire. Efficace dans la répression aux ordres des nazis, Papon se serait montré systématiquement inefficace (comme par une volonté délibérée de ne pas l'être) pour sauver les personnes ou intervenir en leur faveur ! Est-ce soutenable de bonne foi ! L'arrêt de renvoi lui reprocha à plusieurs reprises de ne pas être intervenu, de ne pas avoir tout fait pour sauver, pour protester contre l'illégalité des ordres reçus et exécutés. Fait unique dans le droit français, on retint même contre Maurice Papon des infractions involontaires, faisant de lui un « criminel par abstention ». L'accusation lui reprocha non seulement des actes positifs, dont il aurait été coupable, mais aussi des actes négatifs qu'il n'avait pas fait. Pourquoi ne pas être allé jusqu'à retenir le grief de « non-assistance à personne en danger » ? L'isolement invraisemblable et l'hypertrophie du rôle de Maurice Papon en matière de politique antijuive impliquait, logiquement, que soit le plus possible réduit et banalisé le rôle des Allemands, des policiers collaborateur de Vichy... D'où ce qui suit.

Troisième postulat, formulé explicitement par l'arrêt de renvoi : les ordres allemands, la présence des SS, les menaces supputées ne pouvaient constituer des circonstances atténuantes. Les Allemands, officiellement, montrèrent souvent, lors d'opérations, leur « satisfaction » dans l'exécution de leurs ordres. Et lors d'évasions, aucune représailles ne furent appliquées (ce qui est faux !) [1]. L'arrêt de renvoi ajouta sur ce point :

« *Maurice Papon ne saurait invoquer l'état de contrainte dans lequel il se serait trouvé. En effet si l'on peut tenir pour acquis que les exigences allemandes ont été exprimées avec énergie et détermination et dans certains cas qu'elles ont été accompa-*

1. Voir l'affaire Gassiot et le témoignage Saufrignon.

gnées de menaces de représailles contre les fonctionnaires de police française, il ne ressort pas de l'instruction que les pressions ainsi faites ont été d'une telle intensité qu'elles aient pu constituer une contrainte ayant aboli le libre arbitre de Maurice Papon. »

Autrement dit, pour le Juge d'instruction, il y avait bien des menaces, mais elles ne pesèrent pas ! La présence des SS est ici réduite à un décor. Et la menace, à la seule conception physique de la contrainte par corps.

Quatrième postulat indispensable pour renforcer la personnalisation des actes arbitraires et surtout l'intention dans la complicité : Maurice Papon avait prêté volontairement son concours aux actes criminels de persécution des juifs en ayant une connaissance, à défaut des modalités de la solution finale, au moins du caractère illégal des opérations de Bordeaux. Il ne pouvait que pressentir le sort final des victimes qui était, après l'arrestation, l'internement et le convoiement, la déportation et la mort. Maurice Papon, en fait, savait. Son niveau d'information, sa position dans la haute administration de Vichy, ce que tout le monde connaissait de la persécution des juifs, impliquaient qu'il devait savoir. Il était donc complice d'assassinat, voire de meurtre avec préméditation. L'arrêt de renvoi poussa plus loin l'inculpation que le réquisitoire définitif de décembre 1995 du Ministère public qui avait écarté ce chef d'accusation.

Dernier postulat d'une logique implacable : un résistant ne pouvant participer à de tels agissements, Maurice Papon ne pouvait se prévaloir d'aucune appartenance à la Résistance ni d'aucune consigne émanant des autorités de Londres demandant aux fonctionnaires de rester à leur poste. Ces références étaient nulles et non avenues et ne représentaient qu'une usurpation. *Exit* ainsi, après le Vichy de Laval et de Bousquet, la logique du gaullisme historique et de la Résistance.

La mise en forme pénale des actes du secrétaire général de la préfecture de la Gironde, de 1942 à 1944 écarta intégralement le contexte du temps de guerre. Le fonctionnaire devenait criminel sans qu'aient été examinés les textes résistants des ordonnances d'Alger (non abrogés) concernant les modalités de l'épuration au sein de la fonction publique. On « banalisa en rose » la réalité de la zone occupée, définie on l'a vu par l'article 3 de la Convention d'Armistice, qui imposait à l'ensemble de l'administration française une instrumentalisation de fait. On oublia les ordres comminatoires avec menaces écrites et verbales émanant des Allemands seuls qui contrôlaient physiquement l'ensemble des opérations, le zèle bien réel lui de fonctionnaires collaborateurs et d'officines suspectés, etc... La lecture des documents par les magistrats bordelais fut orientée uniquement par ces postulats à charge, conforme à la qualification pénale décrétée *a priori.*

Seconde étape importante du fonctionnement juridique de l'affaire : l'arrêt de la Chambre Criminelle de la Cour de Cassation du 23 janvier 1997. Sans cette décision, il n'y aurait pas eu de procès. Là, les magistrats refusèrent de se prononcer directement sur les faits. Dans un texte assez bref de quinze pages, ils considérèrent qu'au regard de l'arrêt de renvoi de Bordeaux, qu'ils adoptèrent intégralement, sans en discuter les postulats, il leur appartenait seulement d'apprécier la conformité de la constitution de l'infraction dans ses éléments légaux, « tant matériels qu'intentionnels ». Ils considérèrent que les faits étaient correctement qualifiés et que cette qualification justifiait la saisine de la Cour d'Assise. Il leur apparut indiscutable qu'un fonctionnaire public pouvait relever de l'article 341 dans les conditions que nous avons examinées, et non pas du seul article 114 !

Mais ce n'était pas suffisant, l'arrêt, de plus, orienta de façon inédite la définition de la complicité en matière de crime contre l'humanité. La Chambre criminelle ne tint pas compte en effet de sa jurisprudence antérieure qui jusque-là avait accepté de condamner des serviteurs de Vichy uniquement s'ils étaient des collaborateurs notoires. Considérant que les crimes contre l'humanité étaient assimilables à des « crimes de droit commun » ordinaires « commis dans certaines circonstances et pour certains motifs particuliers » définis par l'article 6 du Statut de Nuremberg, l'arrêt effaça les précautions introduites dans le texte de Nuremberg. Cela, contre des arrêts antérieurs cassant des jugements de Chambres civiques instaurées à la Libération pour punir les crimes d'intelligence avec l'ennemi [1], et surtout contre les défini-

1. Cf. par exemple Cass. Crim., 6 octobre 1945, *Gaz. Pal.*, 1945.

tions données antérieurement du crime contre l'humanité [1]. Des professeurs de Droit, notamment Jean-Pierre Delmas Saint-Hilaire [2] de la Faculté de Bordeaux, ont fait remarquer le non-respect de l'interprétation stricte de la loi. Selon eux, l'arrêt en question autorisait l'exclusion des faits justificatifs ordinaires de la complicité, impliquait la levée de l'obstacle tiré de l'autorité de la chose jugée ainsi que la prescription décennale de l'action publique. Comment séparer en effet l'acte matériel de complicité, du mobile et de l'intention ? Question subsidiaire : un fonctionnaire français ayant servi sous Vichy, résistant, jusque-là jamais poursuivi, pouvait-il être passible des textes du Tribunal de Nuremberg contre les forces de l'Axe, soixante ans après les faits, sans avoir adhéré en connaissance de cause, ou volontairement, au plan concerté de destruction des juifs d'Europe ? Étant entendu que pour les textes de Nuremberg, le gouvernement de fait de Vichy, reconnu par les Alliés qui lui envoyèrent des Ambassades, ne pouvait être considéré comme une force de l'Axe. Contre ses propres arrêts antérieurs, la Cour de Cassation, afin de lever ce second obstacle, considéra qu'il n'était pas important que Vichy ait fait ou non partie des puissances de l'Axe. Elle affirma, pour étayer les chefs d'inculpation choisis par les magistrats bordelais : « *L'article 6 de Nuremberg n'exige pas que le complice ait adhéré à la politique d'hégémonie idéologique ni qu'il ait appartenu à une des organisations déclarées criminelles par le Tribunal de Nuremberg.* » Au passage, on compléta le droit en établissant un régime distinct entre le complice et l'auteur principal du crime contre l'humanité. Pour l'auteur principal (les SS), on conservait le dol spécial, c'est-à-dire l'intention et le mobile dans le crime. Mais pas pour les complices ! Cette décision, c'est-à-dire l'intention et le mobile dans le crime. Mais pas pour les complices ! Cette décision, contraire au texte de Nuremberg, contredisait également les principes du droit pénal sur lequel pourtant s'appuyait la nouvelle définition du crime contre l'humanité. Ce second abus de droit vint étayer celui des magistrats bordelais de l'accusation, qui avaient choisi l'article 341 contre le 114.

1. Cf. Cass. Crim., 6 février 1975, Cass. crim., 20 décembre 1985, Cass. crim., 25 novembre 1986, Cass. crim., 3 juin 1988.
2. Voir chapitre I.

Ces deux abus de droit posés, Maurice Papon pouvait désormais comparaître devant la Cour d'Assises de la Gironde.

Celle-ci, contrairement aux deux instances précédentes, innova moins. Elle eut la lourde tâche de confronter ce qui restait des témoignages et ce que l'on pouvait recomposer des faits, en l'état des documents d'archives mis à sa disposition, avec les catégories juridiques postulées en amont. Elle rendit logiquement, après ce qui fut le procès le plus long et certainement le plus confus de toute l'histoire judiciaire française, un verdict reprenant, dans son argumentaire, les postulats des magistrats instructeurs et du Ministère public concernant la complicité. Fait significatif de la difficulté à cerner un chef d'inculpation motivé : le passage du verdict concernant la rafle d'octobre 1942 retint contre le secrétaire général de la Gironde une complicité dans l'arrestation d'Alice Slitinsky [1], arrêtée par des policiers français à partir de listes élaborées par les Allemands eux-mêmes, mais négligea le fait que Maurice Papon était intervenu immédiatement pour faire libérer cette personne avec succès un mois après, les preuves en ayant été fournies lors des débats ! L'arrêt devait être non motivé. Il écarta donc toutes les circonstances atténuantes, conformément aux règles anciennes de la Cour d'Assises. Pourquoi avoir fait durer le procès six mois alors que les délibérés et le verdict obéissaient à cet automatisme réducteur ?

On peut toujours épiloguer quant à la peine, graduée pour être « juste », selon les uns, incroyablement peu importante au regard de la gravité des faits, selon les autres. Obtenir dix ans de prison, à 87 ans, ne revient-il pas à être condamné à mort ? La discussion, quant au jugement, naît peut-être du fait de ne pas avoir reconnu la complicité d'assassinat comme chef principal d'inculpation (en clair Maurice Papon ne savait pas ce qu'il advenait des personnes arrêtées et convoyées sur ordre des SS, souvent étrangères et en infraction par rapport aux textes iniques en vigueur, et ignorait donc le génocide). Or ceci est en contradiction avec le fait d'avoir considéré que la participation forcée à un processus bureaucratique ou policier collectif, constituant la séquence d'un crime orchestré par des manipulateurs ayant le monopole de la

1. Cf. p. 58, question 327.

violence et de la menace, représentait un élément de « complicité ». Un crime contre l'humanité « involontaire » ?

Le verdict appliqua les catégories théoriques de la Cour de Cassation et surtout suivit dans ses grandes lignes l'arrêt de renvoi. La Cour de Bordeaux, sous la pression médiatique, se montra respectueuse de la hiérarchie judiciaire. Mais la graduation de la peine, marque d'un effort pour personnaliser le processus bureaucratique incriminé, n'assimila pas Maurice Papon à l'ensemble de Vichy et de sa hiérarchie. Elle l'individualisa artificiellement, selon la logique « personnalisante » de la Cour d'Assises. Paradoxe de la sentence : par rapport à ses deux préfets, aux responsables de la police, jamais poursuivis, le secrétaire général de la Gironde, fut considéré comme un rouage essentiel. Autre élément patent : un fonctionnaire résistant, près de soixante ans après les faits, fut puni plus sévèrement pour des actes de « complicité » que les SS de Bordeaux : Dohse, le chef de la section IV du KDS s'étant vu infliger une peine de sept ans de travaux forcés, Luther, de cinq ans de prison, et Enzelberger, tortionnaire des résistants à la section IV, de quatre années. Les auteurs du crime furent libérés le lendemain de leur procès, après leurs années de préventive. Certains SS responsables des bureaux antijuifs comme Nährich ne furent même jamais inquiétés en France. Avec ses dix ans, Maurice Papon subit la même peine que le SS Kurt Lischka jugé en Allemagne en 1971... alors même que le général De Gaulle, gracia Oberg et Knochen, les chefs des SS en France, condamnés antérieurement à mort.

H. de B. – *La Cour de Cassation doit examiner un recours de Maurice Papon. Y a-t-il, selon vous des motifs de cassation ?*

M. B. – Je ne suis pas compétent pour répondre à cette question. Au-delà de la confusion des anciens articles 114 et 341 du Code pénal, au-delà de l'abandon de l'article 114 (impensable alors même que l'arrêt de renvoi affirme sans cesse l'appartenance de Maurice Papon à la haute-fonction publique sous Vichy), on peut s'interroger sur le respect de l'équité des débats, en sachant que la Chambre suprême n'examinera pas les faits mais des questions de procédure.

Sur ce point, il semble que n'ait pas toujours été respecté le principe, traditionnel en Cour d'Assises, de « l'oralité des débats ». Six mois avant l'événement en effet, le Président, aidé par des auditeurs de justice étrangers à la Cour, mais aussi ses deux assesseurs, furent détachés de leurs obligations ordinaires afin d'étudier le dossier et de prendre connaissance des pièces d'archives [1]. Avant donc que les audiences orales ne commencent. Cela s'expliquait d'autant plus que le dossier reposait principalement sur ces documents d'archives, les principaux témoins étant disparus. La pléthore de témoins n'ayant pas vécu les faits, pouvait-elle combler lors du procès ce manque, afin d'assumer un semblant d'oralité formelle ? Concernant la violation de ce principe, on pourrait encore insister sur l'interruption des séances à cause de la maladie passagère de l'accusé pendant près de quinze jours. On pourrait aussi épiloguer sur le fait que des avocats des parties civiles ont rédigé des ouvrages en livrant publiquement des parties sélectionnées du dossier avant le procès, ou bien sur la publication de l'Arrêt de renvoi dans le quotidien *L'Humanité*, ou bien encore sur les liens entre des magistrats, voire des membres du Ministère public avec des avocats des parties civiles, ostensibles dans le Palais, contre toute équité des débats. La mobilisation médiatique de même que les menaces contre le Président de la Cour d'Assises, ne remettent-elles pas en question la sérénité des débats ?

Que dire également du caractère tardif du procès, près de soixante ans après les faits, au-delà d'une instruction qui dura quinze ans, après avoir été annulée une première fois ? Pouvait-on se placer dans la situation de l'accusé au moment des faits ? Et ce dernier fut-il en mesure d'assumer sa défense de façon équitable ? Ces questions seront peut-être examinées, parmi d'autres.

Quant au principe de l'imprescriptibilité, reconnu seulement dans le droit français en 1964 (de façon rétroactive par rapport aux faits eux-mêmes), peut-on dire qu'il fut respecté ? En effet, il apparaît que Maurice Papon a été le seul fonctionnaire de Vichy poursuivi. Pourtant, contrairement à nombre de SS, il ne se déroba jamais. Pourquoi avoir tant attendu pour le juger ? Aucun contemporain ne poursuivit ce fonctionnaire, malgré la connaissance des archives consacrées à ces faits eux-mêmes. Sans parler des lois d'amnistie de 1953 et de 1959, jamais, jusqu'à 1983, le Ministère public n'engagea contre l'ancien secrétaire

1. Cette information passible de cassation est parue dans *Sud-Ouest* le 11 mars 1997.

général de la Gironde ou contre tout autre membre des préfectures départementales ou régionales, une action publique. L'atteinte à l'équité consiste précisément en ce décalage temporel entre les poursuites et les faits. Là, le retard ne pouvait être imputable à une fuite en Amérique du Sud ! Le Ministère public, pour ne pas dévoyer le principe d'imprescriptibilité, aurait dû s'enquérir des faits dès 1964. Son devoir était de rechercher au plus tôt les personnes concernées et les preuves sur des crimes aussi graves. Peut-être aussi, aurait-on dû lier les poursuites françaises de 1983 à des poursuites allemandes. Il y eut bien, en Allemagne, un procès contre le SS Nährich, en 1983, sans que la première instruction bordelaise contre les fonctionnaires de Vichy ait été jointe. Comme par hasard, on a attendu 1983 pour inculper le seul Maurice Papon. On n'a jamais voulu poursuivre les policiers survivants ni le préfet régional Sabatier, inculpé tardivement, en catimini. Jamais on a étendu les poursuites aux autres membres de l'administration de terrain de Vichy, en dehors de Legay et de Bousquet lesquels en dehors de leurs responsabilités de fait étaient à un niveau hiérarchique sans commune mesure avec Papon. Ces discriminations, comme ces retards, sont-ils conformes au bon fonctionnement de la procédure pénale fondée sur la prescription de dix ans ? Peut-on condamner à n'importe quelle condition dans une démocratie ?

H. de B. – *Que pensez-vous précisément, sans reprendre les lacunes de l'inquiétant arrêt de renvoi que vous avez signalées en leur temps, de la façon dont l'appareil judiciaire a reconstitué les faits ? Peut-on parler de procès « virtuel » ?*

M. B. – La théorie juridique des chefs d'inculpation liés à l'article 341, n'était possible qu'à la condition de donner une présentation très optimiste des faits liés à la guerre, ou même tout simplement à ne pas prendre en compte certains faits qui contredisaient ses postulats.

D'abord la stratégie de violence des SS de Bordeaux, le caractère comminatoire et menaçant des ordres d'exécution donnés sous leur contrôle permanent. Puis la trahison des antisémites de la police des Questions Juives dans le dos de l'administration. Ensuite, la présence de délateurs et d'agents surveillant, côté français, les fonctionnaires bordelais afin de les livrer, le cas échéant, au KDS. Maurice Papon, comme toute la préfecture, fit ainsi l'objet d'un fichage de la part du Service des Sociétés Secrètes (SSS) dirigé régionalement par Besson-Rapp, dont la dangereuse activité n'a quasiment pas été évoquée au cours du procès, malgré les traces d'archives qu'elle a laissées. Il existe des fiches de renseignements très explicites qui présentent Maurice Papon et l'ensemble de l'état-major préfectoral comme « gaulliste », antigouvernemental et américanophile dès 1942. Cela permet *a contrario* d'apprécier l'attitude de l'équipe Sabatier comme du secrétaire général de la Gironde. Il en est de même des fiches de tous les chefs de service de la préfecture [1]. Cela donne clairement la mesure du degré de liberté et de résistance possible au sein de la fonction publique de l'époque. Un agent allemand, de Soyres, Adjoint au délégué régional de la police du Service des Sociétés Secrètes antimaçonniques, affirma par exemple dans son rapport, le 8 janvier 1943, transmis immédiatement aux services de la police allemande :

« Objet : Maurice Papon...
... Monsieur Papon a dit la semaine dernière à un de ses amis que les ordres venant de Vichy n'avaient pas gros intérêts pour lui et qu'il préférait s'attacher aux demandes formulées par les anciens élus, députés, conseillers généraux, etc... »

Les menaces des Allemands contre les fonctionnaires ? Elles furent permanentes. En matière de politique antijuive, on les trouve dans divers documents, formulées explicitement. On pourrait citer là intégralement la liste, qui se trouvait dans les Archives départementales (documents du Cabinet de l'Intendant de Police) que l'Instruction comme le Ministère public ont ignorée de 65 policiers emprisonnés, déportés, fusillés ou encore les 119 policiers internés, révoqués, suspendus, « juilletisés » par les autorités pétainistes. On a là une idée des contraintes, des menaces, de la résistance du corps de la police bordelaise et girondine, des

1. Cf. à ce propos l'ouvrage bien informé de Lucien Sabah, *Une police politique de vichy : le Service des Sociétés Secrètes*, Paris, Klincksieck, 1996, notamment la page 240.

conditions d'exercice de ce métier pendant l'occupation. On pourrait citer de même d'autres administrations.

Les historiens proches des parties civiles, tels Azéma, Baruch (qui dans son travail sur l'administration de Vichy a « oublié » le poids de l'occupation dans plus de 60 départements français), Burin, et Paxton, ont-ils mentionné ce type de menaces dans leur témoignage à la barre ? Je noterai ensuite des oublis aussi graves dans l'analyse des problèmes concernant les mesures antijuives : l'existence de l'UGIF, le rôle personnel du grand Rabbin, la responsabilité de la police, opération par opération, le poids du préfet délégué de la Gironde, Boucoiran, l'importance des conférences régionales bimensuelles d'impulsion, les conférences de préfets régionaux au cours desquelles le préfet régional Sabatier recevait les consignes orales de Laval et de Bousquet, l'étude séquentielle et détaillée du dispositif d'arrestation, l'analyse informatique et comparée des listes de personnes à arrêter, arrêtées, convoyées vers Drancy, puis déportées... Qui dressa ces listes à chaque opération ? Qui choisit les personnes devant partir dans les convois ? Les Allemands contrôlaient-ils en les menaçant les fonctionnaires de terrain ? Disposaient-ils eux-mêmes de fichiers ? Avaient-ils en main le fichier de « l'étoile jaune », cet instrument de mort imposé par eux en zone occupée, trois semaines avant la première rafle ? Le doute a surgi, et persiste encore aujourd'hui, incroyable après quinze ans d'instruction et six mois de procès !

Ne fut pas non plus vraiment traitée une des plus graves questions, qui vous est chère, Hubert de Beaufort, en raison des engagements résistants de toute votre famille. Question qui reste une des plus énigmatiques de la logique intellectuelle de l'accusation : la Résistance de Bordeaux fut-elle vraiment « trompée » pendant deux ans par un homme qui en faisait partie ? Question que j'ai moi-même posée sans complaisance, il y a quinze ans, au début de mon enquête, et par rapport à laquelle, après de vifs débats entre nous, le Commissaire de la République de Bordeaux, Gaston Cusin, ami de Jean Moulin, me démontra, pièces et arguments à l'appui, que celle-ci était mal formulée par un historien naïf qui n'avait pas connu les faits.

Autre phénomène qui ne manquera pas de troubler ceux qui analyseront, à froid, les cassettes vidéos des débats : presque à chaque séance du procès de Bordeaux, surgit la question du tri des documents utilisés, l'absence de pièces essentielles[1] ayant pour conséquences la méconnaissance de certains faits. On reviendra sur les erreurs d'interprétation, en raison entre autres, d'analyses trop partielles, ne reliant pas entre elles les différentes séquences et les informations antérieures, à la lumière de données apparues dans des documents ultérieurs qui les éclairent.

Ainsi, dans un document du 20 octobre 1942, connu de l'instruction, concernant des rafles de Juifs à Bayonne, le sous-préfet du ressort écrivit au préfet régional Sabatier via l'intendance de police et le cabinet :

« ... *Il ne vous échappera pas que, contrairement aux instructins que vous nous avez données au cours d'une conférence régionale, les enfants ont été dans l'obligation d'accompagner leurs parents incarcérés...* »

Il y a une double information décisive dans ce document postérieur de trois mois par rapport aux faits concernés. Il montre d'abord que la préfecture décida bien de garder les enfants en Gironde. Ensuite et surtout que le préfet régional transmit personnellement ses instructions *verbales* à tous les fonctionnaires concernés, lors d'une conférence régionale. Nous savons que la seconde fut tenue le samedi 11 juillet 1942 grâce à un compte rendu partiel de l'Intendance de police. Autrement dit, c'est bien Maurice Sabatier qui, dès la première rafle, supervisa directement le processus de décision. Cette information capitale échappa à l'ensemble des acteurs du procès, y compris à Maurice Papon !

Au-delà de l'état des pièces du dossier, que tous étaient censés connaître, que dire des modalités de lecture et de commentaire des

---

1. On découvre la gravité de ces faits en lisant la sténographie sélective des actes du procès Papon parue en 1998 chez Albin-Michel. Quelques exemples, relevés quasiment à toutes les séances : les archives complètes de l'UGIF de Bordeaux, la correspondance active et passive entre la Préfecture et les services allemands, les listes d'arrestation jointes au rapport Téchoueyres du 10 juillet 1942, le dossier complet sur l'affaire de l'arrestation, de la déportation et du convoiement du docteur Schinazi, la confrontation du 24 septembre 1947 entre Lucien Déhan et André Torrès lors du procès Déhan révélant que les listes de l'opération de janvier 1944 avaient été dressées par le KDS et le SEC, les rapports mensuels du SEC de Bordeaux, notamment ceux des 15 et 16 juillet 1942 au sujet du sabotage de la première rafle par la préfecture et par la police, divers documents à décharge sur les radiations...

documents d'archives projetés de façon rapide et sélective dans la salle d'audience ? Parfois, la Cour s'interrogea pertinemment sur certaines pièces, mais sans s'attarder, perturbés que furent souvent les débats par le brouhaha de la salle, au-delà des séances émouvantes où les victimes vinrent raconter leur malheur. Par exemple, au sujet de l'affaire du convoi du 25 novembre 1943, fut soulevé, sans réponse, le problème bien apparent du « court-circuitage » de la préfecture par la police. De même lors de l'examen des arrestations individuelles de juin 1942, lorsque le Président de la Cour insista sur le fait que Maurice Papon avait apposé sa signature sur plusieurs documents, dont un du 6 juillet concernant le transfert de Léon Librach. Il ne remarqua pas cependant que Maurice Sabatier se trouvait ce jour-là à la conférence des préfets régionaux à Paris, le secrétaire général ayant été désigné pour signer à sa place. Le Président ne prit pas non plus en compte, dans ses commentaires, un papillon en marge d'une lettre du 25 juin 1942 montrant que l'intendant de police gérait directement l'affaire en question. Autre fait non observé pour la même séquence : le commissaire Frédou fut reçu à ce propos par le Kommandeur Luther le 2 juillet 1942 pour régler l'affaire des fuites de deux personnes vers le 17 juin. Cette convocation, consignée dans un papillon annexé au document, qui montre l'implication directe et immédiate en matière de police du chef régional de la sécurité publique et non celle du secrétaire général, qui n'avait aucun pouvoir de police, échappa à la Cour. De plus, c'est le même 2 juillet que le SS Doberschutz signala dans un document écrit adressé au préfet régional (non au secrétaire général !) un « *entretien verbal préparatoire avec le commissaire Frédou* », afin d'engager le dispositif de la première rafle...

H. de B. – *Les documents du dossier ont donc été soit sélectionnés et triés, en écartant ceux qu'il ne fallait pas utiliser, soit lus imparfaitement !*

M. B. – Au-delà des lacunes avérées de l'arrêt de renvoi, on s'aperçoit de celles des débats eux-mêmes à la lecture de la sténographie sélective publiée récemment. Un autre exemple significatif : l'adhésion du Président de la Cour à la théorie générale de la « complicité objective » apparaît souvent dans le protocole des questions qu'il posa à l'accusé. Prenons le cas symptomatique concernant l'organigramme de la préfecture, de 1942 à 1944. Convaincu que Maurice Papon avait la responsabilité personnelle du service des Affaires Juives, et donc supervisait la logistique des convois et des rafles, le Président retint un extrait d'un document décisif du 25 mai 1943 définissant de façon interne notamment les attributions du secrétaire général. Il s'agissait d'une note, rédigée en Allemand, adressée par le directeur de cabinet du préfet régional, Jean Chapel, à la Feldkommandantur qui l'exigeait, précisant la répartition des compétences entre la préfecture régionale de Bordeaux et la préfecture départementale de la Gironde. Le texte indiquait clairement que Maurice Papon avait une « *autorité directe* » sur dix services exceptionnels du temps de guerre (un organigramme étant communiqué plus loin dans le document), dont celui des Affaires juives. Cette « autorité » concernait bien sûr les affaires quotidiennes, les cas individuels, les signatures hypo et hyper-hiérarchiques, de même que la gestion des problèmes spécifiquement administratifs et de personnel pour les dix services en question. Le Président de la Cour ne disposait pas de l'inventaire des traductions de la correspondance active et passive avec les Allemands signée par le secrétaire général, qui l'eût éclairé sur les activités précises de celui-ci par rapport au « contrôle » des services en question [1]. Papon devenait ainsi, pour lui, le supérieur hiérarchique unique de Pierre Garat, chef de service des Affaires juives de la préfecture de la Gironde. Cela excluait que Garat ait pu passer directement sous le contrôle du préfet régional, de l'intendant de police ou du commissaire Frédou lors des rafles, alors qu'on le remarque à de multiples occasions.

H. de B. – *On a confondu responsabilité de gestion administrative des services et décision techniques de ces services dans leurs domaines de compétences propres.*

M. B. – Comment le secrétaire général aurait-il pu, en plus de ses compétences départementales spécifiques, devenir le chef permanent des dix services de l'occupation ? Lors des débats, per-

1. Ce document se trouve aux Archives départementale de la Gironde mais n'a point été retenu par la seconde instruction.

sonne ne nota que, quelques pages plus haut dans le même document, il était écrit au sujet de la répartition des compétences :

« *Le Préfet Régional de Bordeaux a placé l'administration du Département de la Gironde entre les mains de M. Boucoiran, Préfet délégué, tout en se réservant certaines prérogatives qu'il estime actuellement comme étant particulièrement importantes, notamment : les Affaires concernant l'occupation, les réquisitions allemandes, ainsi que les affaires concernant la circulation, les carburants et les juifs.* [1] »

N'était-ce pas l'indication que Maurice Sabatier s'était bien réservé le droit d'intervenir personnellement dans certaines affaires délicates, dont les Affaires juives ? Celles-ci ne faisaient-elles pas partie de ce qu'on appelait alors « les affaires réservées » du préfet régional ?

N'a-t-on pas sous-estimé le rôle prééminent de ce dernier, pourtant omniprésent dans les documents au niveau des rafles et des convois ? N'est-ce pas Maurice Sabatier qui, le 30 juin 1942 autorisa la livraison du fichier des juifs aux Allemands, comme le montre une correspondance entre le commissaire de police d'Arcachon et l'intendant Duchon [2] ? Alors même qu'il y avait dans le dossier un compte-rendu partiel daté du 14 juillet 1942, on ne tint pas compte non plus du rôle des conférences régionales organisées tous les quinze jours. C'est au cours de celles-ci que Maurice Sabatier, dès la première rafle, distribua ses consignes à l'ensemble des fonctionnaires concernés du département et de la région. Ce fait est confirmé par des documents ultérieurs du procès, négligés parce que personne ne souleva la question. Pas plus que ne le fut celle de savoir si Pierre Garat participait ou non à ces conférences en tant que chef de service !

Au-delà de ces exemples, un problème général surgit effectivement ici : la méthode d'analyse des pièces existantes, incomplètes et difficiles à interpréter. Particulièrement étonnant sur le plan de la méthodologie judiciaire, fut le système d'enregistrement et de

---

1. Source : classeur de correspondance entre la préfecture de la Gironde et les services allemands, 1943, Archives départementales de la Gironde. Souligné par moi.

2. Voir le document tiré des archives de l'Intendance de police de Bordeaux inclu dans le dossier d'instruction mais absent des débats.

classement des milliers de documents du dossier par la seconde instruction, éparpillés en fonction de la date de saisie des diverses pièces, c'est-à-dire à partir de la chronologie du travail du juge ! Quelle étrange méthode de classement de documents d'histoire ! Là, l'intervention d'archivistes professionnels eût peut-être été souhaitable, afin de présenter à la Cour les pièces complètes déjà saisies le 2 juin 1983 [1] selon leur date et leur origine institutionnelle, ce qui eût empêché d'oublier, de mêler ou d'écarter des documents importants. Comment des erreurs graves, pas simplement d'interprétation, mais aussi de faits, de chiffres, ont-elles pu s'interposer si souvent dans l'arrêt de renvoi ?

Sur le plan de la vérité positive, on aurait pu penser que la logique de la recherche historienne n'était pas incompatible avec la logique d'enquête qu'aurait partagée une instruction neutre, à charge et à décharge, attachée à la stricte reconstruction des faits. Mais dans cette affaire, à forte connotation politique, dès le départ, une séparation définitive fut pourtant introduite entre les deux démarches. Des éléments non-universitaires, des militants intentionnés, sans méthode, se sont substitués au travail de l'historien. Les magistrats eux-mêmes sont-ils formés à la critique interne et externe de pièces d'archives ou à l'usage statistique de l'ordinateur ? Or l'ensemble de ce dossier, pourtant, reposait sur l'analyse d'archives historiques incomplètes, mais essentielles puisque les témoignages des rares survivants se trouvaient relativisés, affaiblis ou hypothéqués, par l'écart entre la date des faits et le moment de l'instruction. Fait significatif : personne ne cita les ouvrages de référence d'historiens spécialistes qui eussent éclairé les débats quant au contexte de l'époque si difficile à recomposer, comme ceux de Rita Thalman (*La mise au pas. Idéologie et stratégie sécuritaire dans la France occupée*) ou de Charles Louis Foulon (*Le pouvoir en province à la Libération*). Peut-on s'improviser historien ? On ne peut que s'interroger sur les conséquences du refus de toute expertise historique de la part des magistrats de la Cour d'Appel de Bordeaux et de l'ensemble des parties civiles, le 5 janvier 1988, refus qui restera définitivement au cœur de l'Affaire Papon : pourquoi, alors que tout le

1. Je dispose de la liste complète des nomenclatures des liasses et de leur contenu détaillé, ayant participé moi-même à l'opération aux Archives Départementales de la Gironde, le 2 juin 1983.

dossier reposait sur des documents d'histoire, avoir écarté *a priori* l'intervention d'une expertise historique [1] ?

Au-delà de toutes ces difficultés méthodologiques, un des mystères du dossier, au niveau de la construction de l'information, reste cependant pour moi la « disparition » de pièces essentielles entre la première et la seconde instruction...

H. de B. – *Vous posez là le problème de la compatibilité entre la logique judiciaire et celle de l'historien...*

M. B. – En allant au procès plaider l'incertitude de l'analyse des documents existants ou sélectionnés, le risque était d'être dénoncé comme « pyrrhonien » [2], voire comme un transfuge d'une cause, celle de la Shoah, qui inspire pourtant le respect de tous, j'y souscris pleinement, comme je l'ai signalé dans l'introduction de mon témoignage le 19 janvier 1998. Les incertitudes du procès, qu'aucun historien de métier n'osa dénoncer, alors qu'elles restaient partagées dans l'opinion, étaient bien celles des documents disponibles en fait imcomplets. Pas celles de celui qui les analyse. Des journalistes tétanisés ont eu beau jeu de laisser croire que les incertitudes du dossier n'étaient en fait que mes propres incertitudes ! Ils feignirent de ne pas comprendre.

La logique de l'Université dans son indépendance et sa liberté, que personne ne peut prétendre représenter à lui seul par ce principe même qui la définit, s'est trouvée – m'a-t-il semblé alors – être gravement mise en cause au cours de ce procès. En rejetant toute expertise historique, on interdisait aux chercheurs universitaires d'analyser professionnellement les pièces d'archives, accaparées par la justice. Puis, on voulut les transformer, dix ans après, en faire-valoir manichéens des thèses en présence, contre

1. *Sud-Ouest* et *Le Monde* du 6 janvier 1988 : *« Affaire Papon, pas d'expertise historique : l'avocat général avait justifié cette demande [d'expertise historique] par la nécessité de définir « le cadre des institutions françaises sous le régime de Vichy » et d'apprécier ainsi le rôle et les responsabilités de chacun... Les représentants des parties civiles s'étaient unanimement opposées à l'expertise historique... Ils viennent d'obtenir satisfaction... »*

2. C'est-à-dire sceptique absolu. Jean-Noël Jeanneney n'a pas manqué de me traiter ainsi dans son opuscule, *Le passé dans le prétoire. L'historien, le juge et le journaliste*, Paris, Le Seuil, 1998.

tout esprit critique, sans nuance, en méprisant le contexte et la complexité des faits. Pourtant, ces pièces d'archives ce sont ces universitaires qui les avaient trouvées. Je sais bien que certains historiens, vieux habitués des médias et des prétoires, prompts à s'enflammer dans une histoire-procès, vinrent sans connaître le dossier bordelais, présenter des généralités sur Vichy ou répéter des scénarios qui avaient été soufflés. Mais, en fait, le procès Papon marque nettement la fin des historiens à thèse sur Vichy, de droite comme de gauche. Ignorant les documents commentés, baissant pavillon devant des avocats et des juges qui s'étaient eux-mêmes proclamés commentateurs d'archives, ils ne pouvaient plus être des experts. N'ayant pas vécu les faits, ils ne pouvaient être non plus des « témoins » judiciaires. Il ne leur restait plus qu'à devenir des figurants *a posteriori*, ou bien des observateurs bâillonnés, condamnés au silence ! Le Voltaire de *l'Affaire Callas* a dû se retourner dans sa tombe ! La place d'un historien n'était donc pas de se rendre dans un tel prétoire sous des conditions aussi inquiétantes. L'ensemble du procès reposait sur des archives historiques que j'avais découvertes moi-même, par vagues successives entre 1981 et 1997. C'est pourquoi j'ai considéré, vu les enjeux humains d'une Cour d'Assises, que mon devoir était de présenter les résultats successifs et l'évolution de mes recherches, tels qu'ils découlent des informations disponibles et de ma méthode d'observation. Quelques mots de celle-ci.

Il n'est pas courant dans la déontologie universitaire d'admettre que des documents soient écartés parce qu'ils ne correspondent pas à la thèse soutenue. Je me vois mal imposer une telle logique à des étudiants ou à des candidats au doctorat ! Au niveau des débats scientifiques, il va sans dire que les interprétations divergentes et argumentées sont admises, de même que les principes de tolérance, de courtoisie, de respect des interlocuteurs. L'Université, souvent méprisée aujourd'hui dans ses fonctions sociales, n'a pas à s'ériger en institution chargée d'une vérité concurrente au sein d'un procès. Je n'oppose pas ici des corporatismes les uns aux autres. Il s'agit simplement, pour elle et ceux qui la servent, de ne pas vendre son âme au diable ! Par nature, l'« intellectuel » serviteur d'un *Prince* se détruit lui-même, tant l'usage politicien d'un savoir alibi, qui parle du pouvoir tout en étant parlé par lui, s'avère historiquement discrédité. Je suis un disciple, attardé peut-être, de Charles Seignobos dans son épistémologie « laïque », équilibrant le positivisme de la critique objective des documents et des témoignages, et la subjectivité de l'observateur. La conception universitaire de la vérité doit cheminer hors des sentiers battus et au-dessus des préjugés établis. La difficulté, l'honneur de l'université, dans ce dossier, au-delà des menaces, des calomnies, des humiliations, des outrages, consistait à se démarquer intellectuellement parlant, au nom du respect de « la vérité historique », de trois types de « discours » contemporains superposés sur les faits de l'époque. Lesquels ?

Celui du militantisme affectif, parfois outrancier, « fou de mémoire » et de justice, des porte-paroles des parties civiles, prêts à toutes les contorsions pour faire coller les faits à leur théorie, à la morale de leur questionnement d'aujourd'hui. Ce discours s'enferme dans une approche essentiellement émotive, sinon politicienne pure et dure, très éloignée des conditions des hommes des années quarante. *Véri-diction* à tel point échevelée, au cours de ce procès, que l'on parla même à un moment d'une « danse du scalp ».

Celui ensuite de l'appareil judiciaire, qui, on l'a vu, transposa sa grille déductive sur des faits administratifs. Ce discours eut le plus grand mal à faire entrer des mécanismes, réglés par le droit public en tant que tel, dans une logique de pénalité. C'est-à-dire comment analyser judiciairement le fonctionnement et l'organisation interne de l'administration du ministère de l'Intérieur, de la préfecture de la Gironde, enserrée dans une préfecture régionale laquelle était placée sous la contrainte allemande immédiate de la zone occupée.

Celui enfin des acteurs survivants, éloignés de soixante ans par rapport aux faits, confrontés aux inquisiteurs d'aujourd'hui, en situation d'incompréhension totale. Ce fut le cas des résistants, des victimes, mais aussi de l'accusé.

En recueillant le témoignage de Maurice Papon, je me suis aperçu en effet que celui-ci ne se rappelait plus de certains détails. En fait, il ignorait la plupart des archives à décharge qu'il se trouvait incapable de commenter à son profit, faute de souvenir précis. Même face à son journal, dont il me confia le contenu intégral (plus de 400 pages manuscrites en deux cahiers difficiles à retranscrire), j'ai découvert certains trous de mémoire rendant difficile et partielle sa reconstruction orale des faits de l'époque. Comment d'ailleurs cet homme de 88 ans a-t-il pu supporter le procès ? Et comment, dans la logique judiciaire, a-t-on pu faire croire à sa capacité de « témoigner », de commenter des pièces projetées et lues rapidement en public en toute « oralité », avec la présence d'esprit nécessaire, et qui l'aurait pu ? Dans nos entretiens, à plusieurs reprises, j'ai compris qu'il n'était le plus souvent que le spectateur lointain, détaché, fataliste de son propre passé. Qu'il se contemplait dans un miroir brisé, en situation de « dissociation cognitive » permanente (terme fort que seul un psychologue saurait nous expliquer). Qu'il ne faisait que s'adapter aux concepts affectifs et intellectuels d'aujourd'hui, c'est-à-dire à l'instant du dialogue, aux questions et au savoir de son interlocuteur, plus qu'il n'apportait à celui-ci la matière de sa mémoire. Le risque était de ne projeter sur un Maurice Papon, alibi et bouc émissaire, nos propres « récits », nos reconstructions *a posteriori*. Respectueux de la justice de son pays, dans ses réponses, il a stoïquement joué le jeu que depuis quinze ans on lui a imposé. Son « discours » à lui, entrecoupé du discours de ses défenseurs, de celui des juges instructeurs, puis de la Cour, puis du Ministère public, puis des parties civiles, puis des médias, s'est « adapté » aux contenus environnants. Que penser, sur le plan de la pureté du témoignage historique, de toutes ces interférences, de tous ces chevauchements ? N'a-t-on pas construit un accusé gigogne pour un procès virtuel ?

La vérité peut-elle surgir de la confrontation de ces discours superposés ? Il reste à l'analyste à se replier sur une méthode positiviste de lectures des archives.

La vérité de l'historien, contrairement à ce que pense l'épistémologie nietzschéenne du Paul Veyne de *Comment on écrit l'histoire ?* – laquelle risque de justifier n'importe quelle version [1] – ne peut être réduite à des faits de représentation, à des grilles postérieures à la mentalité et aux pratiques en situation des acteurs de l'époque. Elle ne se partage pas en vérités d'alors et en vérités d'aujourd'hui. La « mémoire », en soi, ne se suffit pas à elle-même. Toujours postérieure aux événements, elle n'existe

1. Je pense là au dangereux ouvrage de ce disciple convaincu de Michel Foucauld, *Les Grecs ont-ils cru à leur mythe ?*, Paris, Le Seuil, 1983, dans lequel la vérité est considérée uniquement comme un phénomène subjectif, chacun la portant avec lui.

pas en tant que vérité de l'événement. Par d'étranges transferts, la mémoire investit une mystérieuse sélection de faits antérieurs, sous forme de bribes reconstruites. Je parle là de la mémoire individuelle, non de la « mémoire collective » chère à Maurice Halbwachs, qui n'est qu'un fait anachronique de représentation et de « commémoration », un construit social et politique. On ne peut donc confondre mémoire et science historique.

Cette dernière n'existe que dans ses résultats, toujours partiels, fragiles, provisoires, liés à l'état de reconstruction de l'information à un moment donné de l'enquête. On peut toujours les informer par l'intégration de données nouvelles susceptibles d'être découvertes. L'histoire reste une science molle, un savoir réversible, au-delà des certitudes qu'elle doit rechercher avec probité. La difficulté à laquelle je me suis sans cesse heurté, dans l'analyse de ce dossier, c'est que les documents disponibles, incomplets, éparpillés, ne répondent qu'aux questions qu'on leur pose. Les résultats obtenus ne sont que le produit du protocole interrogatif projeté à un moment donné. La méthode honnête consiste à réintroduire, au-delà des propres préjugés de l'historien, toujours anachroniques, qu'il faut savoir mettre entre parenthèse dans une démarche d'empathie, les motivations, les contraintes, la psychologie, les cadres sensibles, mentaux, culturels, le poids du milieu professionnel avec ses règles et ses routines, les contextes, les « circonstances atténuantes »... Bref, tout ce qui pousse un homme à penser et agir. Et ici, dans le contexte clandestin, ambivalent, trouble, violent de l'occupation et de la Résistance, il faut introduire des indicateurs spécifiques. C'est-à-dire accepter de lire entre les lignes les documents, de tenir compte du poids de l'oralité, de l'importance du téléphone, de la ruse, de la méfiance enfouie en chacun, du secret.

L'incertitude qui surgit de documents incomplets, comme d'une mauvaise analyse, interpelle l'historien. L'analyse interne et externe des documents appelle la prudence, car nous n'échappons pas aux erreurs liées à l'état d'avancée de notre propre information projective, mais surtout à la difficulté de lire les documents. L'information concernant l'objet reste toujours cachée, fuyante. Il faut mobiliser tous les éléments disponibles, revenir des dizaines de fois sur les pièces les plus importantes. En chercher de nouvelles. Les comparer, afin de remarquer le petit point de détail qui éclaire l'ensemble, qui donne la clé d'un processus, de ce qui a pu se passer avant ou après. Comment, à partir d'une grille restreinte et précipitée faire surgir la complexité du réel ?

Ce qui sépare la vérité des sciences sociales de la vérité judiciaire, c'est qu'elle n'est point une vérité « de conviction ». Au cours d'une audience, le Président de la Cour d'Assises affirma que des débats, ne surgissaient pas nécessairement des « preuves », mais des « convictions à emporter ». Il alla même jusqu'à lancer cet aveu :

« *L'interrogatoire n'est pas destiné à établir une vérité, mais à permettre à la Cour et aux jurés de se faire une opinion.* [1] »

Et si la vérité objective était différente de la brume subjective des audiences ?

Le philosophe Paul Ricoeur, dans un entretien au *Figaro* du 26 mars 1998, a posé le problème de cette divergence fondamentale. Les vérités judiciaires peuvent donner raison, contre des faits complexes, secrets, à cinquante menteurs ou déformateurs, malhonnêtes ou incompétents, qui viennent affirmer vraie leur vision des choses. Si l'on acceptait ce relativisme absolu, qui constitua bien la religion du Président de la Cour d'Assises de Bordeaux, la vérité judiciaire risquerait de ne plus être que le produit d'un combat entre des subjectivités en présence. C'est-à-dire un rapport de force déclamatoire, fondé sur des « convictions » momentanées réversibles dans tous les sens, étranger à la fourniture de preuves. Bref, une entreprise magique de croyance collective largement partagée ! Ce type de démission intellectuelle devrait faire réfléchir les mémorialistes vigilants de la *Shoah*, car cela pourrait permettre, comme le livre précité de Paul Veyne le laisse pressentir[2], de légitimer *a posteriori* tous les révisionnismes voire ce « crime de papier » qu'est le négationnisme (selon la belle expression de Pierre Vidal-Naquet[3]). Ce

---

1. Cité par Éric Conan, *Le procès Papon. Un journal d'audience*, Paris, Gallimard, 1998, p. 137.

2. *Cf. Les Grecs ont-ils cru à leur mythe ?*, *op. cit.*, p. 105. Conformément à sa vision nietzschéenne, Paul Veyne, qui reconnaît symptomatiquement à Faurisson d'être le porteur d'une « vérité mythique » à la manière des historiens anticléricaux du XIXe siècle qui niaient l'historicité du Christ, se révèle dans cette formule : « La vérité n'existe pas » (p. 125).

3. *Cf.* de Pierre Vidal-Naquet, *Les assassins de la mémoire. Un Eichmann de papier et autres essais sur le révisionnisme*, Paris, La Découverte, 1991.

serait la porte ouverte à tous les sophismes pervers. C'est à nouveau le procès de Socrate, 2 500 ans après...

H. de B. – *Quelle leçon principale tirez-vous du procès qui fut non pas celui de Socrate, mais celui de Maurice Papon ?*

M. B. – Ce procès politisé a-t-il été utile sur le plan des faits historiques, malmenés par l'Instruction et donc par la Cour ? L'a-t-il été aussi quant à l'équité des débats ou pour la théorie du Droit ? Il nous interpelle aussi sur la désacralisation potentielle de la *Shoah*... qui ne peut être manipulée par des porte-parole exclusifs. Ce crime contre l'humanité concerne toute la nation.

Ensuite l'affaire a creusé un malentendu entre deux générations d'hommes, aggravant la rupture du lien entre le gaullisme historique et la cause des victimes juives. N'est-ce pas une forme insurmontable d'incompréhension de notre propre passé ?

Faut-il vraiment, sur le plan de l'humanisme, opposer la mémoire juive à la mémoire résistante ?

On ne peut le faire qu'en niant la violence nazie, c'est-à-dire en offensant la vérité, la logique, le bon sens et donc en définitive la mémoire elle-même.

Cet événement symbolique, qui nous éclaire sur nos incertitudes d'aujourd'hui, a surtout montré que les acteurs de l'époque, comme les *Aveugles* de Bruegel, ne connaissaient pas le sort final réservé aux victimes, eux qui vécurent au cœur de l'événement dont nous ne captons que les échos déformés et lointains. Toute l'ambiguïté du procès repose sur ce hiatus de la connaissance : *« On en était encore au temps des grandes illusions ! »* comme le disait le Grand Rabbin.

Après une affaire où l'histoire scientifique fut autant malmenée que la pratique judiciaire, elle paraît plus nécessaire que jamais, pour notre État de droit, cette formule de Montesquieu, tirée de son grand livre de 1748 :

« Une chose n'est pas juste parce qu'elle est loi ; mais elle doit être loi parce qu'elle est juste. »

CONCLUSIONS

1 – LES CONSTATS.

2 – LES VIOLATIONS DU DROIT PERPÉTRÉES PAR L'ARRÊT DE CONDAMNATION.

3 – VERS UN *TITANIC* JUDICIAIRE ?

4 – LE CRÉPUSCULE DE L'« ÉTAT DE DROIT » DANS LES PAYS OCCIDENTAUX.

1 – Les constats

Résumons les résultats obtenus par la contre-enquête, les témoignages recueillis, le contenu des interviews.

Sur le plan des faits d'abord :

Ceux qui sont admis comme tels par la Cour de Cassation laissent apparaître l'ampleur des travestissements, des occultations, des lacunes, des partis pris. Le procès ignore la guerre, fait l'impasse sur les contraintes, écarte les pressions, injonctions et menaces de l'occupant. On découvre, au fil des chapitres, l'implacable mécanique des déportations et exécutions. Cependant que la préfecture, sans moyens, s'efforce sous l'œil de la Gestapo, de sauver le maximum de juifs : Michel Bergès avance le chiffre de quatre cents.

Éric Conan écrit que l'acte d'accusation est en lambeaux, car il avait dénaturé les faits jusqu'à la caricature. Rappelons comme exemple de contrevérité, l'organigramme plaçant la police sous les ordres du secrétaire général, ce que démentent le préfet Sabatier, le jury d'honneur et les experts. L'arrêt de la Cour d'Assises s'appuie sur des faits dénaturés et n'entend en aucune manière l'argumentaire juridique de la Défense.

Sur le plan du droit ensuite :

Les actes de Nüremberg sont détournés et l'on a créé une jurisprudence française « sur mesure ». Les parties civiles admettent d'ailleurs qu'il n'existe pas de véritables preuves à charge mais que l'on peut s'en passer : pour eux, il faut porter sur l'affaire un jugement global. Non seulement on méprise le droit dans le prétoire, mais on entend imposer une sentence par la force. Tel est le sens de l'ultimatum lancé par Serge Klarsfeld au président des Assises et des pressions exercées avant et après le procès, créant d'ailleurs un malaise au sein même de la magistrature.

Sur un autre plan, les parties civiles entreprennent de contester les titres de résistance de l'accusé jusqu'au moment où des héros survivants viennent apporter leur témoignage. S'adaptant à cette réalité incontournable, parties civiles et accusation abandonnent leur argumentaire et affirment désormais que la Résistance n'a rien à voir avec ce procès. Au bout du compte, on ne sait donc plus s'il s'agit du procès de Vichy, d'un sous-préfet survivant ou celui du général de Gaulle et du gaullisme.

Parlons enfin de l'arbitraire et de son exercice : on retire le dossier des mains d'un magistrat qui incline au non-lieu, le garde des sceaux fait savoir que le renvoi de Maurice Papon est impératif, quels que soient les faits, le magistrat instructeur s'affiche avec les parties civiles, etc... On jette du bastingage du *Titanic*, devant un monde médusé, la dépouille d'un bouc émissaire de 88 ans qui a toujours voulu servir au mieux son pays.

Les motifs de cassation et de révision ne manquent pas et l'histoire sera sévère pour ce mélange de néo-stalinisme et de néo-négationnisme. La contre-enquête, si elle démontre clairement l'innocence de l'accusé, souligne aussi les conséquences de l'affaire tant sur les plans politiques que juridiques.

Rappelons que nous avions écrit dans le *Figaro* du lundi 30 mars 1998, avant le verdict, que l'accusation et les parties civiles se trompaient de cible (Papon) et de terrain (Bordeaux).

L'avertissement ne fut pas entendu. François Mitterrand, fin politique et connaisseur averti de cette période, ne voulait pas de ce procès, mais son successeur, Jacques Chirac l'a rendu inévitable avec sa déclaration de 1995, Jacques Toubon, son collaborateur au ministère de la Justice, l'a mis en forme. Et si l'on doutait de la volonté du président de la République de faire condamner un ancien gaulliste, Serge Klarsfeld est là pour s'y référer à toute occasion.

« La Shoah méritait mieux que cet interminable procès, sans ligne directrice, qui aura fait naître le doute sur la Résistance, les Alliés, et même sur la diaspora juive. »

Jacques Chirac ne s'est certainement pas rendu compte qu'en s'attaquant au gaullisme, il détruisait les racines de la vie politique française, ce que s'était bien gardé de faire François Mitterrand. Que le RPR ait alors volé en éclats, ne peut surprendre : le parti gaulliste devrait accepter de se renier en contrepartie d'un contrat politique visant à se plier aux exigences d'une minorité activiste.

Tous les citoyens se référant à l'héritage du Général, même les opposants politiques, ne peuvent qu'éprouver un malaise devant une telle volte-face historique et morale qui met en cause la France.

Et la justice ? Nous avons déjà cité la prise de position sans équivoque de François Mitterrand :

« Selon lui (François Mitterrand), des procédures aussi longues étaient attentatoires à la démocratie. »

Ce fin politique savait que l'engrenage du procès minerait les fondements même de la justice qui ne doit pas construire une législation sur mesure, en vue de condamner un bouc émissaire.

– Une notion d'imprescriptibilité qui perd son sens en engageant un procès, cinquante ans après les faits, alors que les témoins de l'époque ne sont plus là pour témoigner.

– Des méthodes d'instruction inadaptées qui auraient nécessité une enquête collégiale avec des experts et des historiens à même de constituer un véritable dossier, et non un « faux semblant » ignorant l'essentiel, comme les archives allemandes.

– Une jurisprudence rétroactive, avec son concept de complicité matérielle pouvant ignorer la finalité des déportations. Un concept qui autorise des extrapolations abusives.

– Des parties civiles qui réclament, non pas la justice mais une condamnation.

– Un jugement sous influence politique et médiatique.

Si la justice fut bafouée, la mémoire due à la Shoah en sort-elle grandie ? Certainement pas, car la notion même de bouc émissaire, va à l'encontre du message que veut promouvoir la communauté juive. Dans le cas de Maurice Papon, on voulait condamner un des derniers représentants encore vivants de l'administration de Vichy.

Malheureusement pour l'accusation et les parties civiles, elles se sont fourvoyées : non seulement Maurice Papon n'a pas collaboré matériellement aux déportations mais la préfecture, et lui en particulier, ont constamment saboté en silence, en collaboration avec le grand Rabbin Cohen, la politique allemande de déportation.

Au lieu de reconnaître leur erreur, les initiateurs du procès semblent vouloir se crisper sur des contrevérités bâties au fil des ans, sans se rendre compte que la boîte de Pandorre étant désormais ouverte, les historiens vont leur faire boire le calice jusqu'à la lie. Michel Bergès s'était déjà rendu compte de la réalité lorsqu'il put approfondir le dossier Papon, mais ses premières mises en garde n'ont reçu aucun écho. Bien au contraire, la meute des accusateurs lui tient rigueur de maîtriser, chaque jour davantage, un dossier devenu explosif, tout simplement parce qu'il reconstitue la réalité des drames de l'époque et refuse le parti pris.

Est-il possible de faire comprendre aux accusateurs de Maurice Papon que le dépouillement des archives allemandes ne peut que confirmer le rôle de frein assumé par la préfecture en général et par le secrétaire général en particulier ?

Il est regrettable que la mémoire due à la Shoah soit entachée d'une injustice, et il faudra de longues années pour faire oublier la vindicte choquante dont a été victime Maurice Papon, jeune fonctionnaire, qui n'a jamais initié de déportation et qui a réussi, avec Garat et le grand Rabbin Joseph Cohen, à sauver de nombreux juifs. Cent quarante au moins selon les experts du premier rapport, quatre cents selon Michel Bergès.

Ce bilan est évidemment contesté par les parties civiles qui rétorquent : vous oubliez les 1 600 déportations effectives, dont les enfants. Est-ce oublier ce drame que de rappeler le poids de la menace : les exécutions au camp de Souges, dont une centaine en représailles pour la politique de résistance larvée de la préfecture. Elles sont là pour rappeler le dilemme posé quotidiennement au préfet Sabatier et à ses collaborateurs. Un pas de trop et c'est le drame avec des dizaines d'innocents fusillés ou déportés. Il est facile de s'ériger en censeur, cinquante ans après les événements, mais que fallait-il faire de plus sans déclencher l'apocalypse ? Le grand Rabbin Joseph Cohen le comprenait fort bien en déclarant qu'on pouvait s'opposer directement aux Allemands « *une fois, mais pas deux* ».

2 – Les violations du droit perpétrées par l'arrêt de condamnation

La lecture de l'acte de condamnation prononcé à l'encontre de Maurice Papon laisse apparaître à la fois de multiples violations du droit et des incohérences manifestes. Relevons les plus graves d'entre elles.

1. Les témoignages. L'article 331 du code de procédure pénale précise de manière explicite la forme et les conditions des témoignages : « les témoins déposent uniquement, soit sur des faits reprochés à l'accusé, soit sur sa personnalité et sa moralité ». Obligation est faite au témoin, dans ce cadre précis, de dire toute la vérité. Dans ces conditions, comment le Président de la Cour d'Assises a-t-il pu admettre d'entendre en qualité de témoins, plusieurs historiens, parmi lesquels l'Américain Robert Paxton ? La vérité de l'historien ne peut être retenue comme une vérité de témoin, car elle n'est pas la conséquence du constat direct des événements, mais le fruit d'une analyse à posteriori et obtenue souvent à partir de témoignages indirects : une vérité à géométrie variable non exempte de prises de positions partisanes. Il est anormal que la Cour ait autorisé l'audition de tels témoins.

2. Le code de procédure pénale. Il impose à la Cour d'Assises de ne connaître que les faits retenus par l'arrêt de mise en accusation. Une règle de bon sens refusant que l'accusation mette en avant de nouvelles charges durant le procès, jusqu'alors ignorées de l'accusé. Règle non respectée par l'Avocat général à Bordeaux, qui interrogea longuement M. Papon sur les convois de novembre 1942 à novembre 1943, en lui imputant une responsabilité dans leur organisation. C'était une attitude nouvelle du Parquet que d'analyser ces convois... malgré 15 ans d'instruction. Attitude avalisée par le Président qui autorisa ainsi une violation du droit.

3. L'instruction partielle et partiale. Les débats du procès, durant six mois, et aujourd'hui la contre-enquête, ont démontré à quel point l'instruction fut à la fois partielle et partiale. En particulier, la Défense avait demandé que l'intégralité des archives de l'Intendant de police soit versée aux débats, car les tris effectués durant l'instruction, partiels et sélectifs, ne permettaient pas d'appréhender la réalité des pouvoirs exercés par la préfecture et par Maurice Papon. Lorsque l'on sait que l'instruction n'a pas jugé utile en 15 ans d'auditionner les trois hauts responsables de l'époque qu'étaient Knochen, Dohse et Landes, la demande de la Défense était pour le moins justifiée. Cette demande fut pourtant rejetée dans un arrêt incident de 5 mars 1998, ce qui n'empêcha pas le Ministère public d'interroger longuement M. Papon sur la période novembre1942-novembre 1943 pour combler les vides d'un dossier qu'il jugeait lui-même insuffisant !

En refusant à la Défense l'accès à des pièces essentielles, tout en laissant le Parquet interroger le prévenu sur des faits dont la Cour n'était pas saisie, celle-ci violait les principes d'égalité des armes entre la défense et l'accusation.

4. *La manœuvre de déstabilisation du Président, entreprise par Serge et Arno Klarsfeld.* La contre-enquête l'a étudiée, mais il est clair que cette mise en cause publique et médiatique, avec un chantage officiel, impliquerait à elle seule la cassation du jugement.

5. *Les caractéristiques et conditions du crime contre l'humanité.* M. Papon était poursuivi pour complicité de crimes contre l'humanité, au regard de trois séries de questions. La première série concernait la complicité d'arrestations arbitraires, la seconde la complicité de séquestrations arbitraires et la dernière série la complicité d'assassinats : les trois questions se retrouvaient pour chaque victime nommément désignée. Sur chaque série de questions, et pour chaque victime, était posée en termes identiques, une question posant la condition de l'existence ou non du crime contre l'humanité :

« Est-il constant que l'action spécifiée et qualifiée à la question n° x, constitue un acte inhumain ou une persécution commise de façon systématique, dans le cadre d'un plan concerté, pour le compte d'un Etat pratiquant une politique d'hégémonie idéologique, (en l'occurrence l'État national-socialiste allemand), à l'encontre de personnes, en raison de leur appartenance à une collectivité raciale ou religieuse ? »

La Défense demandait le 31 mars 1998, que soit posée à la Cour la question supplémentaire suivante :

« L'accusé avait-il connaissance du plan concerté d'extermination des juifs par les Nazis et a-t-il eu le mobile et la volonté d'y participer ? »

Par un arrêt incident du 1er avril 1998, la Cour rejetait cette demande avec les motifs suivants :

« La question relative à la connaissance d'un plan concerté visant notamment à la persécution et à l'extermination des Juifs et à la volonté de participer à ce plan, est comprise dans les questions de culpabilité de complicité de crimes contre l'humanité. »

En prenant cette décision la Cour considérait que les trois séries de questions (arrestations, séquestrations, assassinats) qu'elle posait aux jurés comportaient donc désormais la question implicite, relative à la connaissance par l'accusé de la solution finale.

Pour déclarer l'accusé coupable de crimes contre l'humanité, le jury a répondu oui à plusieurs questions sur les responsabilités d'arrestations et de séquestrations, tandis qu'il répondait non à toutes les questions sur la complicité d'assassinats.

La Cour a donc, tout à la fois, affirmé que Maurice Papon a voulu l'arrestation et la séquestration des victimes, dans le cadre de la solution finale dont il connaissait l'existence, mais qu'il n'a jamais voulu leur mort, dans le cadre de cette même solution finale qu'il ne connaissait pas.

L'affirmation selon laquelle Maurice Papon n'a pas voulu la mort des victimes, (entraînant son acquittement du chef d'assassinat), suppose qu'il ne connaissait pas la solution finale (que personne ne soupçonnait), alors que la solution finale impliquait automatiquement l'assassinat des victimes.

En résumé la Cour affirme une chose et son contraire puisque le même acte est indivisible : la complicité d'assassinat est indissociable des actes d'arrestations-séquestrations. Maurice Papon est sensé à la fois connaître et ne pas connaître la solution finale. Un arrêt de condamnation aux motifs contradictoires ne peut être normalement admis par la Cour de Cassation.

3 – Vers un *Titanic* judiciaire ?

L'histoire de ce procès insensé n'est pas terminée, elle continue de s'écrire et se révélera sévère pour ceux qui ont voulu violer la vérité.

Ce verdict inique condamnant un innocent est soumis maintenant à la Cour de Cassation. On se pose évidemment la question : la justice saisira-t-elle l'occasion pour restaurer le droit ? C'est bien évidemment souhaitable, mais deux hypothèses sont possibles.

Première hypothèse : Lorsque les vigies du *Titanic* aperçurent l'iceberg, les manœuvres de dernière minute se révélèrent inopérantes, car l'inertie du navire était trop importante. Le commandant coulera avec son navire et l'armateur survivra en s'embarquant dans un canot de sauvetage : cela ne lui portera d'ailleurs pas chance et il se suicidera en 1929.

Deuxième hypothèse : Comme dans l'affaire Dreyfus, la Cour de Cassation, toutes chambres réunies, casse le jugement sans renvoi. Les motifs ne manquent pas.

Les lecteurs, ayant bien voulu nous accompagner dans cette contre-enquête, ne manqueront pas de s'interroger comme nous, sur la personnalité du commandant et de l'armateur... de ce *Titanic* judiciaire ?

Plus gravement, ce procès dévoile une face cachée : l'affirmation croissante de ce néo-négationnisme qui institue la Shoah comme l'élément dominant exclusif de la Deuxième Guerre mondiale, effaçant la guerre, les invasions allemandes, la Résistance et le Gaullisme. Il faut certes s'incliner devant le drame du génocide juif, et nous l'avons fait en ouvrant ce livre, mais sa commémoration ne doit pas faire oublier tous ceux qui ont combattu et donné leur vie pour libérer les pays asservis, afin de restaurer les idéaux de la démocratie, et de mettre fin à l'holocauste.

Si Maurice Papon est coupable il faut en tirer les conséquences et les voici :

1) Le grand Rabbin Cohen a perdu la mémoire lorsqu'il estime que la préfecture était solidaire de la communauté juive.

2) Michel Bergès est de mauvaise foi, lorsqu'il démontre que le service des questions juives de Maurice Papon ont sauvé plus de quatre cents juifs.

3) René Mayer, haut dignitaire juif et ministre du général de Gaulle, s'est fait abuser de 1944 à 1958, lorsqu'il assure la promotion de son protégé, Maurice Papon, pendant quinze ans.

4) Le juge Guyonnet-Duperat, qui préside le tribunal militaire de Bordeaux, après la Libération, n'a pas entendu les plaintes contre Papon... qui n'ont jamais été exprimées.

5) Le commissaire Poinsot, chef de la PJ, et Dehan, chef de la Section des Affaires juives (SEC), tous deux aux ordres des Allemands, n'ont pas considéré comme utile de mettre en cause Maurice Papon, durant le procès qui les a condamnés à mort.

6) Luther, le chef du KDS et Dohse, chef de la Gestapo, n'ont pas jugé nécessaire d'impliquer la préfecture et Papon en particulier.

7) Jules Moch, protecteur de Papon, ministre de l'Intérieur sous la IVe République, est resté sourd aux lettres qu'il a certainement reçues des victimes du secrétaire général de la préfecture de Bordeaux.

8) Michel Debré, petit-fils de Rabbin, ne s'est pas renseigné sur Maurice Papon avant de le confirmer comme préfet de Police de Paris.

9) Jacques Soustelle qui dirigeait les services spéciaux du gouvernement provisoire d'Alger a enterré le dossier « Papon ».

10) Bourgès-Maunoury, président du Conseil sous la IVe république, n'a pas entendu les plaintes des juifs bordelais à l'encontre de l'ancien secrétaire général.

11) Roger Landes, juif anglais, responsable du SOE anglais pour la Gironde et chef effectif de la Résistance à Bordeaux, est sujet à des absences de mémoire lorsqu'il écrit que Maurice Papon est le seul fonctionnaire sur lequel il pouvait compter. Il a laissé déporter ses coreligionnaires sans réagir.

12) François Mitterrand est partial lorsqu'il déclare qu'une instruction aussi longue est attentatoire à la démocratie.

13) Le général de Gaulle ne s'est pas renseigné en septembre 1944, lorsqu'il entérine à Bordeaux la nomination de Maurice Papon auprès du nouveau commissaire de la République, Gaston Cusin. Il ne se renseigne toujours pas en 1958, lorsqu'il confirme Papon comme préfet de police de Paris.

14) Tous les grands Résistants qui maintiennent leur soutien à Maurice Papon (Marie-Madeleine Fourcade, Roger Samuel Bloch, Jean Morin, Guy de Saint Hilaire, le R.-P. Riquet, Jean Jaudel, Jean Mattéoli, Léon Boutbien, Maurice Travers, Alain Perpezat, Christian Campet, Robert de La Rochefoucaud, Lhombraud, Aimé Aubert, etc.), n'ont pas compris ce que signifiait la guerre, la mort, la déportation, la Résistance et soutiennent inconsidérément un crime de bureau.

Face au témoignage de personnalités qui ont participé à la Libération du pays, une histoire tronquée veut s'affirmer. Celle des nouveaux « justes », et qui le sont si peu : un Michel Slitinsky confondu publiquement et un Serge Klarsfeld qui récuse le droit en exigeant une condamnation.

Le combat semblerait bien inégal, mais curieusement le procès se présente comme une introduction à une énorme affaire d'argent.

Quelques semaines après le verdict, les banques suisses acceptaient de verser aux victimes de la Shoah un milliard de dollars et les avocats américains réclament un milliard de francs en honoraires...

Et ce n'est pas fini : *Le Monde* du 30 octobre annonçait que le Centre Simon-Wiesenthal avait initié une action judiciaire à l'encontre de huit banques françaises. Le tribunal de New York s'est prononcé le 15 décembre et Simon Samuels (directeur du centre pour l'Europe), conteste déjà le comité de surveillance présidé par Jean Saint-Geours : « *Il y a quelque chose d'incestueux dans les relations entre les banques et l'État (en France).* » Les parties civiles américaines cherchent maintenant des relais français...

À notre sens cette recherche ne devrait pas poser trop de difficultés, car le procès Papon a préparé la voie. Il subsiste malgré tout un caillou sur la route des accusateurs : leur cible est innocente.

4 – Le crépuscule de « l'État de Droit » dans les pays occidentaux

Nous avons déploré le néo-négationnisme qui vise à placer, exclusivement, la Shoah au centre de la deuxième guerre mondiale, en considérant comme secondaire la guerre que veulent gagner les Alliés, la Résistance et le Gaullisme. Mais il apparaît que cette réécriture de l'histoire s'inscrit dans un phénomène plus large et plus préoccupant encore : le crépuscule de « l'État de Droit » dans les pays occidentaux. En 1989, la France célébrait le bicentenaire de la prise de la Bastille, symbole de l'absolutisme et de l'arbitraire royal, et l'an 2000 voit s'imposer des gouvernements de juges remettant en cause des droits si péniblement acquis. Le nouveau millénaire risque de s'ouvrir, non pas sur une espérance de lumière mais sur la pénombre d'un obscurantisme universel où une apparence judiciaire tente de masquer l'arbitraire de sentences prises au nom d'un droit perverti.

Nous avons vu que la mise en jugement de Maurice Papon, son accusation, son procès ont demandé dix sept ans de procédures torturées, de mutations de magistrats, de jurisprudence construite sur mesure pour aboutir à une condamnation qui ne sera jamais reconnue par l'Histoire. Et malheureusement ces perversions judiciaires s'étendent comme une lèpre :

– Les parlementaires américains ont voulu destituer leur président accusé d'avoir menti sur ses relations avec Monica Levinsky. Le monde entier a pu assister au cérémonial des 100 sénateurs prêtant serment pour cette triste parodie visant à juger un homme pour des relations privées.

– Les mêmes parlementaires approuvent simultanément l'envoi, sur des objectifs irakiens, de 400 missiles de croisières causant de 1 000 à 1 500 morts, et cela sans aucun mandat de l'ONU. Pour le monde arabe l'organisation internationale est discréditée, mais la première puissance mondiale n'en a cure : « *ego nominor leo* ».

– Les responsables européens ne sont pas en reste. Les juges espagnols veulent extrader Augusto Pinochet en ignorant son passeport diplomatique et les protestations du gouvernement chilien. Des réfugiés cubains en France portent plainte contre Fidel Castro (président en exercice). Les États occidentaux réclament le jugement des dirigeants Kmers rouges ralliés au gouvernement de Pnom Penh.

Sans parler de la différence de nature des accusations formulées, quelques milliers de morts dans les deux premiers cas (Chili, Cuba), et un génocide portant sur deux millions de victimes dans le troisième (Cambodge), aucun homme politique n'ose expliquer à son opinion publique qu'on ne peut jeter pardessus bord les principes du droit international acquis depuis deux mille ans, garantissant aux diplomates et aux dirigeants politiques, une immunité indispensable aux relations entre États de régime différent. Il faut d'ailleurs remarquer le silence de plomb qui s'est abattu sur le microcosme occidental depuis que la Chine a fait savoir qu'elle était opposée à la mise en jugement des responsables Kmers rouges : on veut bien faire du moralisme à usage interne, mais pas au point d'aller défier la Chine.

Le principe d'une nouvelle justice, subjective, rétroactive, basée sur l'intime conviction et ignorant les lois, ayant été lancé, la boîte de Pandorre s'est ouverte et elle offre aux citoyens médusés le spectacle d'un juridisme devenu fou :

– Le concept de « complicité matérielle » conçu pour le procès Papon vient d'être repris par des plaignants qui veulent traîner en justice la SNCF parce que ses trains ont servi aux déportations.

– La Haute Cour de justice siège pour la première fois, en vue de juger Laurent Fabius, Georgina Dufoix, Edmond Hervé, anciens ministres, accusés de complicité d'assassinat dans la triste affaire du sang contaminé : ils ne seraient pas rendu compte à temps qu'il fallait faire chauffer les produits transfusés et ils auraient retardé le dépistage systématique... qui n'est entré en vigueur que trois mois plus tard chez nos voisins anglais et allemands (1er août 1985 en France, 1er octobre en Allemagne et en Angleterre). Une nouvelle forme de complicité matérielle, alors qu'au contraire le gouvernement de Laurent Fabius a tenté de comprendre ce qui se passait à l'époque pour agir au plus vite.

Comme l'écrit Franz-Olivier Giesbert : *« Quand va-t-on juger Michel Rocard pour la sécheresse d'un certain été, Madame Cresson pour la catastrophe du Mont-Saint-Odile, Alain Juppé pour une vague de froid, et Lionel Jospin pour les accidents de voiture du réveillon ? »*

Alors que les pays occidentaux s'ingénient à mettre en place de nouvelles normes de justice arbitraire, les citoyens sont soumis à une insécurité croissante : les délits augmentent, les transports publics sont régulièrement attaqués, les voitures brûlent par centaines, les professeurs sont agressés, les jeunes Africaines continuent d'être excisées. Tout se passe comme si politiques et médias pratiquaient une forme de transfert psychique en voulant persuader l'opinion publique que la justice progresse puisque l'on invente de nouvelles formes de poursuites en compensation de l'abandon du droit élémentaire à la sécurité des personnes et des biens.

Les commentateurs occidentaux débattent gravement de la création d'une cour de justice internationale qui ira peut-être enquêter dans l'ex-Yougoslavie, mais certainement jamais en Chine, aux Indes, en Russie, dans les pays arabes ou en Afrique : en résumé, se donner bonne conscience sans risque, en recherchant quelques boucs émissaires, coupables ou non qu'importe, pourvu que les opinions publiques puissent encore se persuader que l'imagination juridique fait progresser le droit alors qu'il subit, dans les faits, un déclin continu depuis plusieurs décennies.

Nous devons arrêter ces dérives pendant qu'il est encore temps, car la machine judiciaire emballée est en passe de perdre à la fois ses racines, le droit, et son éthique, la vérité. Il appartient aux politiques, aux médias, aux citoyens, aux magistrats lucides de réagir pendant qu'il est encore temps, en rendant aux institutions, et d'abord à l'institution judiciaire, la rigueur intellectuelle et la sérénité qui lui ont été reconnues depuis des siècles. Le XXe siècle a pourtant démontré que l'histoire sanctionne durement les démocraties qui, par faiblesse ou démagogie, s'abandonnent aux sirènes d'un juridisme sans morale.

Le monde occidental s'apprête à fêter l'an 2000 sans percevoir qu'il s'ouvre avec les signes avant-coureurs d'un retour à la barbarie. Est-il encore temps de réagir ou se résigner à la prédiction de Paul Valéry : « *Toutes les civilisations sont mortelles.* » La nôtre aussi, car après le crépuscule vient la nuit et ses ténèbres.

* Jean-François Steiner, son père est mort en déportation, il est l'auteur de *Treblinka*.

Un scandale à quatre points de vue...

*Postface de Jean-François Steiner **

Cette contre-enquête confirme à la fois ce que je savais et ce que je pressentais, mais c'est une confirmation éclatante :

– Papon est entièrement innocent et je dirais même, encore plus innocent que je ne le pensais.

– Ce procès a été, comme je l'avais dit au cours de ma déposition, une sinistre comédie.

C'est un scandale à un quadruple point de vue : éthique, politique, psychologique et théologique.

Au point de vue éthique :

On condamne un innocent au nom du martyre d'autres innocents et je me sens directement concerné. L'association des fils et filles de déportés étant partie civile, c'est en mon nom que Papon a été poursuivi et condamné. Que l'on utilise la mort de mon père pour condamner un innocent, je considère, cela comme révoltant.

Au point de vue politique :

Je pense qu'il est maladroit et dangereux, de la part de mes coreligionnaires, de s'acharner ainsi et donner l'impression que la communauté juive, tout entière, poursuit de sa vindicte un vieil homme, qui, aux yeux des Français, n'est pas plus coupable qu'un autre. La majorité des Français, qui ne connaît pas le dossier, n'était pas persuadée de l'innocence de Papon, mais pensait aussi que son « crime » ne valait pas une telle condamnation.

Pour la majorité des Français, Papon a d'abord été « imprudent ». Mais que cette imprudence lui vaille dix ans de prison, la prison à vie étant donné son âge, alors que ses chefs (à la préfecture), n'ont pas été inquiétés et que les responsables nazis ont été seulement condamnés à cinq et sept ans de prison, je pense que c'est une extraordinaire maladresse. Je crois, à l'instar de quelques membres éminents de la communauté juive que le principal résultat de ce procès sera d'augmenter l'antisémitisme. Les Grecs disaient déjà : « Les dieux rendent fous ceux qu'ils veulent perdre. »

Au point de vue psychologique :

On a beaucoup parlé, au moment du procès, du travail de deuil nécessaire pour les survivants du génocide : je pense que ce procès est beaucoup plus la manifestation d'un deuil pathologique. On a le sentiment que tous les gens qui poursuivent Maurice Papon, en dehors de ceux qui le poursuivent pour des raisons politiques, se servent de lui beaucoup plus pour nourrir leur mélancolie que pour s'en guérir.

Je crois, d'après mon expérience personnelle, que le seul moyen de faire le deuil des victimes qui nous sont proches, c'est justement de renoncer à la vengeance, de ne plus nourrir cet esprit de vengeance. En effet, ce procès est plus un acte de vengeance qu'un acte de justice. J'ajouterai une autre perspective qui ne concerne pas seulement les juifs, mais l'ensemble des forces qui se sont déchaînées contre Maurice Papon : à travers lui, c'est l'image du père que l'on veut abattre, cette clef de voûte de l'appareil psychique des individus. Pour moi, ce procès s'inscrit dans un vaste phénomène d'éclatement de la civilisation.

Au point de vue théologique :

Je trouve navrant qu'une grande partie de mes coreligionnaires attache plus d'importance à ce qui s'est passé à Auschwitz qu'à ce qui s'est passé au mont Sinaï où la loi nous a été donnée. Le culte d'Auschwitz qui se développe dans la communauté juive est un culte de la mort, et en ceci, il est absolument contraire à l'essence du judaïsme, religion de la vie. Le choix de la vie est d'ailleurs l'ultime commandement que Dieu prescrit aux Hébreux par la bouche de Moïse, à la veille d'entrer au pays de Canaan : « Vois, dit-il, j'ai mis devant toi la vie et le bien, la mort et le mal, tu choisiras la vie. »

REMERCIEMENTS

Cette contre-enquête n'aurait jamais pu être menée à bien sans l'aide, le soutien et les conseils de tous ceux qui croyaient à l'innocence de Maurice Papon et voulaient faire reconnaître la vérité.

À Maître Varaut, à Maître Vuillemin, au bâtonnier Roussel ; pour leur remarquables plaidoiries.

À l'association Résistance-Vérité-Souvenir et à son président, Jean Morin, pour leur aide constante, durant l'élaboration de cet ouvrage.

À Jean-François Steiner, auteur de Treblinka, pour ses conseils.

À Michel Bergès que je voudrais saluer à deux titres :

– pour sa connaissance exceptionnelle de Bordeaux sous l'occupation. La seule véritable instruction des déportations juives a été menée par lui ;

– pour son honnêteté intellectuelle et morale : il aurait pu hurler avec les loups, mais lorsqu'il a compris la vérité, Michel Bergès a eu le courage de la proclamer avec panache.

À Madame Pommiès qui a bien voulu nous ouvrir les archives du Centre Jean-Moulin.

À tous les grands Résistants qui ont défendu Maurice Papon :

« Pierre Messmer, Claude Bouchinet-Serreules, Maillet (Compagnons de la Libération), Alain Perpezat, Maurice Travers, Christian Souillac, Christian Campet, Aimé Aubert, Léon Boutbien, Roger Lhombreaud, Anne Schroeder, Francis Tesseron, Robert de La Rochefoucauld, Jean Mattéoli, Jean Jaudel, Roger Samuel Bloch, Roger Landes. »

À ceux qui ont voulu lutter contre l'injustice du procès, comme de nombreux collègues de l'administration préfectorale, et les quelques survivants du département de la Gironde.

Aux Résistants décédés :

Gaston Cusin, Maurice Bourgès-Maunoury, Charles Verny, Marie-Madeleine Fourcade, Michel Debré, Révérend-Père Riquet, René Mayer... et tant d'autres qui ont reconnu Maurice Papon comme un des leurs et l'ont défendu. »

Annexes

1 – CURRICULUM VITAE DE MAURICE PAPON

2 – DÉPOSITION DE HUBERT DE BEAUFORT DEVANT LA COUR D'ASSISES DE BORDEAUX

3 – COMPTES-RENDUS

4 – BIBLIOGRAPHIE

1 – Curriculum Vitae de Maurice Papon

PAPON Maurice
Né le 3 septembre 1910
à Gretz-Armainvilliers.

Veuf, trois enfants.

DIPLÔMES
Licencié en droit.
Diplôme d'Études supérieures de droit public et d'économie politique.
Certificats d'Études supérieures de psychologie et de sociologie.
Diplômé de l'École libre des Sciences politiques.

CARRIÈRE
1935 : Rédacteur au ministère de l'Intérieur.
1936 : Attaché de cabinet au secrétaire d'État à la présidence du Conseil.
1937 : Attaché de cabinet au secrétaire d'État du ministère des Affaires étrangères.
1941-1944 : Collaborateur de Maurice Sabatier
1941 : Sous-préfet hors cadre, directeur du cabinet du secrétaire général pour l'administration, au Ministère de l'Intérieur.
1942 : Sous-préfet, secrétaire général de la préfecture de la Gironde.
1944-1956 : Protégé par René Mayer et les hauts dignitaires juifs.
1944 : Préfet des Landes (pour ordre), préfet hors cadre, directeur de cabinet du Commissaire de la république à Bordeaux, sur décret du général de Gaulle.
1945 : Sous-directeur de l'Algérie au ministère de l'Intérieur.
1946 : Chef de cabinet du secrétaire d'État à l'Intérieur.
1947 : Préfet de la Corse.

1949 : Préfet de Constantine.
1951 : Secrétaire général de la Préfecture de Police de Paris.
1954-1955 : Secrétaire général du protectorat du Maroc.
1956 : Conseiller technique au cabinet du secrétaire d'État à l'Intérieur.
1956 : Inspecteur général pour la région de l'Est algérien.
1958-1968 : Collaborateur de Michel Debré et du général de Gaulle.
1958 : Préfet de Police de Paris. Fonction exercée de mars 1958 à décembre 1966, sous l'autorité du Premier ministre (Michel Debré puis Georges Pompidou), et du général de Gaulle, président de la République.
1967 : P.-D.G. de Sud-Aviation, Administrateur de la SEPR.
1968-1981 : Député UDR puis RPR. Ministre.
1968 : Élu député UDR, puis député RPR du Cher. Réélu jusqu'en 1978.
1969 : Trésorier national de l'UDF jusqu'en 1972.
1971 : Maire de Saint-Amand-Montrond jusqu'en 1983.
1972 : Président de la Commission des Finances de l'Assemblée nationale.
1973 : Rapporteur général de la Commission des Finances à l'Assemblée, jusqu'en 1978.
1978 : Ministre du Budget du gouvernement de Raymond Barre, de mai 1978 à mai 1981.
1981-1998 : Mis en cause et attaqué par une nouvelle génération de dignitaires juifs. Instruction et procès.
1981 : Lancement des premières accusations par *Le Canard enchaîné.*
1988 : François Mitterrand juge « une procédure aussi longue, indigne de la démocratie ».
1995 : Remise en cause de la doctrine gaulliste par Jacques Chirac.
Préparation du procès par Jacques Toubon.
1998 : Condamnation en Cour d'Assises.

PUBLICATIONS
1954 : *L'ère des responsables.*
1965 : *Vers un nouveau discours de la méthode.*
1973 : *Le Gaullisme ou la Loi de l'effort.*
1987 : *Les chevaux du pouvoir.*

DÉCORATIONS
Commandeur de la Légion d'honneur.
Croix de la Valeur militaire avec palme.
Croix du Combattant volontaire de la Résistance.

2 – Déposition de Hubert de Beaufort devant la Cour d'Assises de Bordeaux

Mon témoignage est d'abord celui d'un adolescent mêlé à une histoire de la Résistance ponctuée hélas par de nombreux drames familiaux. C'est aussi celui d'un observateur privilégié de cette sombre période 1941-1944: habitant à quelques centaines de mètres de l'hôtel du Parc, élève au lycée de Vichy, j'ai perçu jour après jour les brutales modifications d'ambiance dues à l'évolution du conflit, les commentaires contradictoires qui ponctuaient l'actualité, la dualité troublante de la vie scolaire presque normale durant la journée et de la vie secrète de la Résistance le soir. Le garçon de 14 ans que j'étais à cette époque doit désormais se comporter en chef de famille puisque les hommes, très tôt, se sont engagés dans la Résistance intérieure ou extérieure et que l'on restera sans nouvelles d'eux durant de longues périodes. Ce témoignage est enfin la restitution d'une histoire familiale mêlée aux tournants de la guerre et qui a croisé le destin de quelques grands hommes politiques comme le général de Gaulle, Michel Debré, René Mayer, Georges Bidault, René Pléven, François Mitterrand et bien d'autres...

L'action de la famille Beaufort [1] dans les différents réseaux de Résistance (ORA [2], BCRA [3], FFI [4], MRPGD [5], SOE)

– *Hélène de Beaufort (ORA, BCRA, SOE) :*

L'appartement familial de Vichy, situé 4, rue de Roumanie, sert de liaison d'abord à l'ORA puis, à partir de 1943, au BCRA et au SOE. Les visites y sont nombreuses car nous servons de boîte aux lettres puis de trésorerie pour certains réseaux lorsque Alain de Beaufort y entreposera les fonds parachutés par Londres.

– *Guy de Beaufort (ORA) :*

Membre fondateur de l'ORA. Crée les GAD, prépare le débarquement américain en Afrique du Nord et le transfert du général Giraud. Convoqué début 1943 par Eisenhower à Gibraltar il fut convaincu par le général Catroux que le ralliement au général de Gaulle constituait la seule issue à la crise politique suscitée par les Américains soutenant le général Giraud. Ce fut une des raisons pour laquelle le général de Gaulle choisira Guy de Beaufort comme chef de cabinet militaire en 1958.

1. Les autres membres de la famille engagés dans la Résistance ou dans les unités régulières n'ont pas eu de relations directes ou indirectes avec les événements touchant les déportations, Bordeaux et Maurice Papon.

– Jacques de Beaufort faisait partie d'un réseau ORA en Bretagne. En juillet 1944, trahi par un membre du réseau, il sera torturé et fusillé par les Allemands. Les Allemands ayant interdit son enterrement, sa mère devra, de nuit, procéder à sa sépulture.

– Bernard de Beaufort : Prêtre se dévouant auprès de prisonniers. Mourra des suites de sa déportation.

– Henri Garnier et Jacques Bretagne (beaux-frères de Guy, Jacques et Bernard de Beaufort) seront tués durant les campagnes de France en 1940 et 1944.

2. ORA : Organisation de Résistance de l'Armée, constituée dès 1940 avec les GAD (Groupements d'Autodéfense), un plan de mobilisation de 300 000 hommes, des dépôts d'armes, la préparation d'un débarquement américain en Provence. Le débarquement en Afrique du Nord et l'invasion de la zone sud anéantiront l'essentiel des infrastructures. Les généraux Frère et Revers créeront alors un mouvement de Résistance.

3. BCRA : Bureau central de renseignement et d'action (colonel Passy) de la France Libre à Londres.

4. SOE : Service d'action britannique. La branche française est dirigée par le colonel Buckmaster.

5. MRPGD : Mouvement de résistance des prisonniers de guerre et déportés dirigé de Londres par Henri Frenay.

– *Alain de Beaufort (BCRA)* [1] *:*

Rejoint Londres le 18 juin 1940, membre du service action du BCRA. Lieutenant-colonel d'aviation, il contrôle en particulier les parachutages et liaisons aériennes entre la région de Vichy-Clermont-Ferrand et Londres : il donnera son feu vert au départ de François Mitterrand en Angleterre lorsque celui-ci lui aura exposé les objectifs de son réseau de résistance auprès de prisonniers de guerre rapatriés.

En septembre 1943, Alain de Beaufort nous avait prévenu de la trahison du chef de la Résistance de Bordeaux (réseau OCM), Grandclément, et nous avait demandé de ne plus recevoir aucun agent de cette région. En janvier 1944 nous recevons les mêmes consignes venant de mon père lorsqu'il apprend que deux collaborateurs de Grandclément sont venus à Alger rencontrer le général de Gaulle afin de proposer à la Résistance, au nom de la Gestapo, de combattre en priorité les maquis communistes.

– *Pierre Lejeune (ORA, SOE)* [2] *:*

Cousin et collaborateur de Guy de Beaufort. Il part avec lui en Afrique du Nord le 10 novembre 1942 puis se rend à Londres prendre la direction de la section française du SOE. À ce titre il prépare le transfert de François Mitterrand à Londres puis à Alger : le SOE ramène ensuite en France François Mitterrand devenu un des trois responsables du MRPGD. Le nouveau sigle comporte bien désormais la mention D comme déportés mais aucune consigne concernant la déportation juive ne sera jamais donnée ni par Londres ni par le MRPGD.

---

1. En juillet 1944, Alain de Beaufort reçoit la mission de faire exécuter Philippe Henriot (19 juillet) : trahi par son radio il tombera dans une souricière tendue par la Gestapo, Porte d'Auteuil, et fusillé quelques jours plus tard. Il est fait Compagnon de la Libération à titre posthume pour services exceptionnels rendus à la Nation et le général de Gaulle viendra honorer sa sépulture en Bretagne après la guerre.

2. Pierre Péan dans son livre, *Une Jeunesse française*, décrit longuement les activités de François Mitterrand à Vichy et son départ pour Londres mais il semble ignorer les relations familiales qui liaient Alain et Guy de Beaufort (cités trois fois) avec Pierre Lejeune (cité douze fois), ce qui a facilité son transfert.

Observer et résister à Vichy entre 1942 et 1944

Au niveau de l'histoire et du climat de l'époque, on se doit de faire la différence entre le gouvernement de Vichy de la période juin 1940-novembre 1942, reconnu par les pays étrangers, bénéficiant d'une relative autonomie qui permet à la zone libre de vivre dans une certaine sécurité, avec le Vichy croupion et pro-nazi, issu de l'invasion du 10 novembre.

Le Vichy 1940-1942 : l'espérance déçue, l'ambiguïté sur la finalité des déportations

Le lycée étant situé en bordure du Parc où siégeait le gouvernement Pétain nous suivions l'actualité en direct. Les jeunes adolescents que nous étions étaient très frappés par le ballet diplomatique qui se déroulait sous ses yeux : presque toutes les ambassades étaient représentées : suisse, espagnole, suédoise, turque, brésilienne, argentine... et surtout américaine. Il ne se passait pas une semaine sans que la limousine de l'amiral Leahy (jusqu'en avril 1942) puis celle du chargé d'Affaires américain Tuck (jusqu'au 10 novembre) s'arrête longuement devant l'hôtel du Parc. L'Allemagne avait pourtant déclaré la guerre aux USA le 11 décembre 1941 mais la grande majorité des élèves comme de leurs parents pariaient sur la connivence France-Amérique : les déclarations de l'ambassade étaient reçues par la plupart des fonctionnaires comme par les Résistants comme paroles d'évangile.

Personne ne percevait à cette époque la mesure du drame juif et trois faits sont significatifs de cette ignorance :

1) l'administration française continue de réclamer les adresses des juifs déportés pour leur envoyer leur pension ;

2) fin juin 1942 l'ORA prévient R. Lambert (l'UGIF) de l'imminence des déportations en zone libre. Celui-ci s'en ouvre à Helbroner le président du Consistoire pour qu'il proteste auprès de Laval mais Helbroner, qui ne prend pas la mesure du drame, refuse de retarder son départ en vacances... [1]

1. Dès fin 1942, Lambert et Helbroner se rendent compte de l'objectif réel des déportations. Leurs actions de Résistance entraîneront leur arrestation fin 1943 et ils seront gazés à Auschwitz.

3) le diplomate Tuck, au nom du gouvernement américain, élève une protestation (fin juillet 1942) auprès du maréchal Pétain contre le fait, que, dans les déportations, on séparait les enfants de leurs parents ! Pour maintenir la confusion Eichmann fait alors savoir qu'on ne devait, sous aucun prétexte, parler d'évacuations ou de déportations.

Dans un tel brouillard d'information comment un sous-préfet de Bordeaux pouvait-il percevoir les objectifs nazis alors que l'administration devait tenter d'atténuer les terribles épreuves que subissaient les Français à cette époque : la guerre, le ravitaillement, les bombardements, les exécutions, les prisonniers, le STO, la Gestapo ? Certes la Shoah reste une tache indélébile mais si l'ampleur du génocide n'a pas été perçu ni par l'administration favorable à la France libre ni par la Résistance agissant à Vichy, cela est dû à deux raisons :

1) La déportation des juifs était noyée dans une apocalypse beaucoup plus large : 1 500 000 prisonniers, 330 000 victimes civiles, 220 000 déportés, 460 000 immeubles détruits, 700 000 départs au STO, 30 000 fusillés.

2) L'objectif nazi fut certes dévoilé et dénoncé par certains médias étrangers, mais pour l'essentiel, « la solution finale » est plus ou moins volontairement occultée par les grandes puissances et leurs dirigeants, Roosevelt, Churchill et Staline. En position d'infériorité politique jusqu'en 1944, de Gaulle et les personnalités juives de son entourage ne seront pas en mesure de contrer ce front du silence (voir chapitres 5 et 6).

Malgré tout, dès cette époque, se pose la question pour les fonctionnaires résistants de savoir s'ils doivent rester ou non à leur poste. Conscient du dilemme, le 8 janvier 1942, Londres, par la voix du colonel Tissier énonce les instructions du général de Gaulle : « Il faut que chacun reste à son poste et évite de se compromettre par des manifestations individuelles spontanées. Saboter mais sans risque car il faut assurer la continuité de l'État, donc de l'administration. »

Alain de Beaufort dit « Jean René », chaque fois qu'il rencontrera, à notre domicile, des fonctionnaires désirant partir pour Londres, leur tiendra le même langage : François Mitterrand devra faire preuve d'un grand pouvoir de persuasion pour convaincre « Jean René » de l'importance de sa mission et obtenir un passage pour l'Angleterre. Il aura aussi la chance de tomber sur deux réseaux (ORA et BCRA) où travaillent deux dirigeants qui sont parents (Alain de Beaufort. et Pierre Lejeune) mais il devra quand même attendre six mois l'arrivée d'un Lysander.

La raison de la politique d'Alger cherchant à maintenir un appareil d'État noyauté mais restant en place est facile à comprendre : Roosevelt récuse de Gaulle et soutient Pétain jusqu'en novembre 1942, puis tente de promouvoir Giraud. Pour écarter les hommes de la France libre il prévoit même de mettre la France sous l'administration directe de l'AMGOT : le gouvernement d'Alger vivra durant des mois sous cette épée de Damoclès qui ne sera rengainée qu'en juin 1944, parce que le général de Gaulle s'est imposé et que l'administration résistante est prête à prendre la relève.

Novembre 1942 à juin 1944 : les années noires, de nouvelles espérances, une Résistance toujours sans consignes concernant les déportations

Nous subissons les événements de novembre 1942 comme un tremblement de terre : le débarquement américain en Afrique du Nord qui est un signe d'espérance est contrebalancé par l'occupation de la zone libre qui nous place sous une menace permanente d'arrestation. En quelques jours le changement est radical : la plupart des ambassades ferment, l'armée d'armistice est désarmée, les réseaux de l'ORA démantelés, la Gestapo installe à Vichy une antenne sous la direction de Geissler. Sur le plan familial mon père fait ses valises et part précipitamment pour Alger. Le lycée ressemble alors à une nécropole avec des élèves devenus muets comme des trappistes.

À partir de janvier 1943 la brutalité allemande s'accentue, nous nous savons menacés mais le moral remonte car la chute de Stalingrad et le débarquement en Italie fait comprendre que la guerre sera gagnée Pour nous l'arrivée inattendue d'Alain de Beaufort, parachuté de Londres, confirme cette espérance : désormais notre domicile servira de liaison à l'ORA, au BCRA et au SOE. En mars 1943, François Mitterrand prévenu par son réseau de relations de l'ORA viendra à plusieurs reprises faire le siège d'Alain de Beaufort pour rejoindre la France libre. Il arrivait sans prévenir et semblait apprécier le jeu risqué du passage officiel de l'Hôtel du Parc à celle de la rue de Roumanie.

Faut-il rappeler à cette occasion que la Résistance ne reniait pas la double appartenance de forme puisque François Mitterrand qui était reçu par le maréchal Pétain en juin 1943, à l'occasion de sa remise de francisque, le sera par le général de Gaulle, six mois plus tard à Alger.

Le drame de la Résistance bordelaise relaté par Alain de Beaufort en octobre 1943, par Pierre Lejeune et Guy de Beaufort en 1945 et 1958

En juillet 1943 plus de 100 membres de l'OCM régionale dirigés par Grandclément chef de la région B (elle s'étend de la Loire aux Pyrénées) sont arrêtés par la Gestapo [1]. Granclément est retourné par le gestapiste Dhose (septembre). Après avoir livrer ses armes, non seulement Grandclément collaborera avec les Allemands mais veut créer des maquis anticommunistes et en convaincre Alger. Début janvier 1944, ses deux émissaires rencontrent de Gaulle le 5 janvier qui les fait arrêter. Mais le mal est fait : de nombreux Résistants sont arrêtés en Gironde et ailleurs.

Très vite Londres et Alger, s'inquiète des conséquences de la trahison de Grandclément, et des ravages causés par l'action de Dhose qui a détruit l'essentiel de la Résistance bordelaise et infiltré ce qu'il en reste d'agents de la Gestapo. Le SOE envoie un responsable à poigne Georges Landes pour liquider les éléments suspects. Camplan (OCM) ayant déjà disparu en janvier sans laisser de traces, Landes fait abattre Basilio en mai 1944, puis Renaudin et Noël quelques semaines plus tard. Grandclément, son épouse et son garde du corps seront exécutés à leur tour fin juillet. Même le général Moraglia échappera de peu à un attentat.

La Résistance bordelaise se révèle anéantie lorsque les Allemands évacuent la ville le 28 août. Dans un tel contexte on conçoit que le gouvernement d'Alger ait jugé cette Résistance bordelaise comme « un nid de vipères » et ait conseillé au commissaire de la République Gaston Cusin de s'en écarter le plus possible.

---

1. La section IV J de la Gestapo bordelaise (16 sections en France) comportait 290 agents dont 250 Français.

Rappelons que les effectifs de la Gestapo en France se montaient à 55 000 personnes (15 000 Allemands et 40 000 Français).

On comprend aussi le dilemme de Maurice Papon, depuis juillet 1942, qui était pris entre plusieurs feux croisés :

– un chef du SRPJ, Poinsot, policier français sanguinaire, qui s'est vanté d'avoir fait exécuter 900 Résistants ;

– un milicien, Lucien Déhan, chargé du SEC qui disposait du fichier des 230 000 Bordelais utilisé pour les cartes de ravitaillement, problème n° 1 de la population ;

– le Machiavel allemand, Friedrich Dhose s'appuyant sur la redoutable « Hauskapelle », organisation de supplétifs chargés des exécutions discrètes. Faut-il rappeler que la Gironde se révélera un des plus grand cimetière de la Résistance (550 fusillés) ? Le caractère impitoyable du comportement allemand apparaît constamment et lorsque Maurice Papon obtient de faire remplacer la Feldgendarmerie par la gendarmerie française, il est spécifié que chaque gendarme répondra sur sa vie de chaque évasion. Quant à la préfecture (200 personnes), elle est truffée d'honorables correspondants de la Gestapo qui lui transmettent immédiatement les documents officiels.

L'approche perplexe de Maurice Papon auprès de Roger Bloch (réseau Marco-Kléber) s'explique donc fort bien : la moindre imprudence, le moindre malentendu impliquait son exécution immédiate par l'un ou l'autre camp. La Résistance ayant perdu tout crédit Cusin, l'envoyé d'Alger, comprendra très vite qu'il peut s'appuyer sur un jeune sous préfet qui a réussi à maintenir, contre vents et marées, un embryon d'administration.

Quant à la contestation des certificats de Résistance de Maurice Papon, il faut se remettre dans le contexte de l'époque : les réseaux de Résistance étant tous infiltrés par la Gestapo, qui était habilité à se porter garant de qui ? Le général de Gaulle connaissait évidemment fort bien la situation puisqu'il y avait été directement mêlé à Alger. Aussi, lorsqu'il arrive à Bordeaux le 17 septembre 1944, c'est pour prendre, séance tenante, des mesures disciplinaires draconiennes et sans appel à l'égard de la résistance Bordelaise.

– l'Anglais Roger Landes (Aristide) du SOE doit quitter le territoire français dans les vingt-quatre heures ;

– le colonel Gaillard (Triangle), délégué militaire régional issu du BCRA est renvoyé sur Paris ;

– le général Moraglia (COMAC), arrêté à plusieurs reprises par Landes, a été remis à la disposition du ministre de l'Air par Cusin et sanctionné.

Seul Gabriel Delaunay président du CDL (il sera préfet de Bordeaux de 1958 à 1970) échappe à la rigueur gaulliste malgré certaines réserves socialistes sur ses actions dans la Résistance.

Les responsables des déportations et exécutions seront plus ou moins sévèrement condamnés après la guerre : les Français Poinsot et Dehan seront fusillés, l'Allemand Dhose sera condamné à six ans de prison et Luther à cinq ans [1]. Globalement 1 500 personnes seront arrêtées dont 32 agents français de la Gestapo (sur 240).

En juin 1958, le général de Gaulle reçoit Maurice Papon : il se souvient fort bien de ce qu'ont été les années de guerre à Bordeaux et du calvaire de la Résistance dans cette ville. Ses collaborateurs connaissent la rigueur ombrageuse du général et pourtant, Michel Debré (au nom de la haute administration), Jacques Chaban-Delmas (au nom de la région de Bordeaux) et Guy de Beaufort (au nom de la Résistance) se portent garants des états de service de Maurice Papon qui sera confirmé dans ses fonctions de Préfet de police de Paris.

La connaissance des déportations par la France libre

Plusieurs personnalités juives : R. Cassin, P. Mendès France, M. Debré, R. Mayer [2] travaillent aux côtés du général de Gaulle

1. Les responsables allemands de la déportation des Juifs en France seront jugés après la guerre.

– Karl Oberg (chef des SS et de la police) est condamné à mort en 1954, libéré en 1962.

– Helmut Knochen (commandant de la Police de sécurité) : condamné à mort en 1954, libéré en 1962.

– Theodor Dannecker (RSHA) : mort en 1945.

Les commissaires français aux questions juives connaîtront un sort variable :

– Xavier Vallat : condamné à 10 ans de prison en 1945, sera libéré en 1950 par René Mayer alors ministre de la Justice. Il mourra en 1972.

– Louis Darquier de Pellepoix : jamais jugé, se réfugie en Espagne où il meurt en 1980.

2. René Mayer connaissait Lambert et Helbronner puisqu'il avait refusé de participer à la constitution de l'UGIF fin 1941 (en préférant la Résistance extérieure menée d'Alger à la Résistance intérieure) : il avait donc connaissance des premières déportations mais sans pouvoir mesurer, lui aussi, l'ampleur du drame.

Réf. : *La destruction des Juifs d'Europe*, par Raoul Hilberg, p. 542.

à Alger (trois d'entre eux deviendront Premier ministre). Aucun ne semble être intervenu auprès du général de Gaulle pour faire de la déportation des juifs (75 000) une question spécifique, différente des autres déportations (125 000). De leur côté jamais les réseaux de Résistance (ORA, BCRA, SOE, FFI) ne recevront d'instruction pour stopper les convois de déportés : les deux derniers trains partiront le 6 juin 1944 sans encombre vers Auschwitz.

Connaissance et politique des Alliés vis-à-vis des déportations juives

En août 1942 Gerhard Riegner, en poste à Genève, signala « avec réserves » l'existence d'un projet d'anéantissement massif des juifs d'Europe. L'information (en page intérieure) fut reprise par le *New York Times* qui cite en novembre Sobibor et Treblinka.

Le 17 décembre 1942, les gouvernements alliés stigmatisent la politique d'anéantissement de la race juive et promettent que les responsables n'échapperont pas au châtiment mais ce fut leur seule déclaration précise et elle ne fut suivie d'aucune mesure concrète.

Le 21 janvier 1943, Riegner confirme (câble 482) que l'on tue 6 000 juifs par jour en Pologne. Le sous-secrétaire d'État Welles demande alors à Berne que ce type de rapport ne soit plus transmis. La chape de plomb du silence sur le génocide est en place : elle ne se relèvera plus.

Le 27 mars 1943, l'American Jewish Congress suggère que les Alliés demandent à Hitler l'autorisation pour les juifs de quitter l'Europe occupée. Eden répond qu'il ne fallait pas faire de promesses extravagantes qui ne pourraient pas être tenues.

En juillet 1943, Berne fait savoir qu'il est possible de faire venir 5 000 enfants juifs en Palestine en échange de 5 000 prisonniers allemands. Les Britanniques refusent.

À la même date, Antonescu fait savoir qu'il est prêt à libérer 60 000 juifs moyennant finance. L'argent est débloqué par les organisations juives américaines avec l'accord du président Roosevelt. Le Foreign Office stoppe l'opération sous prétexte qu'il sera difficile « d'écouler un nombre de juifs si considérable ».

Entre août 1943 et avril 1944 plusieurs rapports précis parviennent à l'OSS de Washington sur Treblinka et Auschwitz sans qu'ils suscitent de réactions.

Le 4 avril 1944, l'aviation alliée découvre Auschwitz : 3 000 bombes sont lâchées sur les installations industrielles de l'IG Farben. Aussitôt les organisations juives se mobilisent pour demander le bombardement de chambres à gaz et des voies ferrées y conduisant. Eden fait étudier la proposition et fait répondre à Weizmann : « Étant donné les difficultés techniques de l'opération, l'armée de l'air n'avait d'autre choix que l'abstention... cette décision allait constituer une déception. »

À la même époque un juif hongrois, Joël Brand est convoqué par Eichmann qui lui propose d'échanger 1 000 000 de juifs contre 10 000 camions et de fermer Auschwitz. Après bien des péripéties Brand arrive à Alep le 7 juin et mis immédiatement au secret par les Anglais. L'affaire est soumise à Eden qui ne cache pas son opposition : « Il ne fallait rien faire qui ressemblât à une négociation avec l'ennemi. » Une personnalité finit par expliquer à un Brand désespéré le fond de la pensée britannique : « Que ferai-je de ce million de juifs. Où les mettrai-je ? »

Il est inutile d'aller plus loin dans l'exposé des motifs : dès la fin 1942, Churchill est certain de la victoire et il craint pardessus tout une immigration juive massive vers la Palestine.

Le drame des déportations doit donc être occulté.

L'acte d'accusation estime que Maurice Papon devait connaître le destin tragique dévolu aux juifs déportés et qu'il pouvait en limiter les effets : son rang social lui permettait de savoir, ses fonctions lui donnaient les moyens de pouvoir.

Sur le premier point il n'est pas paradoxal d'affirmer que plus la connaissance s'aiguisait plus les certitudes s'évanouissaient : c'est au contraire la vision physique des trains qui faisait craindre une issue dramatique. Lorsque l'information remontait la hiérarchie politique, elle ne s'enrichissait pas, elle se délitait.

1) Un consensus s'était institué à Alger pour ne pas différencier les déportés politiques, les déportations juives et les STO dénommés « déportés du travail » par les communistes.

2) Le général de Gaulle ne pouvait évoquer le problème juif auprès d'un Churchill déjà hanté par la question palestinienne.

3) Roosevelt, solidaire de Churchill sur la question du Moyen

Orient, ne voulait pas donner l'impression de faire une guerre en faveur du sionisme.

4) Staline attendait la fin du conflit pour entamer de nouveaux procès visant les cadres d'origine juive.

Si Maurice Papon, par un coup de baguette magique, avait pu demander des instructions, il aurait reçu comme réponse un encouragement formel comme celui-ci : « Condamner les atrocités en général mais non les atrocités particulières, faire en privé tout le possible pour soulager la détresse des juifs [1]. »

Que pouvait tenter alors Maurice Papon ? Rappelons d'abord qu'un sous-préfet n'est pas un haut fonctionnaire mais seulement 1/400e de son administration, que les effectifs de la Gestapo de Bordeaux sont supérieurs à ceux de la Préfecture, que le SRPJ (police judiciaire) est dirigé par un milicien sans état d'âme, que le SEC est animé par un collaborateur convaincu, que toute fausse manœuvre serait sanctionnée par sa déportation ou son exécution.

Maurice Papon a tenté d'agir à la marge, en finesse, mais lui seul est en mesure de savoir s'il aurait pu faire mieux ou plus. Une certitude : ses contemporains ont estimé qu'il avait servi l'État au mieux de ses possibilités et la mémoire de la Résistance que j'ai connu aboutit aux mêmes conclusions.

1. Le Vatican, 1942.

3 – Comptes-rendus de la déposition d'Henri de Beaufort

Compte-rendu de Bertrand Poirot-Delpech (*Papon un crime de bureau*, Stock)

« Il arrive que la qualité des témoignages dépende moins de leur contenu que de la stature du déposant. Bien que témoin indirect – puisque fils de Guy de Beaufort, patron de l'armée secrète et futur chef du Cabinet militaire du général de Gaulle en 1958 – Hubert de Beaufort, qui n'avait pas l'âge de s'engager pendant la guerre, donne un poids certain à ses affirmations équilibrées. Pour lui, il était exclu que le général de Gaulle garde à son service un fonctionnaire dont le passé ne soit pas irréprochable. Son père ainsi que Michel Debré et Jacques Chaban-Delmas ont toujours considéré que Papon avait fait son devoir.

De Gaulle n'ignorait pas la situation de la Résistance bordelaise après le retournement de Grandclément par la Gestapo. Un envoyé des services britanniques a éliminé Grandclément et quelques autres. L'instruction transmise par Debré à Cusin était claire : c'était un nid de vipères ; seul appui sûr : Papon. Ce dernier était-il au courant de ce qui attendait les juifs arrêtés après Drancy ? Sur ce point controversé, et dont dépend l'incrimination de complicité volontaire d'assassinat, Hubert de Beaufort a proposé les réflexions les plus fortes de tout le procès, même si elles posent des questions terribles...

Compte-rendu d'Éric Conan (*Un journal d'audience*, Gallimard)

Il s'est voulu plus caustique que Bertrand Poirot-Delpech.

« Témoin indirect, comme tant d'autres, Hubert de Beaufort vient parler au nom de son père... Le trois frères de son père, sont morts exécutés ou en camp de concentration et ses deux

beaux-frères périrent au combat. Témoignage très construit et très habile : dans le but de défendre l'accusé au-delà du raisonnable, il va dire ce que les avocats des parties civiles ont envie d'entendre...

BIBLIOGRAPHIE

L'Abîme (1939-1945), par J.-B. Duroselle (Paris, Sorbonne).
La destruction des juifs d'Europe, par Paul Hilberg (Fayard).
L'ORA, La résistance de l'armée (1939-1945).
Les Mémoires du général de Gaulle.
Un intrus dans la République, par Gérard Boulanger (Seuil).
François Mitterrand, Une Jeunesse française, par Pierre Pean (Fayard).
Le procès de Maurice Papon (compte-rendu d'Albin Michel).
Procès Papon : Plaidoirie de Maître Varaud (Plon).
Procès Papon : Un Journal d'audience, par Éric Conan (NRF).
Un crime de bureau, par Bertrand Poirot-Delpech (Stock).

Le dossier du Procès Papon (Pièces de l'instruction).

Les archives du Centre Jean-Moulin, à Bordeaux.
Les archives familiales de l'auteur.

Une déposition du général Oberg, représentant du RSHA en France.
Le procès de Luther, chef du KDS de Bordeaux.
Le procès de F. Dhose, chef de la Gestapo de Bordeaux.
Le procès de Dehan, chef de la section de Bordeaux.
Le procès de Poinsot, chef de la PJ de Bordeaux.

Les archives de l'association, Résistance-Vérité-Souvenir.
Les archives de Maurice Papon.

Les entretiens avec Michel Bergès.
L'interview de F. Dhose en 1985, par Michel Bergès.

Cet ouvrage a été imprimé
sur presse Cameron
par ***Bussière Camedan Imprimeries***
à Saint-Amand-Montrond (Cher)
en mars 1999

N° d'impression : 991135/1.
Dépôt légal : mars 1999.
Imprimé en France